21 世纪高等院校教材

物流规划与应用

千庆兰　陈晓越 等　编著

科学出版社

北　京

内 容 简 介

  物流系统规划是一门理论性和实践性都很强的学科，本书在参照目前国内外相关教材的理论框架和思路的基础上，结合学科发展前沿和最新的规划实践，沿着物流系统的主线，按照理论、方法及案例的知识框架与结构，对物流系统规划与应用的内容作了全面的分析和阐释，详细介绍了物流系统发展战略规划、物流系统空间布局规划、物流节点规划、物流通道规划、物流网络规划、城市物流系统规划、区域物流系统规划和物流信息系统规划等内容。

  本书可作为普通高校人文地理与城乡规划等地学类、城乡规划学类及物流管理等管理学类相关专业的本科教材和参考书，也可供城市规划管理部门、企业物流管理人员和相关专业人员使用。

图书在版编目（CIP）数据

物流规划与应用 / 千庆兰等编著. —北京：科学出版社，2016.11
21 世纪高等院校教材
ISBN 978-7-03-050293-3

Ⅰ. ①物…　Ⅱ. ①千…　Ⅲ. ①物流–经济规划–高等学校–教材
Ⅳ. ①F253

中国版本图书馆 CIP 数据核字（2016）第 258133 号

责任编辑：杨　红　宁　倩　高　微/责任校对：彭珍珍
责任印制：张　伟/封面设计：迷底书装

科 学 出 版 社 出版
北京东黄城根北街 16 号
邮政编码：100717
http://www.sciencep.com

北京中石油彩色印刷有限责任公司 印刷
科学出版社发行　各地新华书店经销
*
2016 年 11 月第 一 版　　开本：787×1092　1/16
2017 年 3 月第二次印刷　　印张：13 1/4
字数：300 000
定价：45.00 元
（如有印装质量问题，我社负责调换）

前　言

　　物流业作为经济发展的加速器和企业的"第三利润源泉"，其发展水平已成为衡量一个国家和地区现代化程度和经济实力的重要标志之一。与世界发达国家相比，我国的现代物流业起步较晚，在提高物流效率、降低物流成本等方面均与欧美发达国家存在差距。物流作为复杂的社会经济的子系统，其本身规模大、结构复杂、目标众多，必须用系统的观点来组织复杂多样的物流活动，而做好物流系统的规划是物流行业健康发展的前提和基础。

　　本书是作者近十年来教学与科研工作的积累和系统总结，作为物流规划原理课程的讲义和主要参考书，已应用于广州大学 2008～2012 级资源环境与城乡规划管理专业(现拆分为自然地理与资源环境专业、人文地理与城乡规划专业)本科生约 400 人，并获得很好的教学效果。

　　本书与同类教材相比，具有以下三个突出特点：一是注重从宏观、中观到微观不同空间尺度来阐释物流规划的基本理论和方法，有别于现有教材多从微观企业和管理视角切入，突出和强化了规划的空间属性；二是注重规划理论与规划实践相结合，从理论和实践两个层面进行物流系统规划的全面系统分析，增加了规划案例的分析和解读，把抽象的规划理论问题形象化、具体化；三是注重吸收物流规划学科发展的最新成果，参阅大量国内外现有物流规划教材的精华，也吸收了编者团队最新的相关科研成果，实现教学科研的良性互动。

　　全书共十一章，从内容上可以归纳为四个部分。第一部分(第一章、第二章、第三章)对物流系统和物流系统规划的概念和内涵进行界定，总结梳理了物流系统规划的理论基础与模型方法；第二部分(第四章、第五章、第六章、第七章、第八章)是本书的核心内容，通过理论与案例相结合，详细阐述了物流系统发展战略规划、物流系统空间布局规划、物流节点规划、物流通道规划、物流网络规划的原则、主要内容及其规划流程；第三部分(第九章、第十章)从中观和宏观层面，系统介绍了城市物流系统规划和区域物流系统规划的内容；第四部分(第十一章)从物流信息化和全球化的视角出发，阐释了物流信息系统规划的新理念。

　　全书由千庆兰负责统稿，各章的撰写分工如下：千庆兰编写第一章；陈颖彪编写第二章和第九章；陈晓越编写第三章、第十一章；千庆兰和翁艺丹编写第四章；宋建阳编写第五章；千庆兰和张嘉欣编写第六章；千庆兰和匡捷编写第七章；千庆兰和李乐洁编写第八章；千庆兰和田径编写第十章。

　　本书在编写过程中，参阅了大量的相关著作、论文及资料，已将引用的主要文献列于书后的参考文献中，如有遗漏，恳请谅解。在此对文献作者表示衷心的感谢！本书得到了广州大学 2014 年教材出版基金的资助，同时得到了广州市重点扶持学科经费给予的出版经费支持。李乐洁、匡捷、张嘉欣、翁艺丹、田径在本书的案例收集、资料整理和文稿及图件编辑等方面均做了大量工作,在此一并表示最诚挚的感谢!

由于时间和水平的局限,书中的疏漏与不足之处在所难免,恳请专家和读者批评指正,以便今后做进一步的修改与完善。

编　者

2016 年 7 月

目　　录

第一章 物流系统规划概述

第一节 物 流 系 统

一、物流系统的概念与特征

(一)物流的定义

由于各国或地区的经济社会发展环境存在差异，物流及其物流行业的发展水平差距很大，因此，人们对物流和物流业的认识也不尽相同。

根据美国的综合性物流组织——美国物流管理协会(Council of Logistics Management)的定义，物流是供应链流程的一部分，是为了满足客户需求而对商品、服务及相关信息从原产地到消费地之间的高效(高效率、高效益)、正向及反向流动、储存进行的计划、实施与控制过程。欧洲物流协会将物流定义为在一个系统内，对人员和商品的运输、安排及与此相关的支持活动的计划、执行与控制，以达到特定的目的。这个定义已成为欧洲标准化委员会的物流定义。日本标准学会以日本工业标准(JIS)的形式，对物流的定义是将物流活动的目标定位于充分满足最终需要，同时要解决保护环境等方面的社会问题，在此前提下追求高水平、综合地完成包装、输送、保管、装卸搬运、流通加工及相关情报等各项工作，以谋求将供应、生产、销售、回收等各个领域实现一体化、一元化的经营活动。世界贸易组织(World Trade Organization，WTO)从物流组成的角度对物流进行定义：商品和劳务从生产者向消费者转移时所经历的整个路线，以及取得这种商品或劳务的所有权的企业或个人的总和，包括运输、仓储、搬运、配送、流通、加工、信息处理的一系列活动。我国的国家标准《物流术语》(GB/T 18354—2006)对物流领域主要的名词概念都进行了定义，其对物流的定义为物品从供应地向接收地的实体流动过程。根据实际需要，将运输、储存、装卸、搬运、包装、流通加工、配送、信息处理等基本功能实施有机结合。摩根士丹利(Morgan Stanley)亚太研究中心对中国物流的研究报告指出，第一方物流是指制造商自己拥有和处理如运输、仓储等物流业务的物流形式。第二方物流是指能够提供运输或仓储等单项服务的物流形式。我国目前的传统仓储、运输和货代类公司都属于这类物流形式。而第三方物流则涉及供应链的管理，是为客户提供一站式服务。第三方物流(third party logistics，3PL 或 TPL)是 20 世纪 80 年代后期在欧美等发展起来的一种新型物流服务形态，是指由物流劳务的供方、需方之外的第三方去完成物流服务的物流运作方式，提供物流交易双方的部分或全部物流功能的外部服务，提供者作为专业化、社会化的第三方物流的承担者就是第三方物流企业。

根据不同的划分方法，物流可以分为多种类型，根据范畴的不同，可以分为社会物流和企业物流；根据作用的不同，可以分为供应物流、生产物流、销售物流、回收物流和废弃物流；根据发展历史进程的不同，将物流分为传统物流、综合物流和现代物流；根据提供服务的主体不同，可以分为生产物流和第三方物流；按物流的流向不同，可以分为内向物流和外向物流；按照物流活动空间范围的不同，可以分为地区、国内和企业物流；根据货物运输方式的不同，可以分为铁路物流、公路物流、港口物流、空港物流和管道物流。

（二）物流系统的概念

第二次世界大战后，系统分析得到了迅速的普及和发展，系统思想和系统方法成为现代自然科学和社会科学分析问题的重要方法，系统分析应用范围也由早期的军事领域拓展延伸到政府部门和企业界的政策和决策的制定与分析。在现代物流发展过程中，系统思想和方法为实现物流活动的系统化和整体最优化提供了理论基础，20世纪80年代，物流概念的确立反映了物流发展从物流基本功能各自分离、相互割裂进入有机结合、一体化管理的阶段。

发展现代物流，应以系统的观点来研究物流活动，把物流看成一个整体，把物流看成是为实现特定目标而由多个不同的结构、功能和要素有机组成的系统，分析物流系统各要素之间的关系。物流系统组成的要素可以分为以下几个方面：①一般要素。一般要素由人、财、物、信息和任务目标等构成，是外部环境对物流系统的"输入"，在物流系统本身所拥有的各种手段和特定功能作用下形成物流系统的"输出"。②功能要素。功能要素由运输配送、储存保管、装卸搬运、包装、流通加工、信息活动等构成。③支撑要素。支撑要素由体制制度、法律法规、行政命令、标准化等构成。④物质基础要素。物质基础要素由物流设施、装备、工具、信息技术及网络、组织及管理等构成。

物流系统要素的多元化表明，无论是实体或思想，还是过程或活动，都可以看成物流系统或物流系统要素。物流系统既是由设施设备子系统、信息网络子系统、经营管理子系统及政策法规子系统等构成的运营管理系统，又是由运输配送、存储保管、装卸搬运、包装、流通加工和信息服务等构成的物流要素系统，也是由公路、铁路、水运、航空等交通线路和站场、码头、空港、物流中心等节点构成的空间网络系统。

综上所述，物流系统是指在一定的时间和空间里，由所需位移的物资、包装设备、装卸搬运机械、运输工具、仓储设施、人员、通信联系等若干相互制约的动态要素所构成的具有特定功能的有机整体。物流系统的目的是实现物资的空间效用和时间效用，在保证社会再生产顺利进行的前提下，实现各种物流环节的合理衔接，并取得最佳的经济效益。物流系统与一般系统一样，具有输入、转换和输出三大功能，通过输入和输出使系统与社会环境进行交换，使系统和环境相互依存。物流系统化是人们认识社会再生产中物品流动过程的一种观念革新，正是在这种观念革新的基础上，才产生了物流这一概念。

（三）物流系统的类型

从不同的角度观察，按照不同的分类标准，可以把物流系统划分为若干类型。

按照物流的业务活动，可分为运输、储存、装卸、包装、流通加工、配送、信息处理子系统。

按照物流的职能活动,可分为供应物流、生产物流、销售物流、回收与废弃物流等子系统。

按照物流要素配置主体,可分为企业物流系统和社会物流系统。

按照运营管理情况,可分为物流设施设备子系统、信息网络子系统、经营管理子系统及政策法规子系统。

按照服务范围,可分为市域物流系统、区域物流系统、国际物流系统等。

按照载体的类型,可分为港口物流系统、航空物流系统、铁路物流系统、公路物流系统、管道物流系统等。

按照空间组织划分,可分为由公路、铁路、水运、航空等形成的物流通道和由场站、码头、空港、物流中心等组成的物流节点及其相互作用构成的空间网络系统。

(四)物流系统的特征

物流系统有其自身的特点,物流系统开发的基本过程包括系统规划、系统设计、系统试运行或模拟运行和系统评价。其中物流系统规划是物流系统构思及组织设计的总体方案,为进一步进行详细的组织和技术设计提供任务书。规划工作主要包括明确规划对象、确定目标体系、形成规划方案等内容。物流系统设计是经过系统分析完成物流系统硬件结构和软件结构体系的构想,形成物流系统组织设计和技术设计方案的过程。物流系统组织设计是技术设计的前提,它确定了技术设计的纲领和基本要求。有条件时,可以进行物流系统试运行或模拟运行,用较低成本的方式发现物流系统可能存在的不完善之处。物流系统评价工作渗透在物流系统开发的整个过程中,应根据不同的对象、环境和要求选择适应的评价方法。

总的来说,物流系统有如下特点:

(1)物流系统是复杂巨系统。物流系统的运行对象遍及全社会物质资源,资源的大量化和多样化造成物流系统的复杂性。大量的人力、物力和财力资源的组织和合理利用是一个非常复杂的问题。物流活动中,始终贯穿着大量的物流信息,如何把大量的信息收集好、处理好并为物流活动服务是一个非常复杂的问题。

(2)物流系统是动态系统。物流系统连接多个企业和用户,由于需求、供应、渠道、价格等的不同,系统内的要素及系统的运行经常发生变化。物流系统是一个满足社会需要、适应环境能力的动态系统。为适应经常变动的社会环境,必须对物流系统的组成部分经常修改和完善,要求物流系统具有足够的灵活性及可改变性。

(3)物流系统是多目标系统。物流系统的总目标是实现宏观和微观的经济效益,但是物流系统的要素之间经常存在"效益悖反现象",处理不当会导致总体性能的恶化,需要用系统的观点处理这一复杂系统。

(4)物流系统是可分系统。物流系统可以分解为若干相互关联的子系统,子系统的多少和层次阶数,随着人们对物流系统认识和研究的深入而不断扩充,系统和子系统之间、子系统和子系统之间在时间、空间、资源利用方面的联系,也存在总目标、总费用、总的运行结果等方面的联系。

(5)物流系统是大跨度系统。一是地域跨度大,二是时间跨度大。现代社会中,企业间物流常会跨越不同地域，国际物流的地域跨度更大。通常采取存储的方式解决产需之间的矛盾，这样时间跨度也很大，对信息的依赖程度高。

二、物流系统的结构和功能

（一）物流系统的结构

物流系统的要素在时间和空间上的排列顺序构成了物流系统的结构。要素为什么要有这种或那种时间或空间排列顺序呢？要素是零乱、无序的，但系统一定是要素的规则、有序排列。物流系统的目标是通过要素完成的，但不是通过要素独立完成的，而是将要素组织起来，形成一个物流系统整体，通过要素的协同运作而共同完成。

1. 物流系统的流动要素

物流系统有五个流动要素：流体、载体、流向、流量、流程。不同的物流样本都有这五个流动要素，一个都不能少，虽然它们的流体不同、所用的载体不同、流向不同、流量和流程也不尽相同，但每个物流样本的五个流动要素都是相关的。流体的自然属性决定了载体的类型和规模；流体的社会属性决定了流向、流量和流程；流体、流量、流向和流程决定所采用载体的属性；载体对流向、流量和流程有制约作用。

在网络型的物流系统中，一定的流体从一个点向另一个点转移时经常会发生载体的变换、流向的变更、流量的分解与合并、流程的调整等情况。这种调整和变更在某些情况下是必要的，但也应尽量减少变化的时间、环节，降低变化成本。

2. 物流系统的功能结构

从物流系统的功能结构分析，不同的物流系统需要的物流作业大同小异。整个物流系统的基本功能要素包括运输（含配送）、储存（自仓储管理和储存控制）、包装、装卸、流通加工和物流信息处理等。一般而言，供应链各个阶段都要具备的功能首先是运输，其次是储存。装卸搬运功能伴随运输方式或运输工具的变换（如从公路运输换装到铁路运输）、物流作业功能之间的转换（如从运输作业转变成仓库储存作业，或者从仓库储存作业变换为运输作业等）而产生。物流中的包装功能、流通加工功能是在流通过程中发生的，但这些并不是每一个物流系统都需要进行的作业。

一个物流系统的功能结构取决于生产、流通模式。它的直销模式省略了大量的中间仓库和以仓库为基础进行的各种物流作业。以中间商为基础进行生产和销售的传统模式，由于环节的增加，导致中间物流作业增加，物流效率受到影响。直销的物流系统比较简单，但是对时间的要求很高，因为没有中间库存可以缓冲，承诺的送达期限是必须遵守的，否则就会对用户利益和公司利益造成损害，因此，直销模式的运输功能最重要。直销并不意味着用直运减少运输成本，而是必须提高运输的集约程度。因此路线规划、货物组配等物流管理作业必不可少。而经过中间商的物流系统的功能结构复杂得多，在渠道中间进行环节转换时需要进行运输、储存、包装、装卸搬运、物流信息处理等作业，在最后一个环节可能还需要进行流通加工作业等。

判断物流系统的功能发挥得是否合理，不是看物流系统中进行了多少作业，而是看物流系统为生产和销售降低了多少成本。从生活和流通企业的角度看，物流系统作业进行得越少，物流系统才是好的物流系统，但从上面分析可知，不是物流系统本身需要进行什么样的作业，而是生产和销售系统决定了物流系统应该进行什么样的作业。所以，应该将物流系统与生产、销售系统进行集成，在保证生产和销售目标实现的前提下，尽量进行较少的物流作业，降低物流总作业成本。

3. 物流系统的网络结构

物流系统的网络结构由两个基本要素组成：点和线。

(1) 点。点是在物流系统中供流动的商品储存、停留，以进行相关后续作业的场所，如工厂、商店、仓库、配送中心、车站、码头等，也称节点。点是物流基础设施比较集中的场所。按照点所具备的功能可以将点分为如下三类。

a. 单一功能点。只具有某一种功能或以某种功能为主，如专门进行储存、运输、装卸、包装、加工等单一作业或以其中一项为主，以其他功能为辅；需要的基础设施比较单一和简单，但规模不一定小；在物流过程中处于起点或终点。工厂的原材料仓库、不具备商品发运条件的储备型仓库，仅承担货物中转、拼箱、组配的铁路站台、仅供停泊船只的码头等就是这样的点。这类点的业务比较单一，比较适合进行专业化经营。但是从物流系统的角度看，必须将许多单一功能集成起来才能完成所有的物流业务，因此，如何将各个行使单一功能的不同的点集成起来，由谁来集成及如何集成，这些都是非常重要的问题。

b. 复合功能点。这类点的特点是具有两种及两种以上的主要物流功能；具备配套的基础设施；一般处于物流过程的中间。这类点多以周转型仓库、港口、车站、集装箱堆场等形式存在；规模可能较小，如商店后面的一个小周转仓库，在那里要储存商品、处理退货、粘贴商品条形码、重新包装商品、从那里向购买大宗商品的顾客发货等；规模也可能较大，如一年处理 80 万个大型集装箱的堆场，除了储存集装箱以外，还有集装箱掏箱、商品检验、装箱，同时，一般的集装箱堆场都与码头或港口在一起，在那里有大规模的集装箱吊车、大型集装箱专用运输车辆等。又如，厂家在销售渠道的末端设立配送中心或中转仓库，一个城市集中设立物流基地等。在一个点上具有储存、运输、装卸、搬运、包装、流通加工、信息处理等功能中的大部分或全部，它们都是这种复合功能点。

c. 枢纽点。这类点的特点是物流齐全；对整个物流网络起决定性和战略性的控制作用，一旦该点形成，以后很难改变；一般处于物流过程的中间。例如，辐射亚太地区市场的大型物流中心、辐射全国市场的配送中心、一个城市的物流基地、全国或区域的铁路枢纽、全国或区域的公路枢纽、航空枢纽等就是这样的枢纽点。这类点的设施一般具有公共设施性质，因而必定采用第三方的方式进行专业化经营，它的主要优势是辐射范围大，通过这个点连接的物流网络非常庞大，但是这类点面临着非常复杂的协调和管理问题，信息的沟通、设施设备的运转效率也是这类点值得注意的主要问题。在一个物流资源分布高度分散、封闭、物流状况非常落后的国家，建设连接多种载体的枢纽点对于形成全国统一、开放、先进的物流网络具有战略意义。

以上三类点主要是从功能的角度划分的，从单一功能点、复合功能点到枢纽点，功能不断完善，在物流网络结构中的辐射范围也不断扩大，规划、设计和管理的难度也逐渐加大。

(2) 线。连接物流网络中的节点的路线称为线。物流网络中的线是通过一定的资源投入而形成的。物流网络中的线具有如下特点：①方向性。一般在同一条路线上有两个方向的物流同时存在。②有限性。点是靠线连接起来的，一条线总有起点和终点。③多样性。线是一种抽象的表述，公路、铁路、水路、航空路线、管道等都是线的具体存在形式。④连通性。不同类型的线必须通过载体的转换才能连通，并且任何不同的线之间都是可以连通的，线间转化一般在点上进行。⑤选择性。两点间具有多种线路可以选择，既可在不同的载体之间进行选择，又可在同一载体的不同具体路径之间进行选择，物流系统理论要求两点间的物流流程最短，因此，需要进行路线和载体的规划。⑥层次性。物流网络的线包括干线和支线。不同类型的线如铁路和公路，都有自己的干线和支线，各自的干线和支线又分为不同的等级，如铁路的一级干线、公路的二级干线等。根据载体类型可以将物流线划分为以下五类：铁路线、公路线、水路线、航空线、管道线。

物流网络不是靠孤立的点或线组成的，点和线之间通过有机的联系形成了物流网络，点和线其实都是孤立的、静止的，但是采用系统的方法，将点和线有机地结合起来形成的物流网络则是充满联系的、动态的，点和线之间的联系也是物流网络的要素之一，这种联系才是物流网络有血有肉的灵魂。

(二)物流系统的功能

物流系统的功能是指系统在与外部环境相互联系和相互作用中表现出来的性质、能力、功效，是系统内部要素之间相对稳定的联系方式、组织秩序及时空形式的外在表现。物流系统的功能是指物流系统所具有的物流服务基本能力，其相互结合、有效协调，形成系统的总服务能力。一般认为物流系统都拥有或部分拥有集货、运输(配送)、储存、包装、装卸搬运、流通加工和物流信息处理等功能。从物流系统的功能结构来看，其不仅包括空间网络系统，还包括非空间的运营管理系统。因此，制定物流系统规划不仅需要地理科学空间布局的理论和方法，还需要吸取其他学科的规划理论方法。

物流系统的功能要素指的是物流系统所具有的基本能力，这些基本能力有效地组合、连接在一起，便成为物流的总功能，进而能合理、有效地实现物流系统的总目的。物流系统的功能要素一般认为有包装、装卸、运输、保管、流通加工、配送、物流信息等，如果从物流活动的实际工作环节来考察，物流由上述七项具体工作构成。也就是说，物流能实现以上七项功能。

1. 包装

包装包括产品的出厂包装，生产过程中在制品、半成品的包装及在物流过程中换装、分装、再包装等活动，对包装活动的管理，根据物流方式和销售要求来确定。以商业包装为主，还是以工业包装为主，要全面考虑包装对产品的保护作用、促进销售作用、提高装运率的作用、包拆装的便利性及废包装的回收和处理等因素。包装管理还要根据全物流过程的经济效果，具体决定包装材料、强度、尺寸及包装方式。

2. 装卸

装卸包括对输送、保管、包装、流通加工等物流活动进行衔接的活动，以及在保管等活动中为检验、维护、保养所进行的装卸活动，伴随装卸活动的小搬运，一般也包括在这一活动中。在全物流活动中，装卸活动是频繁发生的，因而是产品损坏的重要原因。对装卸活动的管理，主要是确定最恰当的装卸方式，力求减少装卸次数，合理配置及使用装卸机具，以做到节能、省力、减少损失、加快速度，获得较好的经济效益。

3. 运输

运输包括供应及销售物流中的车、船、飞机等方式的运输，生产物流中的管道、传送带等方式的运输。对运输活动的管理，要求选择技术经济效果最好的运输方式及联运方式，合理确定运输路线，以实现安全、迅速、准时、价廉的要求。

4. 保管

保管包括堆存、保养、维护等活动。对保管活动的管理，要求正确确定库存数量，明确仓库以流通为主还是以储备为主，合理确定保管制度和流程，对库存物品采取有区别的管理方式，力求提高保管效率，降低损耗，加速物资和资金的周转。

5. 流通加工

流通加工又称流通过程的辅助加工活动。这种加工活动不仅存在于社会流通过程中，也存在于企业内部的流通过程中，所以实际上是在物流过程中进行的辅助加工活动。企业、物资部门、商业部门为了弥补生产过程中加工程度的不足，更有效地满足用户或本企业的需求，更好地衔接产需，往往需要进行这种加工活动。

6. 配送

配送是物流进入最终阶段，以配送、送货形式最终完成社会物流并最终实现资源配置的活动。配送活动一直被看成运输活动中的一个组成部分，看成是一种运输形式。所以，过去未将其独立作为物流系统实现的功能，未将其看成是独立的功能要素，而是将其作为运输中的末端运输对待。但是，配送作为一种现代流通方式，集经营、服务、社会集中库存、分拣、装卸搬运于一身，已不是仅一种送货运输所能包含的，所以在本书中将其作为独立的功能要素。

7. 物流信息

物流信息包括进行与上述各项活动有关的计划、预测、动态(运量、收、发、存)的情报及有关的费用情报、生产情报、市场情报活动。对物流情报活动的管理，要求建立情报系统和情报渠道，正确选定情报科目和情报的收集、汇总、统计、使用方式，以保证其可靠性和及时性。上述各功能要素中，运输及保管分别解决了供给者及需要者之间场所和时间的分离，分别是物流创造"场所效用"及"时间效用"的主要功能要素，因而在物流系统中处于主要功能要素的地位。

第二节　物流系统规划

一、物流系统规划的概念与特征

(一)物流系统规划的概念

物流系统规划以一定区域范围内的物流系统作为研究对象，研究物流系统内不同物流活动的空间布局与变化。物流系统是指在一定的时间和空间里，由所需位移的物资、包装设备、装卸搬运机械、运输工具、仓储设施、人员和通信联系等若干相互制约的动态要素所构成的具有特定功能的有机整体。物流系统的目的是实现物资的空间效益和时间效益,即在保证社会再生产顺利进行的前提下,实现各种物流环节的合理衔接,并取得最佳的经济效益。物流系统是社会经济大系统的一个子系统或组成部分。

物流系统规划的学科属性取决于物流系统规划研究对象的客观性质。物流系统规划是一门基础理论和工程技术性都比较强的学科,更是一门实践性和应用性学科,具有综合性和交叉性的特点。物流系统规划是由系统学科、管理学科、地理学科、规划学科等相关学科交叉形成的交叉学科或边缘学科。

(二)物流系统规划的特点

1. 战略性

物流规划是对未来一段时间内的物流活动作出的战略性决策,规划方案一旦实施,很多物流设施在地域上建成,其布局合理与否,都会对物流活动产生重大而深远的影响,因此,物流规划必须有战略眼光。

2. 前瞻性

物流规划以构思和安排未来的物流活动为核心,把握当前与前景的关系是编制物流规划的关键。由于规划者在分析前景时使用的方法不同,存在着探索性前景与预期性前景两种思路上的差异。探索性前景是从目前情况出发,试图以逻辑标准的方式,按照目前发展趋势去推论未来。预期性前景是从对未来的一种可能又合乎心愿的想象出发,提出一些有待实现的目标。一般来说,编制近期规划,由于现状比较清晰,规划时段不长,受到不可预测的因素影响较少,根据以前的资料结合近期状况,根据发展趋势外推规划前景,可以达到规划目的。而长期规划则面向未来,面临很多错综复杂而且又不确定的因素,因而预期性前景分析在长期规划中应用较广。

3. 动态性

规划虽然已经对发展前景作出了估计和安排,但社会在不断发展,科学技术在不断创新,影响物流发展的因素也在变化,因此,在规划期内会不断出现新情况、新问题,提出新要求。所以,物流规划不可能是一成不变的,应当根据实际情况的发展和外界因素的变化,适时地加以调整补充。所以,物流规划是一个不断适应物流发展的动态规划。

4. 综合性

物流规划的综合性反映在物流影响因素的复杂性和物流要素、物流资源的多样性等方面。物流的影响因素包括社会、经济、技术、运输、地理环境等,这些因素相互独立又互相交织。因此,任何一级、任何一个环节的物流规划都要综合考虑这些因素的影响。

物流要素既包括城镇、乡村、交通、工厂、土地、河流、仓库等与位置密切相关的空间实体要素,也包括资金、技术信息等非空间要素,这就要求规划应该是空间规划与非空间规划的结合。

物流资源包括基础设施、土地资源、人力资源等,分属各种经济成分所有,如土地属于公有的公共资源,由政府实施管理,重要的基础设施如站场、港口、道路也有相当一部分属于国有资产。但也有一部分资源如车辆、仓库、船只等,属于集体或私人所有。即使是公有的物流资源,有些属于国家、省、市、县分级管理,有些属于交通、铁路、航空、外贸、内贸、邮政等部门管理。物流规划的重要任务就是要整合这些条块割据的物流资源，这就决定了物流规划是一个既包括不同层次的子系统，又包括不同部门的子系统的综合性规划。

二、物流系统规划的类型

物流规划的类型可以从不同的角度进行划分。

(一)按规划的时间段划分

物流规划根据规划期限长短，一般可以分为短期规划、中期规划、长期规划和远景规划。其中，短期规划一般为3~5年，中期规划一般为5~10年，长期规划(也称远期规划)一般为10~20年，远景规划一般为20年以上。

(二)按规划的主体划分

根据编制物流规划的主体，可以分为国家级物流规划、大经济区及跨省区级物流规划、省区和跨地区级物流规划、地市级物流规划、行业物流规划、企业物流规划等上下互动、条块交叉的若干类别。

(三)按规划的深度划分

根据编制规划的深度和详尽程度，可以分为宏观规划(总体规划)、中观规划(分区规划或局部规划)和微观规划等。在这几级规划中，还可以派生一些过渡类型，如宏观规划可以分出总体规划纲要和总体发展规划。也可以根据规划的制定与执行情况分为战略规划、策略规划和执行规划等。战略规划是涉及布局与发展的全局性、长远性的规划；策略规划是为了完成战略规划所规定的目标而进行的规划；执行规划是根据策略规划的要求对执行方案的选择。

值得注意的是，第一，上述的两种分类在涵义上基本是对应的，但规划的主体不同，习惯使用的规划系列也不同，若规划主体是各级政府，则多用总体规划-详细规划系列，若规划主体是行业或企业，则多用战略规划-执行规划系列。第二，不管采用哪一个分类系列，低一级层面的规划必须受上一层面规划结论的指导和约束，不得背离上一层面规划的框架。

(四)按物流环节划分

根据物流过程中各环节的不同，可以分为客户服务规划、采购与供应规划、选址规划、运输规划、流通加工规划、库存与仓储规划、配送规划等。

(五)按物流的类型划分

按物流职能类型的不同，可以分为供应物流规划、生产物流规划、销售物流规划、回收与废弃物流规划等。

(六)按物流的空间组织形式划分

按物流空间组织形式的不同，可以分为物流节点规划、物流通道规划、物流网络规划等。

三、物流系统规划的程序与内容

遵循现代规划理念，物流规划由调查分析、需求预测、规划与设计、评价与实施四个阶段构成。

（一）调查分析

对物流系统规划所需的各项资料进行调查分析，是物流规划的基础性工作。调查资料是否全面、准确、真实，将直接影响物流需求预测及现状物流系统评价的准确性，进而影响物流系统规划的合理性。调查分析是一项十分繁重的工作，资料的获取涉及物流的源和流、物流设施及与物流有关的社会、经济、自然、土地利用等方面。城市或区域物流不仅其自身是一个相互联系的系统，还是城市或区域大系统中的一个子系统。因此，城市或区域物流的发展变化不仅与物流自身的发展变化有关，而且会受到社会经济发展变化的影响。调查分析的主要内容包括社会经济发展情况、物流设施现状、物流流动情况。对社会经济发展情况的调查分析主要是确定物流系统规划的目标和发展阶段；对物流设施现状的调查分析主要是规划物流系统的服务水平和服务能力；对物流流动情况的调查分析可以确定物流活动的现状与发展趋势。

（二）需求预测

物流需求预测是物流系统规划的主要部分，物流需求预测是利用调查与分析的成果建立各种预测模型，并运用这些模型预测各时期物流的需求量及服务水平等，其目的是为物流系统的规划和评价提供依据。物流需求预测包括物流生成量预测、物流分布量预测、物流链分担量预测、物流网络分配四个阶段。

（三）规划与设计

现代物流系统规划的内容主要有发展规划、布局规划、运营模式设计、工程规划四个方面，具体包括物流发展战略目标与阶段、物流用地设施布局、物流解决方案、物流模式、物流工程项目计划等。

物流系统规划，首先是进行物流发展战略规划，即根据调查分析和物流需求的预测结果确定物流未来发展目标方向、发展速度和发展规模。其次是根据物流的整体发展规划确定物流用地设施的布局，包括分布模式和数量；同时，相应地布置物流相关基础设施，包括道路、仓库、物资中转站、配送中心和物流园区等。再次是物流解决方案、物流模式设计，应按照"时间、成本、服务"的目标要求，确定物流节点的服务水平、管理运营模式及管理制度等。最后是物流工程项目计划，应按照统一规划、分步实施的基本原则，确定物流工程项目的假设秩序、建设日程等，以确保规划能够落实。

（四）评价与实施

物流系统规划的评价体系通常包括三个主要方面，即物流规划的技术性能评价、物流规划的经济性评价和物流规划的环境影响评价。

评价物流系统有三个方面的作用和目的：

第一，评价是确定每一个备选方案的价值及一个方案相对于其他方案可取性的过程，其中关键要解决两个问题：确定如何来衡量方案的价值；估计所建议措施的费用与效益的来源和时机的选择。

第二，为决策者提供政策建议的影响、权衡轻重和不确定性的主要方面等信息。不仅明确影响的程度，而且要指出受每一备选方案积极或消极影响的主体。

第三，评价还要为规划人员提供一种对物流系统进一步研究改进的机会。因此，评价不仅将规划人员与决策人员联系起来，也将物流系统规划中的每一步研究工作联系起来。

在评价阶段完成后，物流规划的实施工作将全面展开，不仅包括机制、体制建设方面，还包括人才、资金筹措、招商引资、规划建设与运营管理方面。在实施计划过程中，根据考虑时间长短的不同可分为战略层、策略层、执行层。战略层考虑的是长期计划的制定，时间在 1 年以上；策略层考虑 1 年内的实施计划；执行层则考虑短期的行动。

第三节　物流规划体系

一、物流规划体系的构成

（一）物流战略规划

"战略"作为战争全局的筹划和指导，早就出现在我国的《左传》、《史记》等古籍之中，战略问题具有全局性、长远性、方向性，它存在于事物各方面和发展的整个过程中，战略概念从军事方面的应用引入经济发展和经营管理的实践，是在第二次世界大战以后。1958 年，美国耶鲁大学出版了赫尔曼的《经济发展战略》一书后，"发展战略"一词就不断地出现在经济及管理的著作中，很多国家的各级政府和研究机构，纷纷制定了国家或区域的战略发展规划。其后，安索夫在 1976 年和 1979 年，分别出版了《从战略计划走向战略管理》和《战略管理论》两本著作，提出了战略规划和战略管理的思想，给企业家们很大的启迪，使他们认识到，对于一个企业来说，要谋求长远的生存和发展就必须审时度势、高瞻远瞩，对外部环境的可能变化作出预测和判断，制定出正确的战略规划。从此，制定企业战略规划的浪潮就在美国、欧洲、日本等一些国家和地区迅速发展。

1. 物流战略规划的概念

以确认系统的社会和历史使命，明确系统的目标，制订系统的发展战略和系统的总体方案，着眼于系统发展的长期的、总体的、全面的规划，被称为战略规划。对于任何的战略规划而言，战略依据、战略目标、战略对策都是不可缺少的部分，对于各级政府而言，物流发展战略规划是在国家或区域国民经济和社会发展战略规划基础上所进行的专门的行业规划；对于企业而言，物流战略规划也是属于企业战略规划下属的二级规划。因此，制定物流战略规划必须要明确上一层面规划的战略目标，不得违背上一层面规划所制定的战略目标。

2. 物流战略规划的内容

以各级政府为主体编制的国家或区域的物流发展总体规划，本身属于长期的、宏观的战略规划。

首先，国家级物流发展规划的首要任务就是根据国家社会经济发展的中长期规划的经济增长情况，确定所需增加的物流总量，制定与其适应的基础设施规划，如国家铁路网的发展规划、国家高速公路网的发展规划、国家公路网的建设与改造规划、国家枢纽港（空港、海港、河港）的发展规划、国家级通信网络建设规划、国家级物流基地的发展规划等。其次，国家级物流规划还包括制定国家储备规划，对于国计民生有重大影响的粮食、钢铁、石油、煤炭、重要的有色金属等，为了应付国际政治经济形势的变化和自然灾害的影响，国家应根据生产和消费的情况，制定国家储备规划。再次，国家应根据不同流体制定运输货运规划，协调流体、载体、流向、流量、流程的关系。最后，国家还应根据物流的现状，编制产销平衡规划，在一个区域内合理布局生产力，使产销尽量接近平衡，这是减少物流成本的最根本办法。然而，绝对平衡是没有的，在效益和质量的基础上，寻求相对平衡还是可能的，这是由经济学的替代原理所决定的。另外国家还应负责制定为实现规划目标、落实规划内容的物流政策措施规划。

区域物流规划包括跨省区的经济区物流规划、省级物流规划和地市级物流规划。其首要任务着重于区域物流基地（包括物流园区）的布局规划；另外，还要根据区域经济发展战略，编制综合交通网规划，在国家级交通网的基础上，完善各种运输方式相互衔接的区域交通网的建设，形成与干线物流集散相适应的系统综合运输能力；此外，区域物流规划还要根据区域交通网的发展和物流基地的布局，编制区域物流信息平台发展规划和区域性的物流政策规划。

企业物流战略规划作为企业总体线路的重要组成部分，要服从企业战略目标和一定的顾客服务水平，企业在规划其整体战略时，可能会有一个比较宽泛的战略选择考虑。例如，克里斯曼、霍弗和博尔顿提出，投资力度、经营范围、成长向量、独特能力或资源配置、竞争武器的类型、市场细分的差异、协同等都可成为战略的组成部分。波特的竞争战略理论提出了三种常见的通用战略，即成本领先、差异化和专一化（也称为集中）。波特认为，通用战略主张的竞争优势是所有战略的核心。因此，企业必须决定其战略是强调低成本还是差异化，因为在保持高度差异化的同时实现成本领先往往是不现实的。波特假定一个企业除非选择了特殊的战略取向，否则它将死于"棍棒的夹缝之间"，并只能自食不良绩效的后果，再进一步，企业还需决策是在一个宽泛的行业领域去追求竞争优势，还是专注于一个集中的领域。专一化战略追求的是在一个特定行业内部或特定目标客户群体内的低成本或差异化。

在物流运营的理论与实践中，长期以来的焦点仍是成本与服务之间的平衡。服务在企业经营中是至关重要的，但在实施服务价值最大化的同时实施成本最小化几乎是不可能的，在低成本、差异化或专注于集中领域的潜力之间进行平衡，就是寻求波特提出的几种类型战略的一致性。拉奥、斯滕格和杨提出，供应链物流能够构建与波特的战略相类似的三种通用战略，即成本最小化、增值最大化和增加柔性与控制。

企业物流规划主要解决四个方面的问题：客户服务目标、设施选址战略、库存决策战略和运输战略。企业提供的客户服务水平比其他因素对系统设计的影响都要大。服务水平较低，可以以较少的存储地点集中存货，利用较廉价的运输方式，服务水平高则恰恰相反。但当服务水平接近上限时，物流成本的上升比服务水平上升更快。因此，企业物流战略的首要任务是确定交易的客户服务水平。储存点及供货点的地理分布构成物流战略规划的基本框架，其内容主要包括确定设施的数量、地理位置、规模，并分配各设施所服务的市场范围，这样就确定了产品到市场之间的线路。好的设施选址应考虑所有的产品移动过程及相关成本，包括以工厂、供货商或港口经中途储存点然后到达客户所在地的产品移动过程及成本，通过不同的渠道来满足客户需求。如直接由工厂供货，供货商或港口供货，或经过选定的储存点供货等，不同的渠道会影响总的配送成本，寻求成本最低的需求分配方案或利润最高的需求分配方案是选址战略的核心所在。库存战略指管理库存的方式。将库存分配推动到储存点与通过补货自发拉动库存，代表着两种战略。其他方面决策内容还包括产品系列中的不同品种分别选在工厂、地区性仓库甚至基层仓库存放及运用各种方法来管理永久性存货的库存水平。因为企业所采用的具体政策将影响设施选址决策，所以必须在物流战略规划中予以考虑。运输战略包括运输方式、运输批量和运输时间及路线的选择。这些决策受仓库与客户及仓库与工厂之间距离的影响，反过来又会影响仓库选址决策，库存水平也会通过影响运输批量而影响运输决策。

（二）物流系统空间布局规划

物流系统空间布局规划是指在一定层次和一定地区范围内确定物流网络（物流通道、节点设施）合理的空间布局方案。

根据规划对象的不同，物流系统空间布局规划可分为国家级、省市级（或区域级）、行业部门级及企业级等不同层次的规划，层次越高，其研究的对象越宏观，随着规划层次的下降，研究的对象更加细化。

国家一级的物流系统空间布局规划着重于以物流基础设施和物流基础网络为内容的物流基础平台规划，如干线通道、物流枢纽城市、国际枢纽等；省和区域一级的规划着重于区域物流园区、物流中心、配送中心等三个层次的物流节点及次要的干线通道、支线通道等；企业物流系统布局规划是在国家和省市物流系统布局规划的基础上进行的，企业物流系统依托自身物流节点（物流中心、配送中心、仓库、车站等）的选址，通过与公共物流网络的资源共享，从而形成企业物流系统的网络。例如，一个经营时效性区域运输的企业，往往将其配送中心选址于高速公路附近，使高速公路成为该企业物流网络的组成部分之一。企业物流系统的物流网络往往通过利用公共物流网络的资源来构筑，因此，物流节点的选址是企业物流系统布局规划的重点。另外，物流节点内部设施规划属于微观的空间布局规划，也是企业物流系统布局规划需要研究解决的问题。

物流系统空间布局规划的主要内容包括如下几个方面。

1. 物流节点布局规划

物流节点是指各种货运车站、港口码头、机场、物流园区、物流中心、配送中心、仓库等设施。规划内容包括：①物流节点设施的数量和种类；②物流节点的设置地点；③物流节点的功能配置；④物流节点的规模。

对于已存在的货运车站、港口码头等传统的交通枢纽型物流节点，重点研究的是对其合理利用和改造升级，拓展其服务功能，随着现代物流发展而派生出来的新型物流节点，如物流园区、物流中心、配送中心等，则需要进行全方位的研究探讨。

2. 物流通道规划

物流通道规划包括铁路、公路、水路和航空等运输网络的配置。其规划重点是充分利用已形成的或将改造拓展的相应网络，通过分析验证现有的网络是否能够满足物流系统的需要，并根据物流的发展需要，对原有网络进行补充改造，形成满足一定物流服务需求的物流通道方案。

3. 物流节点设施内部布局规划

物流节点设施的内部布局规划主要根据物流节点的功能，作出流程和服务质量要求，确定物流节点内各设施的平面布局方案，如物流中心仓储区、分拣区、加工区、内部通道等的布局。

（三）物流信息平台规划

信息技术在物流活动中的应用直接导致新的物流组织的出现，使得物流组织的层次不断提高。现代物流的信息化主要表现为物流商品的信息化，物流信息采集的标准化和自动化，物流信息处理的电子化和计算机化，物流信息传递的标准化和实时化，以及物流信息存储的数字化等。

物流系统信息化的目的是利用网络化、信息化的优势，通过对整个物流系统资源的优化整合，为企业提供共享交互的载体和高质量、高水平的增值服务，提高资源的利用率，实现物流系统的优化运作。

1. 物流信息平台的组成

一个城市或地区物流信息化建设主要包括企业的物流信息系统、物流园区(物流中心)信息平台和公共物流信息平台三个层面。

(1)企业的物流信息系统。企业的物流信息系统主要根据物流企业、生产企业、商业企业的内部物流信息一体化、网络化、高效化的需求，构建企业信息系统，提高物流运作效率，并逐步要求在供应链上、下游企业及合作伙伴之间实现信息共享。

(2)物流园区(物流中心)信息平台。物流园区(物流中心)信息平台整合物流园区(物流中心)内企业的信息资源，为物流园区(物流中心)内企业提供信息共享和增值物流服务，实现物流园区(物流中心)内企业间的信息共享，并促进物流园区(物流中心)的信息化建设。

(3)公共物流信息平台。公共物流信息平台整合城市的物流资源和社会资源，为城市内各物流节点和企业提供信息服务，优化整个城市的物流系统。公共物流信息平台的作用主要包括以下几方面：

a. 公共基础信息共享。现代物流是一个整合的过程，涉及很多行业、部门的资源和信息的优化整合，其中交通、海关、银行等部分基础信息的获取对企业现代物流的发展发挥着越来越大的作用，因此企业非常需要对公共基础信息进行共享。但这些信息的获得涉及各行业，部门间的协调问题及资金投入问题，企业依靠自身难以获得，因此需要由专门的公共物流信息平台来提供这些信息的共享服务。

b. 物流信息资源和社会物流资源的整合和共享。对社会物流系统中各类信息资源进行整合，并在全社会范围内对这些信息资源进行共享。对物流资源信息的整合和共享，对社会物流资源的重组，能够提高社会物流资源的利用率，实现对社会物流资源的整合。

c. 物流信息互通。为提升全社会物流服务水平，需要进行行业间信息互通、企业间信息沟通及企业与客户间的交流。

2. 物流信息平台的建设

企业物流信息系统的建设可以有自建和租用两种形式。大型企业或企业业务比较复杂的企业可以采用自建的方式，构建充分体现本企业特点的信息系统。对于中、小企业可以采用租赁物流园区（物流中心）信息平台或公共物流信息平台提供的 ASP 系统的方式，节约信息化的投入，加快信息化建设步伐。因此，企业物流信息系统的规划由企业根据自身的条件进行，不需要政府的干预。

物流园区（物流中心）信息平台和公共信息平台的建设主要可以采用三种模式：①商业运营机构全资拥有的模式。该模式比较有利于市场的培养和发展，但该商业运营机构必须能保证提供公平的竞争环境和持续的经费投入。②政府参与的业界协作组织模式。该模式能保持平台的中立性和支持平台总体目标的实现，但在市场培育和经费方面有所欠缺。③政府主导模式。该模式在平台的中立性、经费、支持总体目标的发展等方面有较好的保证，但在促进市场培育和发展方面有所欠缺。由于公共物流信息平台涉及面广、用户群体多，不管采取哪种建设模式，都需要在政府的统一规划下进行。因此，公共物流信息平台一般由政府进行统筹规划。

（四）物流运营管理体系规划

物流是若干领域经济活动系统的、集成的、一体的现代概念，它要求按用户（商品的购买者、需求方、下一道工序、货主等）的需求，将物的实体（商品、货物、原材料、零配件、半成品等）从供给地向需要地进行转移。在这个过程中，涉及运输、储存、保管、搬运、装卸、货物处理、货物选择、包装、流通加工、信息处理等许多相关活动。物流的运营就是将这些本来各自独立但有某种联系的相关活动组织起来，进行集成的、一体化的管理，构成了物流运营管理系统。

1. 物流运营管理系统的构成

一个完整的物流运营管理系统主要由营销系统、物流运营网络系统、财务结算系统、人力资源管理系统及绩效评价系统等组成，通过各个系统之间的协调工作，以保证物流运营的效益性，保证满足客户的物流需求。

（1）营销系统。营销系统是物流企业根据决策层的市场定位决策和经营管理决策，结合物流市场特点和自身资源特点及物流运作的要求而设立的，其主要职能是根据市场定位来负责物流市场和客户的开发。对于制造企业物流部门来说，其营销部门的主要职能一般是负责供货商的选择与管理及物资的采购。如果工商企业的物流部门独立进行核算，并成立了独立的法人实体，那么，其营销部门也应该与物流企业一样，面向社会开拓物流服务业务。

（2）物流运营网络系统。运营网络是物流运营的实体作业及其管理部分，是物流服务的具体作业表现，直接承担着物流业务的运作。由运营网络系统接收营销系统传来的订单任务，通过各个物流环节的协调作业，完成整个体系的资源调度、指挥、协调及业务总体运作，根据客户化的业务流程，直接控制物流过程。物流运营网络一般由相应的仓库、运输、配送、客户服务等环节组成。物流企业和工商企业的物流部门应根据自身的资源状况及客户的物流服务需求，保证向客户提供完美的服务。

（3）财务结算系统。物流服务系统是一个全球化的大型系统，不但涉及企业内部物流系统本身，更重要的是涉及社会各个方面。在为客户提供服务的过程中，需要与客户、收件人、物流合作伙伴、承运人、信息服务企业等各个方面发生业务关系，如何协调各个环节，完善的预算体系是不可缺少的，通过合理的结算体系，确保各方的利益，促使整个服务链的效率最优。同时，从企业内部的角度考虑，通过设置有效的财务核算体系，可以为物流运营的决策者和管理者提供有用的决策管理信息。

（4）人力资源管理系统。物流企业及工商企业物流部门的一项重要工作，就是要建设一支核心专业技术与管理团队，并有效地做好员工队伍的建设，这是关系物流运营及物流企业经营成败的关键。对于物流运营过程来说，核心管理与技术团队是至关重要的，它们代表了物流企业和工商企业物流部门的专业水平，而具体物流运营的效率和效益都是通过每一个实际操作人员的能力和水平体现的。因此，物流运营的人力资源管理应是以核心团队和具体从事物流业务操作的员工队伍两个层面为基础，并以核心团队的建设、协调和稳定运行为主来开展。

（5）绩效评价系统。在物流运营过程中，应随时根据质量控制标准负责对物流服务质量进行监控，确保每个作业环节的高效、合理运行。并且对物流的运营过程及总体情况作出最终的考核评价，进行相应的奖惩和改进，使整个运营过程保持通畅、规范。一个设计得好的物流绩效评价体系可以使高层管理者判断现有经营活动的获利性；及时发现尚未控制的领域；有效地配置企业资源；评价管理者的业绩。具体来说，物流绩效评价可以是对每个物流作业环节的考核，也可以是对整个物流服务质量和物流活动的评价，还可以是对物流企业或工商企业物流部门的综合财务评价。任何一个体系的设计都同组织结构有着密不可分的关系，物流运营绩效评价系统的设计，也将适用于物流运营的组织结构，有助于实施适当控制，同时组织结构的设置也影响信息的流向与流量。物流绩效评价体系设计在整个组织结构之内，这个体系的设计必须准确、及时、可接受、可理解，能够反映企业的特性，与企业的发展战略具有目标一致性，并具有一定的可控性、激励性和应变性。

2. 物流运营管理体系规划的内容

物流运营管理体系规划是物流企业或工商企业物流部门为物流运营管理各环节的行动作出的前瞻性安排，因此规划的体系与各环节基本上是对应的，包括物流营销系统规划、物流运营网络规划、物流运营人力资源规划、物流运营绩效评价系统规划等。

因为物流服务的定制性和专业性都较强，所以制定物流营销系统规划对物流企业意义重大。物流营销系统规划包括物流营销的组织规划、物流产品策略规划、物流价格策略规划、物流渠道策略规划、物流促销策略规划等。

物流运营网络规划既涉及基础设施，又涉及流程组织。物流运营网络由节点(物流中心)和通道构成。对企业而言，所需考虑的主要是节点，即物流中心，物流中心既可以自建，也可以租用公共型物流中心，而物流通道则绝大部分利用社会公共物流通道资源。建立物流运营网络的关键是确定各个物流中心的布局及据此确定具体物流中心的任务和规划。物流运营网络规划主要包括物流中心规划、流程规划和输配送系统规划。

物流运营人力资源规划，是指根据企业的战略规划，通过对企业未来人力资源需求和供给状况进行分析和预测，采取岗位配置、员工招聘、培训开发、薪酬设计及绩效考核等人力资源管理手段，制定使企业人力资源与企业发展相适应的综合性发展规划。

物流运营绩效评价系统规划包括物流活动主要环节(运输环节、仓储环节、配送环节及其他增值服务环节等)的绩效评价系统设计、物流企业的财务绩效评价系统设计、物流企业的综合绩效评价系统设计、工商企业物流绩效综合评价系统设计等。但无论哪一个子系统的物流运营绩效评价系统规划，都是评价指标体系提取的评价方法设计。

二、物流系统规划的层次性

本书中把物流系统分解为物流作业子系统、物流营运管理子系统和物流空间网络子系统，而物流系统空间布局规划，就是对物流空间网络子系统进行规划，即对公路、铁路、水路、航空、管道等交通运输线路和场站、码头、空港、物流中心等节点的空间布局进行规划。

经济学关于空间的理论研究与实践，可以划分为微观区位论和宏观区域理论两个范畴。区位论研究微观经济单位或个体基于区位影响和决定因素产生的空间偏好与选址决策，也称选址理论；而区域理论研究一定地域内微观集合空间分布的决定和发展规律，也称生产布局理论。

根据上述理论，并考虑规划的制定和执行，一般可分为战略规划、策略规划和执行规划等不同层次。物流系统空间布局规划可以分为宏观空间布局战略规划、中观选址布局策略规划和微观平面设计执行规划三个层次的内容。

(1)宏观空间布局战略规划。宏观空间布局战略规划主要研究物流网络的一般空间结构。物流网络的层次类别与地区的空间适应性问题，主要是在掌握物流系统空间布局规律的基础上，在省级及以上的宏观范围内，确定物流网络的层次类别及其依托的城市之间的关系，即物流网络在宏观范围内各个城市对不同层级的物流网络的适应性分析。

(2)中观选址布局策略规划。中观选址布局策略规划主要是为完成战略规划所规定的目标，针对某个具体地区，进行物流系统布局结构、物流网络的空间区位特性分析，确定物流中心数量、规模、功能协调和选址分析。

(3)微观平面设计执行规划。微观平面设计执行规划是在上两个层面的规划指导下，对布局确定的物流中心的具体功能、作业流程和生产工艺、相关的硬件设施设备选型与配置等内容的设计过程。

在上述三个层面的布局规划中，宏观空间布局战略规划对中观选址布局策略规划和微观平面设计执行规划具有重要的指导作用，对物流网络的建设、运营和管理起着宏观的约束作用，是物流系统空间布局规划中的首要和前期工作，一般属于长远规划。中观选址布局策略规划受宏观空间布局战略规划的制约，需要在宏观空间布局战略规划确定的层次等级范围指导下进行有关的分析规划工作，一般属于中长期规划；微观平面设计执行规划应在以上两个层次规划方案确定后进行，其规划设计工作受以上两层规划结论的约束，一般属于中短期规划。

思 考 题

1. 简述物流系统的概念与特征。
2. 物流系统有哪些功能?
3. 如何理解物流系统规划的概念?
4. 物流系统规划有何特点?
5. 物流规划体系构成包括哪些内容?

第二章　物流系统规划的理论基础

第一节　现代物流的理论

物流规划理论研究的进程和物流实践发展的历程是相辅相成的。国外物流理论研究始于 20 世纪 30 年代，最初的研究主要围绕物流概念和物流内涵进行；20 世纪 50 年代后，随着物流在经济发展中地位的提高，有关物流的理论研究也不断深入，物流研究成为独立的研究领域，并产生了许多新的理论和学说。

我国学术界从 20 世纪 80 年代初期开始研究和探讨物流问题，引进和介绍国外物流概念和物流理论研究动态；20 世纪 90 年代后，我国对物流的研究已经从物流概念的界定、物流类型划分转向物流行业发展、物流发展模式、物流规划和物流运营等问题的探讨。

一、现代物流理论

现代物流理论是物流规划的最基本理论基础，是物流规划中功能定位的理论基础，决定了物流如何进行功能设置。根据我国实施的国家标准《物流术语》(GB/T 18354—2006)定义，物流是指物品从供应地向接收地的实体流动中，根据实际需要，将运输、储存、装卸、搬运、包装、流通加工、配送、信息处理基本功能有机结合来实现用户要求的过程。现代物流强调从供应、生产、销售、消费等全过程最佳组合，强调应该把所有的物流功能、要素、环节有机地结合在一起，并通过功能之间的衔接，实现物流整体最优，强调效率、成本、服务与效益的均衡。

现代物流理论决定物流规划必须要把物流七大功能要素有机结合以满足物流客户价值最大化，必须在一定时间和空间里把物流功能、物流设施设备、人才等要素有机结合起来构建物流大系统。同时它要求物流规划必须从追求单个企业降低成本，注重局部活动的最优化转向追求综合经济效益，实现经济社会可持续发展。

二、第三方物流理论

虽然"第三方物流"这一术语正在被广泛使用，但至今仍无普遍接受和认可的定义，一般将之理解为由产品交易双方之外的第三方提供的物流服务。第三方物流是物流专业化和社会化发展的产物。传统的物流活动的目标是如何快速、准确地将产品配送到客户手中，更多考虑的是库存和配送速度之间的优化、平衡，服务对象是单个的、零散的客户；而第三方物流所寻求的目标是社会物流合理化，是从物流全过程合理化的角度追求物流费用节约。第三方物流以具备全面物流服务能力的物流企业为核心，以企业所控制的物流设备为基础，为客户提供物流功能的整合服务，提供附加价值。与企业采用自我物流服务系统相比，第三方物流企业提供的物流服务更快捷、更安全，服务水准更高，成本更低。

三、精益物流理论

精益物流的概念源于"精益理念"在物流理论中的分析与应用。第二次世界大战结束后，汽车工业的生产模式以美国福特为代表的批量生产方式，大量专用的、专业化的设备大批量生产被认为是降低成本和提高生产率的主要方式。日本丰田汽车公司在参观美国的几大汽车厂之后认为在日本进行大批量少品种的生产方式是不可取的，并探索出一套新的汽车生产方式：及时制生产、全面质量管理、团队工作和供应链管理，逐步创立了多品种、小批量、高质量和低消耗的精益生产方法。1992 年，美国麻省理工学院的 Jones 教授出版了《改造世界的机器》一书，把丰田生产方式定名为"精益生产"，四年后出版了续篇《精益思想》，其核心就是以越来越少的投入——较少的人力、较少的设备、较短的时间和较小的场地创造出尽可能多的价值；同时也越来越接近用户，提供他们需要的产品。

精益思想的理论诞生后，物流学家则从物流管理的角度对此进行了大量的借鉴，并与供应链管理思想融合起来，提出了精益物流的新概念。精益物流的内涵包括五个方面：①从顾客的角度而不是从企业和职能部门的角度来研究什么可以产生价值，并且利用这个价值进行一系列环节的推动；②以价值为基点分析价值流，按整个价值流确定所有物流流程中必需的步骤和活动；③让价值流实现有效的流动，通过消灭无效和浪费，形成没有中断、没有对流和迂回、没有停滞等待、没有丢失和损毁的物流活动，这种活动必然为用户创造增值的条件；④价值的创造必须按用户的要求，由用户进行拉动，而且必须做到"恰值其时"；⑤不断对整个活动进行修正和完善，不断消除无效、损失和浪费。

四、绿色物流理论

随着经济的发展，物流活动对环境的影响越来越大。考虑到降低物流活动对环境的负面影响，绿色物流概念应运而生。绿色物流是指在运输、存储、包装、装卸、流通加工等物流活动中，采用先进的物流技术、物流设施，最大限度地降低对环境的污染，提高资源的利用率，如包装材料尽量采用可回收材料，运输工具采用清洁能源，加强对废弃物流的管理，提高废物回收利用率。绿色物流是建立在维护全球环境和可持续发展的基础上，改变原来发展与物流、消费生活与物流的单向作用关系，在抑制物流对环境造成危害的同时，形成一种能促进经济与消费健康发展的物流系统。目前绿色物流研究主要集中在绿色供应链管理的实现方面，具体途径如下：

（1）绿色运输。运输过程中的燃油消耗和尾气排放，是物流造成环境污染的主要原因之一。绿色运输首先要对货运网点、配送中心的设置作出合理布局与规划，通过缩短线路和降低空载率，实现节能减排的目标。绿色运输的另一个要求是改进内燃机技术和使用清洁燃料，以提高能效。此外，还应当防止运输过程中的泄漏问题，以免对局部地区造成严重的环境危害。

(2)绿色仓储。绿色仓储要求仓库布局合理，以节约运输成本。布局过于密集，会增加运输次数，从而增加资源消耗；布局过于松散，则会降低运输的效率，增加空载率。仓库建设前还应当进行相应的环境影响评价，充分考虑仓库建设对所在地的环境影响。例如，易燃易爆商品仓库不应设置在居民区，有害物质仓库不应设置在重要水源地附近。

(3)绿色包装。包装是商品营销的一个重要手段，但大量的包装材料在使用一次以后就被消费者遗弃，从而造成环境问题。绿色包装要求提供包装服务的物流企业进行绿色包装改造，包括使用环保材料、提高材质利用率、设计折叠式包装以减少空载率、建立包装回用制度等。

(4)废弃物回收。大量废弃物的出现对社会产生了严重的消极影响，而且会引发社会资源的枯竭及自然资源的恶化。为此应建立一个包括生产、流通、消费的废弃物回收利用系统。

五、逆向物流理论

所谓逆向物流，美国物流管理协会将其定义为计划、实施、控制原料、半成品库存、制成品和相关信息从消费地到起始地的高效率、低成本的流动过程，从而达到回收价值和适当处置的目的。我国《物流术语》中认为逆向物流包括回收物流和废弃物流两大类。回收物流是指不合格物品的返修、退货及周转所使用的包装容器从需方返回到供方所形成的物品实体流动；废弃物流是指将经济活动中失去原有使用价值的物品，根据实际需要进行收集、分拣、加工、包装、搬运、储存等，并分送到专门处理场所时所形成的物品实体流动。

逆向物流具有逆向性、复杂性和不确定性的特点。逆向物流的流动对象是产品、产品运输容器、包装材料及相关信息，流动方向是供应链渠道的"反方向"流动过程；流动目的是重新获得终极产品或有缺陷产品的使用价值，或对最终废弃物进行正确的处理如填埋、焚烧等处理。

第二节　物流系统空间布局理论

一、现代系统论

现代系统论是美籍奥地利生物学家贝塔朗菲创立的，他以抽象的客体系统为研究对象而撇开系统的具体物质运动形态，着重考察系统中整体与部分、结构与功能之间的关系，并运用数学手段和计算工具，确定适用于所有客体系统的一般原则和方法。现代系统论认为整体性、关联性、层次性、统一性等是所有系统的共同基本特征，特别强调整体和部分之间的相互联系和相互作用。

物流系统是一个规模庞大、结构复杂、目标众多的大系统，系统与子系统之间、子系统与子系统之间存在着时空及资源利用方面的联系，也存在总目标、总费用及总体运行结果等方面的相互联系，它们相互影响、相互作用，最终实现物流系统的总体目标。

因此在物流规划中必须做好物流的线路结构规划、节点结构规划、产品流程网络规划和物流信息网络规划，必须做好不同层次物流系统体系规划，构建多层次多元网络体系的物流系统，使物流发挥其整体最优效果。

二、协同理论

协同理论由德国物理学家哈肯于 1971 年提出。他认为千差万别的系统，尽管其属性不同，但在整个环境中，各个系统间存在着相互影响而又相互合作的关系，也包括通常的社会现象，如不同单位间的相互配合与协作、部门间关系的协调、企业间的相互竞争及系统中的相互干扰和制约等。协同理论主要包括协同效应、伺服原理和自组织原理。该理论认为物流协同效应(即整体性)是由物流系统内部各子系统的协同作用决定的，协同得好，系统的整体性功能就好。它要求在物流规划中消除物流系统内部相互掣肘、离散、冲突或摩擦的因素，减少整个系统内耗，使各子系统发挥其应有的功能，使整个系统处于有序状态。协同理论认为序参量是物流发展的主导因素，只要在规划过程中审时度势、创造条件，通过控制系统外部参量和加强内部协同，强化和凸现所期望的序参量，就能使物流系统有序、稳定地运行。

三、劳动地域分工理论

分工是人类社会经济发展的固有现象，劳动地域分工是指人类经济活动按地域进行的分工，是社会分工的空间表现形式。劳动地域分工理论的核心是解决产业的选择、如何形成专门化生产，以使区域内的优势得以发挥和实现区际的协调配合。

劳动地域分工理论注重不同区域经济发展具有相对独立性、特殊性，从而形成了各具特色的区域经济。在生产社会化程度日益提高，尤其是在市场经济的条件下，不同的经济区域只有立足本地的实际，扬长避短，充分发挥各自特点和优势，集中力量发展本地区的优势产业，以自己的优势产品在地区间互相交流，建立合理的地域分工，才能加快本区域的经济发展，达到地区经济的共同发展。那种不从实际情况出发，不管基础和条件是否相同，与其他地区按照相同方式和路径随大流发展的思维和行为，不仅不能达到预期目的，还可能延缓和阻碍本区域经济的发展。

分工是物流产生的基础，劳动地域分工是不同区域之间物流产生的直接动因，决定着物流方向和物流量的变化。不同的地域，其形成发展的主导因素是不同的，劳动地域分工理论是正确分析经济地域形成发展条件因素的重要依据。

四、区位论

(一)区位的概念

"区位"一词来源于德语 standort，原意为"站立的位置"、"站立场所"，英文译为"location"，即"定位置、场所"，日语为"立地"，可见经济区位就是人类经济活动所选择的地区或地点，既具有空间上的位置，也具有人在主观行为因素作用下为特定目的而标定的意见，它是与"位置"既有联系又有区别的一个概念。

区位论是人类选择行为场地的理论，其理论核心就是通过合理的区位选择以最小的成本获取最大的利润；实质上，区位论是研究空间对经济组织活动影响的理论。区位论通过对区位条件和区位因子的分析，决定区位主体的最佳组合方式和空间形态。

经济区位在空间上表现出一定的形态，主要有：①点区位，具有确定的地理位置，以地理坐标度量，如企业布点、交通枢纽、居民点、市场分布点等；②线区位，具有确定的走向和强度，如交通线、海岸线、河流等；③面区位，具有确定的范围、形状和面积，如产业密集带、城市带、工业区、港口物流区等。区位论是关于人类活动(特别是经济活动)的空间组织优化理论，区位论从早期微观静态分析发展到后来的宏观静态分析，所涉及的部门也从早期的第一产业和第二产业，从早期的重视加工工业和商业，发展到以探讨城市和第三产业为主体。具有代表性的区位论主要有农业区位论、工业区位论、中心地理论、市场区位论、终点及转运点区位论、现代空间结构论等。

（二）区位论的发展及内容

1826年，德国的农业经济和农业地理学家杜能出版了《孤立国农业和国民经济的关系》一书，简称《孤立国》。他在书中根据资本主义农业与市场的关系，探索因运输距离不同而引起的农业分带现象，创立了农业区位论。

1909年，德国经济学家韦伯是工业区位学的奠基人，韦伯理论的中心思想就是区位因子决定中心区位，将生产吸引到生产费用最小的地点，因此，区位因子分析便成了韦伯工业区位论的核心内容。美国经济学家胡佛对韦伯的理论进行了引申，提出了终点及倒运点区位论。从杜能到胡佛的区位论都是以成本分析为主，构成了区位论的"成本学派"，其研究对象是第一产业和第二产业，着眼点是微观静态平衡研究。

把区位论由古典推向近代研究，首推德国地理学家克里斯泰勒，他在《德国南部的中心地》一书中，提出了中心地理论，又称中心地方论或中心地学说。从聚落分布开始，确立了中心地理论的一系列原理：三角形聚落分布、六边形市场区的框架，等级序列和门槛人口，根据市场、交通和行政原则得出的网点类型等。德国经济学家勒施将克里斯泰勒的中心地理论应用于工业区位研究，从克里斯泰勒的网络市场发展为工业市场区，进而探讨了市场区体系和经济景观。克里斯泰勒和勒施的研究都是以市场最大利润为宗旨的，开始涉及第三产业和城市研究，这就形成了区位论的市场学派，把区位论从微观的静态平衡分析推向宏观的静态平衡分析。另外，市场学派在空间相互作用论出现后又进一步得到充实，主要理论有帕兰德的"市场区的竞争区位"，罗斯特朗和史密斯的"赢利边际区位论"等。

20世纪50年代区域开发和空间结构问题出现，使区位论转向空间结构分析，形成了现代空间分析的理论——空间结构理论。当前，区位论的研究方向已明显由第一产业和第二产业转向第三产业和城市，由微观转向宏观，由静态转向动态，这就要求在分析区位因子时，把早期的成本学派、中期的市场学派和行为学派的观点综合起来考虑。

随着信息技术渗透到国民经济及社会的各个方面，现代社会生产方式和生活方式由传统模式向以信息技术为支撑的网络化模式转变，区位论正向着传统区位因子弱化、选择范围全球化、区位主体现实化、产业区位以信息知识产业为主及中心地理论虚拟化的方向发展。

区位论为经济地理学研究物流提供了重要的理论工具，使在全球系统整合的角度研究地域系统配置和动态企业布局成为可能，从而为研究供应链条件下物流过程的区位变化提供了可能。

五、区域发展理论

区域发展理论由区域经济学和发展经济学发展而来，区域发展理论是在传统的区位研究基础上成长起来的，是以区域经济增长与发展为核心的动态区域发展理论，其中有影响的理论有增长极理论、梯度增长理论、点轴增长理论等。

（一）增长极理论

从经济增长非均衡性的现实出发，增长极理论强调"增长极"对实现经济增长的重要性。一方面，经济要素在增长中心的空间集聚形成经济率先增长的极点，并不断吸引周围地区的优势要素向增长极集聚，增长极在区域经济增长中的先导性得以体现；另一方面，要素流动的双向性决定着增长极中所实现的经济增长成果也将通过要素流动有效传递给周边地区，从而带动腹地经济的增长。

根据增长极理论，物流规划必须首先考虑区域之间的物流系统在发展现状和开发潜力等方面存在的地域差异，优先考虑将区位及资源优势明显的区域作为物流规划的增长极。在此基础上，具体到增长极点的布局问题，需要根据规划范围及规划对象的不同规划不同级别的增长极点(如广域增长极、市域增长极及区域增长极等)，通过主次分明的增长极点在空间上的合理过渡和有效配合，实现区域间物流极点及区域内物流节点之间的联动性。因此，依据区域物流规划的增长极原理，各个物流增长极点的带动性及传导性所导致的各个物流板块的联动性增长，将最终上升为区域物流体系的非均衡演进，并以此推动区域经济的持续发展。

（二）梯度增长理论

梯度增长理论是关于一定时期经济技术发展在不同地域空间上的有序推进理论。立足于区域经济发展不平衡的现实前提，梯度增长理论认为，经济增长所依托的各种要素的空间布局与转移应符合多层次梯度推进的演进趋势。简言之，优势要素应伴随经济发展和生命周期的演变，逐步由高梯度地区向低梯度地区进行空间转移。这样，经济发展的不均衡性将由于经济要素的梯度转移而不断缩小，区域经济的共同发展得以实现。考虑到经济发展的非均衡性所导致的物流发展的不平衡，区域物流规划应该遵循梯度增长原理，发挥区域之间乃至区域内部物流产业的梯度辐射作用。其一，针对具体区域的物流规划，应首先明确规划区域所处的物流技术梯度，在区域物流规划的功能定位上，既要有效承接来自上一级物流梯度的技术转移，又要兼顾物流技术向下一级物流梯度的及时转移。其二，针对区域内部的物流规划布局，应结合区域内各板块之间的梯度发展现状，首先让有条件的地区先行引进物流新技术，然后逐步向低梯度地区转移，通过区域内部梯度式的物流技术转移与辐射推动区域物流的持续发展。

（三）点轴增长理论

从基本原理来看，点轴增长模式实现了增长极理论与梯度增长理论的有效结合，从而对区域经济开发的实际指导意义和可操作性大大增强。由于经济增长的非均衡性，区域经济中的大部分优势资源往往集中于增长极点上。事实上，由于经济及社会要素的梯度转移，各增长极点之间会逐渐形成线状的"增长轴"，同样会辐射及带动周边区域的经济发展。与原有的增长极点相结合，点轴增长模式带来了经济增长在更大领域内的集聚，也更加符合现实经济的开发模式。

结合点轴式的经济增长理论，区域物流规划可以将物流增长极点之间的交通和信息脉络作为物流发展轴线，进行点轴式的物流开发模式。可以说，物流发展轴线的形成，将使得物流发展成果实现向腹地更加有效的辐射。伴随着点轴式的物流发展模式，点轴之间的层级也将实现轮番式互接，新旧点轴的相互交织有利于向网络式的物流发展模式演进。在此过程中，物流技术的梯度转移也将加快。　因此，根据点轴式的物流开发模式，应立足区域物流的现状和功能定位，对物流增长极点与物流轴线进行统筹规划。

思　考　题

1. 简述区位论的发展演变及其主要内容。
2. 什么是区域发展理论？区域发展理论对制定区域物流系统规划有何影响？

第三章　物流系统规划的模型与方法

第一节　物流规划理论方法基础

物流活动是一种经济活动，因此，制定物流系统空间布局规划也必须以经济布局理论为基础。由于经济布局主要涉及人类经济活动的空间分析问题，因而其理论基础必然涉及人类经济活动空间分析的规律研究。关于人类经济活动空间分析的理论应包括三个方面：①关于人类经济活动的空间分析的规律研究，即关于人类经济活动的空间分布及空间组织优化的理论(区位论)；②关于分析经济活动空间差异的理论(地域分工论)；③关于一定空间范围内经济活动发生发展运行规律的理论(区域发展理论)。可见，经济布局的主要基础理论应包括区位论、地域分工论和区域发展理论。

一、典型物流系统优化设计理论和方法

许多国内外专家已经做了大量关于物流系统的优化设计理论和方法的研究工作。这里的物流系统优化设计指的是物流系统优化的数学模型，主要包括目标函数、约束条件及优化模型和算法。

(一)目标函数

目标函数的定义：总费用函数=固定费用+运行函数。

典型的固定费用是物流中心个数 N 的单调上升函数。最简单的情况是线性函数 $f(N) = CN$，式中，C 是建设一个物流中心的费用；N 是物流中心的个数。

典型的运行函数是各物流中心到每个用户距离的单调上升函数，最简单的情况是线性函数 $G(P_{ij}, D_{ij}) = \sum C_{ij} P_{ij} D_{ij}$。式中，$C_{ij}$ 是常数，指第 j 个物流中心的第 i 个用户的每吨每公里运输费用；P_{ij} 是指第 j 个物流中心的第 i 个用户的运量；$D_{ij} = \left[\left(X_i - X_{D_j} \right)^2 + \left(Y_i - Y_{D_j} \right)^2 \right]^{\frac{1}{2}}$，是指第 j 个物流中心的第 i 个用户到物流中心的直线距离，(X_i, Y_i) 是常数，是第 j 个物流中心的第 i 个用户的坐标；(X_{D_j}, Y_{D_j}) 是物流中心的位置，为决策变量。

典型的总费用函数：$\min = f(N) + \sum C_{ij} P_{ij} D_{ij}$。在这个典型的模型中，运行费用仅包括运输费用。但是，从整个物流运作来看，总费用还应包括装卸费用、搬运费用和管理费用等。

(二)约束条件

约束条件指的是服务水平、能力和需求的限制。这是一个典型的布局/分配问题，难度较大。其中确定物流中心位置的问题，称为布局问题；确定第 j 个物流中心的第 i 个

用户的运量，或第 i 个用户由哪一个物流中心配送的问题，称为分配问题。

（三）物流系统设计传统优化模型和算法

1. 物流中心位置的确定

这是在假定分配问题已经确定的前提下进行物流中心位置的确定，确定物流中心位置有以下两种方法。

近似算法：其中以中心法最为典型，近似地用中心代替最佳物流中心位置的布局。数学上可以证明，这类方法的目标函数中的费用自变量实质上不是距离 D_{ij}，而是距离的平方。目前常用于确定物流中心选址时的初始位置。

一般优化方法：这种模型和方法的困难在于当物流中心位置趋于用户时，目标函数的导数将会趋于无穷大；当最优的物流中心位置与某需求点一致时，给求解带来很大困难。

2. 物流系统设计的布局/分配问题

整数规划法：用线性规划方法求最优解。根据不同的目的，可细分为 0～1 规划、纯整数规划和混合整数规划。此类方法目标明确，能更准确地反映实际情况，但算法较复杂，计算时间较长。

鲍姆尔-沃尔夫法：采用分阶段逐次逼近（向最优解收敛）的方法。首先，按照运输问题求解运输费用和发送费用；其次，求管理费用函数的微分，使边际费用最小；最后，进一步解运输问题。按此顺序反复进行。

剖分/选点法：该方法采用剖分/选点反复进行计算优选。剖分是确定每个流通中心的送配区域，选点是求出各送配区域物流中心的位置。这种方法在理论上可以证明，每次剖分/选点都是逐步下降的，但不能保证能够达到最优点。

以上一般解法是采用分段迭代的算法，即求对偶的算法。

二、物流系统模型

对于物流系统模型，按其结构形式可以分为实物模型、图式模型、模拟模型和数学模型等类型。可根据物流系统的目标、要求、需要费用预算等情况进行选择，用于不同层次的物流系统分析。

（一）实物模型

实物模型可以实现系统的放大或缩小，它能够表明物流系统中的各个基础设施分布、作业场地分布、基本建设的布局、物流工艺流程等的规划、布局和设计是否合理，是否便于整个物流系统的运行。实物模型的特点是直观形象，能参与研究讨论的人员较多，便于研究共同问题、集思广益分析和完善有关系统。

但是，实物模型描述物流系统一般比较粗糙，数量关系和一些细节不易搞清楚，有关要素的内在联系也不易表述清楚，一般情况下不宜用于物流系统的优化。

（二）图式模型

图式模型是用图形、图表、符号等把系统的实际状态加以抽象表现的形式。例如，网络计划图可以表示物流相关作业内容、作业逻辑顺序、作业时间与进度、各种时差及关系，是一种较为理想的图式模型。图式模型是在满足约束条件下寻求实现目标值的满意方案的一种方法。图式模型要视其复杂程度及所包含的内容与关系是否能用图形表示清楚来决定是否采用，较理想的图式模型也可以用作优化的辅助工具。图式模型的优点是简洁、清晰、直观。但是，对于复杂的图式模型需要借用计算机进行计算和优化，当变量维数较大时，图式模型的应用就受到限制。

（三）模拟模型

模拟模型是根据同构成或同态系统之间可以进行模拟的原理所建立的一种便于求解、控制或处理的分析系统，或可用相似模型代替或近似描述原系统的另一种系统。模拟模型一般有以下两种：一是可以接收输入并进行动态演示的可控模拟图形；二是用计算机程序语言表达的模拟模型，如物流中心(物流枢纽)站台数量的模拟。对于一些内部结构不清的或因素复杂的系统，这种模拟往往是有效的。

典型的物流系统模拟方法如下。

1. 克莱顿希尔模型

其特点是服务水平最高，物流费用最小，信息反馈最快。克莱顿希尔模型采用逐次逼近的方法来求解下列决策变量：①流通中心的数目；②对用户的服务水平；③流通中心收发货时间的长短；④库存分布；⑤系统整体的优化。

2. 哈佛大学的物流系统模拟

这种方法具体要确定的问题是流通中心数目和地点的选择、流通中心装卸设备的选择、运输和发送手段的选择。

（四）数学模型

数学模型是通过数学手段建立描述实际系统的一种模型。数学模型一般将物流系统的要素和相关关系用数学表达式、图像和图表等抽象地表达出来，往往需要计算机求解。一般可将数学模型划分为确定数学模型和随机数学模型，或划分为连续数学模型和离散数学模型。所建立的数学模型在多数情况下可以优化，或可以取得近似优化的结果，但是在数学模型的建立过程中，往往舍去了一些次要因素和少数难以描述或无法描述的因素。所以，取得的优化结果往往是假设条件下的理论上最优或较优。

第二节　　物流系统规划方法

一、通用规划方法

由于各学科对"规划"有不同的理解，因而规划的方法也多种多样。宏观的物流系统空间布局多采用定性方法，而中观和微观的规划设计多采用系统工程方法。系统工程(system engineering)是一门新兴的横向交叉学科，目前仍在发展和完善。系统工程没有统一定义，美国著名学者切斯纳指出，系统工程认为虽然每个系统都由不同的特殊功能部分组成，而这些功能部分之间又存在着相互联系，但是每一个系统都是完整的个体，每一个系统都要求有一个或若干个目标。系统工程则是按照各个目标进行权衡,全面求得最优解(或满意解)的方法,并使各组成部分能够最大限度地相互适应。

系统工程方法用于物流系统规划的基本原理是以物流系统为特定研究对象,把要组织管理的物流对象经过分析、推理、判断、综合,建立某种系统模型,进而以最优化方法实现系统最满意的结果。即通过系统工程技术处理,使物流系统达到技术上先进、经济上合算、时间上节省,能协调运行的最优效果。系统工程方法针对解决的问题不同方法上也有差异,对物流系统空间布局规划,适用的方法有以下几种。

(一)网络分析技术

网络分析技术是组织生产计划的一种方法,也是项目管理的内容之一。网络分析技术的基本原理是通过绘制网络图来表达生产和工程的进度,计算各项作业(也称活动或工序)的相关时间参数,使管理者对全局有一个比较完整、清晰的了解。同时,可以通过网络分析来制订日程计划、资料和成本的优化方案。网络分析技术包括关键路线法(CPM)、计划评审技术(PERT)等方法。PERT 是 1958 年美国海军特种计划局在研制"北极星"导弹潜艇时创造出来的一种管理技术,CPM 是 1956 年美国杜邦公司和杰德公司为协调公司内不同业务部门的工作,共同研制的一种系统的计划方法。就方法实质而言,PERT 和 CPM 并无根本的区别,它们都是用网络图和数学方法寻求一定约束条件下最优计划安排的管理方法。

1. 主要步骤

(1)明确项目设计的各项作业。

(2)确定项目作业之间的依存关系,确定作业的先后顺序。

(3)根据工程项目设计出作业的计划网络图。

(4)确定作业时间。

(5)计算网络中的关键线路。

(6)使用网络进行项目优化。

网络图是网络计划技术的基础,是描述一项研究任务系统的数学模型。网络图的基本构成包括节点(圆、圈、节点)、弧(箭杆)、线路三个要素。节点代表事项,用圆圈表示,其中填入代号,表示事项的顺序。与箭杆尾端相连的节点称为箭尾事项或箭尾节点,与箭头相连的节点称为箭头事项或箭头节点。弧表示作业,用节点间的箭杆表示,箭杆的上方标写作业名称或作业代号,下方标写完成作业的时间。箭杆的长短粗细无实际意义。此外,另有一种弧是用节点之间的虚箭杆表示,称为"虚作业",它是不消耗时间和资源、不存在具体内容的一项工作,只表示作业间的逻辑关系。线路是沿箭杆方向顺序连接网络节点而形成的通道,一个网络图通常由多条线路构成。

2. 主要参数

PERT 和 CPM 的主要区别在于 CPM 仅根据 EF、LF、ES、LS 就可确定网络参数,而 PERT 对作业时间的估计包括乐观时间(optimistic time)、最可能时间(probable time)和悲观时间(pessimistic time),分别用 a、m、b 表示,利用这三个时间估计,计算作业平均时间值及均方差。

$$t = \frac{a + 4m + b}{b} \tag{3-1}$$

$$\sigma = \sqrt{\left(\frac{b-a}{b}\right)^2} \tag{3-2}$$

式中，t 是作业平均时间值；σ 是作业时间估计的均方差。

一项任务的完工时间等于关键路线上各道工序的平均完成时间之和，设关键路线上共有 n 道工序，则工程完成时间可以认为是

$$T_\sigma = \sum_{i=1}^{n} \frac{a_i + 4m + b_i}{b_i} \tag{3-3}$$

是以 $\sigma = \sqrt{\sum_{i=1}^{n}\left(\frac{b_i - a_i}{b_i}\right)^2}$ 为均方差的正态分布。

在关键作业的平均作业时间 T_Q 和 x 值已知的条件下，既可以计算出完工时间的概率，也可以计算出具有一定概率值的工程完工时间，设 T_K 为完工时间，则

$$\lambda = \frac{T_K - T_Q}{\sigma} : N \tag{3-4}$$

（二）线性规划

解决线性规划问题的第一步就是要建立它的数学模型。从数学角度看，线性规划问题可以归结为以下的条件极值问题：求一组非负变量，满足一定的条件——线性方程组或线性不等式，使一个线性函数取得最大值或最小值。其中，限制条件为约束条件，被求最大（或最小）值的函数称为目标函数。

（三）整数规划

在某些规划问题中，若它的变量要求取整数，这个规划问题就称为整数规划问题；若其中只有部分变量要求取整数，则称为混合整数规划。特别当问题的约束条件为线性等式或不等式，目标函数为线性函数时，就称此问题是整数或线性规划问题。求解整数规划问题是相当困难的，到目前为止，还缺乏一种统一的解法。

（四）动态规划

动态规划是解决多阶段决策过程中最优化问题的一种方法。多阶段决策过程是指这样的一类决策过程，由于它的特殊性，可以把时间分为若干阶段，而在每一阶段都需要作出决策，以便使整个过程取得最佳的经济效益。

二、物流预测方法

物流预测是制定物流系统空间布局规划的基础，也是物流战略规划的重要组成部分。物流预测是根据客观事物的过去和现在的发展规律，借助于科学的方法和手

段，对物流有关的经济活动发展趋势进行描述、分析，以推测未来出现的事件，如物流需求量、成本控制水平、库存量、加工量、配送量等。另外，物流活动涉及国民经济活动的众多部门，物流活动的从属性决定物流规划需要对一些关系密切的经济活动进行预测，如国民生产总值（GDP）、人均可支配收入、对外贸易总额等。但由于国内尚无能较准确反映物流运作的系统统计体系，同时物流需求往往呈现为一种潜在的需求，具有相当的不确定性。因此，物流预测是物流规划中的一个难题，而选用合适的方法将会提供预测的精度。目前，在物流预测中主要的方法有：①定型法，包括头脑风暴法、德尔菲法等；②时间序列法，包括移动平均法、指数平滑法等；③因果法，包括一元线性回归法、多元线性回归法、非线性回归、逻辑斯蒂曲线（Logistic curve）分析法等；④模糊预测法，包括灰色系统预测法、马尔可夫链分析法等；⑤定性与定量相结合方法；等等。

（一）德尔菲法

德尔菲法又称专家调查法，起源于 20 世纪 40 年代的美国兰德公司，步骤如下。

1. 挑选专家

选取 20 名左右的专家，为了保证专家预测的独立性，在函询工作过程中自始至终不让专家彼此联系。

2. 函询调查

一方面向专家寄去预测目标的背景材料，另一方面提出所需预测的具体项目。这轮调查，任凭专家回答，完全没有框架，专家可以各种形式回答问题，也可向预测单位索取更详细的统计资料，预测单位根据专家的各种回答，把相同的事件、结论统一起来，提出次要的、分散的事件，用准确的术语进行描述，然后反馈给各位专家，进行第二轮函询。

3. 进行函询

要求专家对与所预测目标有关的各种事件发生的时间、空间、规模大小等进行具体预测，并说明理由。预测单位对专家的意见进行处理、统计，将结果再次反馈给有关专家。

4. 修正

各专家再次得到函询综合统计报告后，对预测单位提出的综合意见和论据进行评价，重新修正原先各自的预测值，对预测目标重新进行预测。

5. 收敛

预测的主持者应要求各位专家根据提供的全部预测资料，提出最后的预测意见。若这些意见收敛或根本一致，即可以此为依据进行预测。收敛性判断见下列公式：

$$\overline{X} = \frac{1}{n}\sum_{i=1}^{n} x_i \tag{3-5}$$

$$\sigma = \sqrt{\frac{1}{n-1}\sum_{i=1}^{n}\left(x_i - \overline{x}\right)^2} \tag{3-6}$$

式中，$\overline{X}$ 是专家们所给的评估分数的均值，它反映专家的总体意见倾向；x_i 是第 i 个专家所给的评估分数；σ 是专家们评估分数的均方差，反映专家意见的分散程度；n 是参加评估的专家的总数。

当 σ 很大时，说明专家的意见比较分散，还需进行下一轮信息反馈与征询，使专家意见的离散程度减少。

德尔菲法的优点在于简明直观，缺点是"专家的选择"、"函询调查表的设计"等处理难度较大，是一种代价高昂且非常耗时的方法，在实践中多用于长期规划。

（二）移动平均法

移动平均法是时间序列法中的一个常用方法，包括一次、二次、三次……移动平均法及加权移动平均法。

1. 一次移动平均法

此法的预测步骤如下：

(1)确定移动平均时所取数据段内的数据点个数 N（称为移动跨距）。

(2)一次计算各数据段中 N 项观测值的平均值（称为一次移动平均值）M。

(3)计算第 $(t+T)$ 期预测值。

在第 t 期要计算第 $(t+T)$ 期预测值，就将第 t 期的移动平均值 M_t 直接作为第 $(t+T)$ 期的预测值 Y_{t+T}，其公式为

$$Y_{t+T} \overset{\Delta}{=} M_t \tag{3-7}$$

$$M_t = \frac{1}{n}\left(X_t + X_{t-1} + \cdots + X_{t-N+1}\right) = M_{t-1} + \frac{1}{N}\left(X_t - X_{t-N}\right) \tag{3-8}$$

2. 二次移动平均法

此法的预测步骤如下：

(1)确定移动平均时所取数据段内的数据点个数 N（称为移动跨距）。

(2)利用一次移动平均求 $M_t^{(1)}$。

(3)利用二次移动平均求 $M_t^{(2)}$，且

$$M_t^{(2)} = \frac{1}{N}\left(M_t^{(1)} + M_{t-1}^{(1)} + \cdots + M_{t-N+1}^{(1)}\right) = M_{t-1}^{(1)} + \frac{1}{N}\left(M_t^{(1)} - M_{t-N}^{(1)}\right) \tag{3-9}$$

(4)建立平滑模型。实际数据点呈线性变化趋势，因此，在用 t 期的实际数据点值 X_t 估计 $(t+T)$ 期的预测 Y_{t+T} 值时，可定义

$$Y_{t+T} \overset{\Delta}{=} a_i + b_i T \tag{3-10}$$

式中，a_i 是预测的起始数据，近似等于 X_t，即 $a_i \approx X_i = 2M_t^{(1)} - M_t^{(2)}$；$b_i$ 是预测线的斜率，且 $b_i = \frac{2}{N-1}\left(M_t^{(1)} - M_t^{(2)}\right)$；$T$ 是由目前时刻 t 到预测 $t+T$ 期的时间间隔；Y_{t+T} 是第 $(t+T)$ 期的预测值。

3. 加权移动平均法

此法与移动平均法类似，所不同的是在移动平均数的基础上，对统计数按其重要程度，分别给予不同的权数，其原则是近期数据权数大，远期数据权数小，这是因为越新的数据就越能更好地表示变化情况，公式为

$$Y_{t+T} \overset{\Delta}{=} M_t$$

$$M_t = \sum_{i=0}^{i=N-1} \alpha_{t-i} X_{t-i} \tag{3-11}$$

式中，α 的取值一般在 $0.1 \sim 0.5$。

（三）回归分析法

物流系统中，某些现象是相互联系和彼此依存的。一种现象的变动，常使另一种现象随之发生相应的变化，在这些现象之间存在着一定的因果关系和函数关系。例如，铁路货运量，随着工农业生产的发展而不断增长，而铁路对于各种物资的消费需求量又随铁路运输、工业生产和基建等的增长而相应增加。本书称引起变动的现象，即发挥起因作用的现象为"自变量"，而受其影响的现象为"因变量"。回归预测方法就是根据存在于现象之间的因果关系和函数关系建立回归模型的方法，用来从某种现象变化的"因"来推测另一现象变化的"果"。因此，回归预测也称因果预测。回归预测按所包含的自变量的多少，可分为一元回归预测法和多元回归预测法。

1. 一元线性回归

一元线性回归预测法是处理 X、Y 两个变量之间线性相关关系的一种用途很广的方法，公式为

$$Y_i = a + bX_i + \mu_i \quad (i=1,2,\cdots,n) \tag{3-12}$$

式中，n 是样本容量，即数据点的个数；a、b 是回归参数；μ_i 是回归剩余项，即不能由 X 和 Y 的线性关系来解释的那部分剩余量。

在运用回归方程预测时，要求满足一定的假设条件，其中最重要的是剩余项 μ_i 必须满足以下条件：

（1）μ_i 是服从均值为 0、方差为 σ^2 的正态分布的随机变量，即 $\mu_i : N(0,\sigma^2)$。

（2）各个 μ_i 之间相互独立。

（3）μ_i 与自变量无关。

设已知 n 对观察点数据 (X_i,Y_i)，选取直角坐标，绘制散点图。如果各点之间的直线趋势比较明显，就用一条直线 $Y_i = a + bX_i$ 来拟合观察数据，经处理得

$$b = \frac{\sum_{i=1}^{n}(X_iY_i) - n\overline{XY}}{\sum_{i=1}^{n}X_i^2 - n\overline{X}^2}, \qquad a = \overline{Y} - b\overline{X} \tag{3-13}$$

$$\overline{X} = \frac{1}{n}\sum_{i=1}^{n} X_i , \qquad \overline{Y} = \frac{1}{n}\sum_{i=1}^{n} Y_i \tag{3-14}$$

2. 多元线性回归

社会经济现象是十分复杂的，与某一个变量有关的因素往往不止一个，而是多个。例如，企业生产量的影响因素，除了原材料供应商服务状况，还有企业本身生产能力及最终用户和需求等因素，多元线性回归预测法就是研究一个因变量有两个或两个以上影响因素的相关关系并进行预测的方法。

（1）设有 m 个因素 $X_1, X_2, \cdots, X_m$ 与因变量 Y 有线性关系，则它们之间可写成下列形式：

$$Y = a + b_1 X_1 + b_2 X_2 + \cdots + b_m X_m + \mu \tag{3-15}$$

式中，Y 是因变量的观察值；μ 是其他因素的影响，则回归方程为

$$\hat{Y} = a + b_1 X_1 + b_2 X_2 + \cdots + b_m X_m \tag{3-16}$$

式中，$\hat{Y}$ 是因变量的估计值。

（2）设有 n 组观察数据，或称有 n 个样本 $(Y_{i1}, Y_{i2}, \cdots, X_{im})$ $(i = 1,2,\cdots,n)$，则样本的回归方程为

$$\hat{Y} = a + b_1 X_{i1} + b_2 X_{i2} + \cdots + b_m X_{im} \tag{3-17}$$

令

$$\overline{X} = \frac{1}{n}\sum_{i=1}^{n} X_i , \qquad \overline{Y} = \frac{1}{n}\sum_{i=1}^{n} \overset{\text{经转化}}{Y_i}, a = \overline{Y} - \left(b_1 \overline{X}_1 + b_2 \overline{X}_2 + \cdots + b_m \overline{X}_m\right) \tag{3-18}$$

为方便记忆，经整理记为

$$Ab=B, \qquad b=B/A$$

（四）逻辑斯蒂增长曲线预测法

逻辑斯蒂曲线最初是在研究人口增长规律时被提出来的（图 3-1）。后来比利时数学家维哈尔斯特将其归纳提炼成一般的数学表达式，称为生长理论曲线。生长理论曲线把生长过程大体分为试验期、渗透期、速度衰退期和稳定期。逻辑斯蒂曲线的表达式为

$$y_t = \frac{1}{K + ab^t} \tag{3-19}$$

式中，K、a 和 b 是参数；t 是时间。

曲线形状与 S 形曲线很相似，主要描述某些变量由开始增长缓慢，随后增长加快，达到一定程度后，增长率减慢，最后达到饱和状态。对于具有这种发展趋势的预测目标，根据其具体情况，可考虑用逻辑斯蒂曲线进行预测。预测模型为

$$\hat{b} = \sqrt{\frac{\sum_3 \dfrac{1}{y_t} - \sum_2 \dfrac{1}{y_t}}{\sum_2 \dfrac{1}{y_t} - \sum_1 \dfrac{1}{y_t}}} \tag{3-20}$$

$$\hat{a} = \left(\sum_2 \frac{1}{y_t} - \sum_1 \frac{1}{y_t}\right) \frac{\hat{b}-1}{\left(\hat{b}-1\right)^2} \tag{3-21}$$

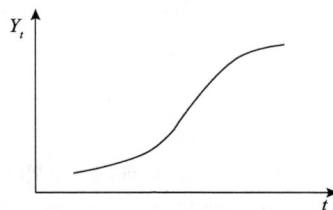

图 3-1 逻辑斯蒂增长曲线

上述模型中，参数 $\sum_1 \dfrac{1}{y_t}$、$\sum_2 \dfrac{1}{y_t}$、$\sum_3 \dfrac{1}{y_t}$ 分别是总数据三等分后各部分之和。

逻辑斯蒂曲线所包含的参数是非线性的，所以参数估计的过程比较复杂，有人用非线性最小二乘法求得，也有人用倒数求和法求得。

（五）灰色预测 GM(1,1) 模型

灰色模型是将随机数经生成后转变为有序的生成数据，然后建立微分方程，寻找生成数据的规律，再将运算结果还原的一种方法，其基础是数据的生成，灰色系统常用的数据生成方式有累加生成、累减生成。这里简单介绍累加生成，公式为

$$X^{(1)}(t) = \sum_{t=1}^{n} X^{(0)}(t) \tag{3-22}$$

式中，$X^{(0)}$ 是原始数列；$X^{(1)}$ 是生成数列。

$X^{(1)}(t)$ 为一次累加生成，常记为 1-AGO；若对生成数再进行一次生成，则为 $X^{(2)}(t)$，记为 2-AGO；经 n 次累加生成，为 $X^{(n)}(t)$，记为 n-AGO。杂乱无章的原始数据经累加生成，其随机性明显减少，一般来说，对于非负的数据序列，累加次数越多，则随机弱化越显著，规律性越强。

$$X^{(n)}(t) = X^{(n)}(t-1) + X^{(n-1)}(t) \tag{3-23}$$

累加生成有下列关系：

$$X^{(n-1)}(t) = X^{(n)}(t) - X^{(n)}(t-1) \tag{3-24}$$

也可以写为

$$\frac{\mathrm{d}X^{(1)}}{\mathrm{d}t} + aX^{(1)} = b \tag{3-25}$$

GM(1,1) 是在数据生成的基础上建立如下微分方程：

$$X^{(1)}(t) = X^{(1)}(0) - \frac{b}{a}\mathrm{e}^{-at} + \frac{b}{a} \tag{3-26}$$

该方程的解为

$$X^{(1)}(t) = \left(X^{(0)}(1) - \frac{b}{a}\right)e^{-at} + \frac{b}{a} \tag{3-27}$$

该式用于预测时称时间响应函数，式中系数 a、b 可采用最小二乘法辨识，系数向量为 B，按下述公式求得，其中

$$X = \left\{\begin{array}{cc} -\frac{1}{2}\left[X^{(1)}(2) + X^{(1)}(1)\right] & 1 \\ -\frac{1}{2}\left[X^{(1)}(3) + X^{(1)}(2)\right] & 1 \\ \vdots & \\ -\frac{1}{2}\left[X^{(1)}(m) + X^{(0)}(m-1)\right] & 1 \end{array}\right\}$$

$$Y = \left(X^{(0)}(2), X^{(0)}(3), \cdots, X^{(0)}(m)\right)^{\mathrm{T}}$$

$$B = (X'X)^{-1}X'Y \tag{3-28}$$

这样，将 B 求出后，便可以得到 $X(1)$，经还原后得到预测值 $X(t)$。灰色系统模型的检验：

(1)通过计算出预测值数列 $X(t)$ 的标准差 Se 与原始数列 $X(0)$ 的标准差 Se 的比值 c，根据 c 的大小来判断模型的好坏，$c < 0.35$ 为精度好，$c < 0.5$ 为合格，$c > 0.65$ 为不合格；

(2)计算出误差概率 P，$P > 0.95$ 为精度好，$P > 0.8$ 为合格，$P < 0.7$ 为不合格。

如果模型经过检验通过，则可以进行预测，否则需要进行残差辨识，其方法是建立残差的 GM(1,1) 模型，得到残差的模型还原值，并对原模型还原值进行修正，继续求其残差，直到检验结果满意为止。

三、物流规划模型及应用

(一)常用库存决策模型

对于工业企业，库存分析主要围绕订购的时间及订购的数量问题，一般有以下作用：①保持生产运作的独立性；②满足需求的变化；③增强生产计划的柔性；④克服原料交货时间的波动；⑤利用规模效益减少运输费用；⑥利用经济订购量的好处。

由于库存需要付出较高的代价，而且高容量库存具有较高的市场风险，因此，对于企业来说，应尽量保持低库存量的同时经常补充库存。

1. 定量订货模型

定量订货模型要求规定一个特定的点 R，当库存水平到达这一点时就应当进行订购且订购量为 Q。订购点 R 往往是一个既定的数。当可供货量(包括目前库存量和已订购量)到达 R 时，就应进行批量为 Q 的订购。库存水平可定义为目前库存量加上已订购量

减去延期交货量。

这类模型中最简单的模型是所有的条件都确定的情况。如果对某一产品的年需求量是 1000 单位，那就是指确切的 1000 而不是 1000 上下偏差 10%。对于生产准备成本和存储成本也是一样的，即是精确的数。虽然在实际中完全确定的情况几乎是不可能的，但这些确定条件的假定为库存模型的研究提供了很好的基础。

图 3-2 及对求解最优订购量的讨论基于如下假定：①产品需求是固定的，且在整个时期内保持一致；②提前期固定；③单位产品的价格固定；④存储成本以平均库存为计算依据；⑤订购或生产准备成本固定；⑥所有对产品的需求都能满足(不允许延期交货)。

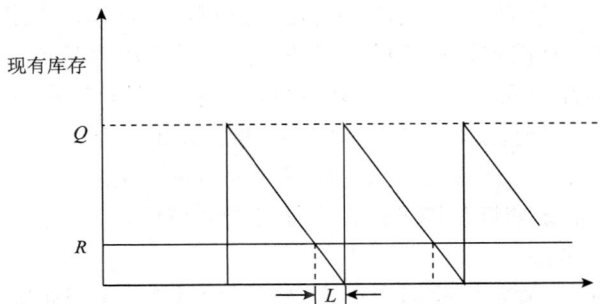

图 3-2　定量订货模型

图 3-2 关于 Q 和 R 的"锯齿形效果"表明，当库存水平下降到 R 点时，就应进行再订购。订购的货物将在提前期 L 期末收到，且 L 在这个模型中保持不变。

建立模型库时，应首先在利息变量和效益变量指标之间建立函数关系。如果关心的是成本，则有下面的等式：

年总成本 = 年采购成本 + 年订购成本 + 年存储成本

可用以下方程表示：

$$\mathrm{TC} = DC + \frac{D}{Q}S + \frac{Q}{2}H \tag{3-29}$$

式中，TC 是年总成本；D 是年需求量；C 是单位产品成本；S 是每次订购成本；Q 是订购批量(最佳批量成为经济订购批量 Q_{opt})；H 是单位产品的年平均存储成本。

在等式右边，DC 指产品年采购成本，$(D/Q)S$ 指年订购成本(订购次数 D/Q 乘以每次订购成本 S)，$(Q/2)H$ 是年存储成本(平均库存 $Q/2$ 乘以单位存储成本 S)。

在模型建立过程中，第二步是确定订购批量 Q_{opt} 以使总成本最小。曲线中斜率为零的点是总成本最小的订购批量，可以对总成本 Q 求导数，并设其值为零。

$$\frac{\mathrm{dTC}}{\mathrm{d}Q} = 0 + \left(\frac{-DS}{Q^2}\right) + \frac{H}{2} = 0 \tag{3-30}$$

$$Q_{\text{opt}} = \sqrt{\frac{2DS}{H}} \tag{3-31}$$

假定需求和提前期固定,且没有安全库存,因此再订购点 R 为

$$R = \bar{d}L$$

式中,$\bar{d}$ 是日平均需求量(常数);L 是提前期(天数,常数)。

2. 定期订货模型

假定库存只在特定的时间进行盘点,不同时期的订购量不尽相同,订购量的大小主要取决于各个时期的使用率。定期订货系统一般对安全库存的要求比定量订购系统有更高的要求。定量订货系统实际上是对库存的连续盘点,一旦库存水平到达再订购点,立即进行订购。相反地,标准定期订货模型仅在盘点期进行库存盘点,因此有可能在刚订完货时由于大批量的需求而立即使库存降至零。这种情况只有在下一个盘点期才被发现,而新的订货需要一段时间才能到达,由此可能造成在整个盘点期 T 和提前期 L 会发生缺货。所以安全库存应当保证在盘点期和提前期内不发生缺货。

既定服务水平下的定期订货模型。在定期订货系统中,在盘点期(T)进行再订购,同时安全库存必须为 $z\sigma_{T+L}$。

对于盘点周期为 T、固定提前期为 L 的定期订货系统,需求是随机分布的且均值为 $\bar{d}$ 时,订货量 q 为

订货量=盘点期和提前期内的平均需求+安全库存−现有库存(含已订购)

$$q = \bar{d}(T + L) + z\sigma_{T+L} - I \tag{3-32}$$

式中,q 是订购量;T 是盘点周期(两次盘点的间隔期);L 是提前期;$\bar{d}$ 是预测的日平均需求量;z 是既定服务水平下的标准差倍数;σ_{T+L} 是盘点周期与提前期期间需求的标准差;I 是现有库存(包括已定购但未到达的)。

3. 专用模型

上述定量订购模型和定期订购模型的假设条件虽然有很大不同,但有两点是相同的,一是单价为常数,与订购量无关;二是订购过程是连续的,即所订购与储存的物资有连续的需求。但实际上,会存在着另一种情况,即单价随着订购批量发生变化,同时也会对订购量产生影响。

1) 批量折扣模型

批量折扣模型适用于产品售价随批量大小而变化的情况,且售价的变化是不连续的。例如,螺钉销量在 99 只以下时每只售价 0.02 元,但如果购买 100 只则只需 1.6 元,每千只则仅售 13.5 元。为确定最优订购量,往往根据不同的价格水平求出相应的订购量。

2) 单周期存储模型

一些存储问题并不是长期的,其决策涉及一个需求周期或订购的物资仅仅流行一时,这样的存储问题称为单周期存储问题。这类问题可用经典的边际方法来求解。用边际分析方法进行最优存储决策时所追求的最优点是指当订购量再增加一件时,订购

该物资产生的收益将小于其带来的损失。当然，对收益和成本的权衡要根据具体问题具体分析。

实际上，得到采购成本、订购成本、存储成本及短缺损失等数据非常困难，有时甚至不可能。但所有库存系统都应该完成两项工作：一是对每种库存物资进行适当的控制；二是确保库存记录准确可靠。

（二）运输模型与算法

1. 运输模型基础

运输是连接生产、仓储和消费的桥梁，高效的运输工具是保证物流系统运作顺畅的关键。随着商业和物流的全球化，全球物流对运输的要求是运输费用和中转时间的减少，及时送达货物，并通过多式联运实现无缝运输，降低货物延迟，减少货物的损坏和缺失，并且有助于提高其他物流环节的服务水平。

运输企业的费用主要与三方面因素有关，即线路、终端和运输工具。这些费用可以进一步分解成多种费用，一般可分为固定费用、可变费用、属性费用和非属性费用四种。固定费用是与运输业绩无关的费用，可变费用与固定费用相对，随着交通量的变化而变化，总的运输费用是固定费用、可变费用和其他各种费用的总和。

2. 现代优化算法

现代优化算法包括紧急搜索算法、模拟退火算法、遗传算法、神经网络算法等，这些算法涉及生物进化、人工智能、数学和物理科学、神经系统及统计力学等范畴，都是以一定的直观基础构造为依据的算法，称为启发式算法。启发式算法的兴起与计算复杂性理论的形成有密切关系。现代优化算法自20世纪80年代兴起以来，发展十分迅速。

3. 一般运输模型简介

1）运输车队模型

运输车队大小问题是指以最低成本完成运输任务所需要各种车辆的数目。随着车队数目的增加，服务响应时间和频率得到了提高，但车辆的利用率下降了。运输车队模型一般有两种实际的选择，即同一车种车队模型和不同车种车队模型。第一种选择力求公司车辆运营费用和租车费用最少，而第二种选择是希望解决总任务费用最少的问题。

2）运输联合

运输联合主要包括时间、零售商、空间和设备等几个方面。所有措施均以降低运营费用、减少车辆数目为目标。虽然运输联合会降低服务水平，提高运行费用，但这些通常可以通过减少设备、运输人员和维修费用得到弥补。

3）多式联运模型

多式联运是运输全球化发展的必然要求。多式联运需要考虑以下问题：

（1）当货物到达中转站时，应尽量减少中转时间、换装费用，同时注意时间窗的约束限制和多条路径的选择问题。

（2）运输费用问题和中转费用问题。

（3）服务水平和货物类型的影响，这些对运输方式的选择及中转方式、中转位置的选择均有决定性的影响。

第三节　其他物流系统规划方法

一、物流系统规划选址

物流设施的选址对物流系统的模式、结构和形状起着决定性的作用。选址包括确定物流设施各个节点的数量、位置和规模等。

（一）单个物流设施选址方法

对于单个物流设施选址的方法主要有数值分析法和重心法两种。

1. 数值分析法

采用数值分析法的目标是使得运输费用最小。如图 3-3 所示，设有 n 个客户，分布在不同坐标点 (x_i, y_i) 上，假设物流设施的位置在 (x_0, y_0) 上，则每个客户 i 到物流设施的直线距离 d_i 为

$$d_i = \sqrt{(x_0 - x_i)^2 + (y_0 - y_i)^2} \tag{3-33}$$

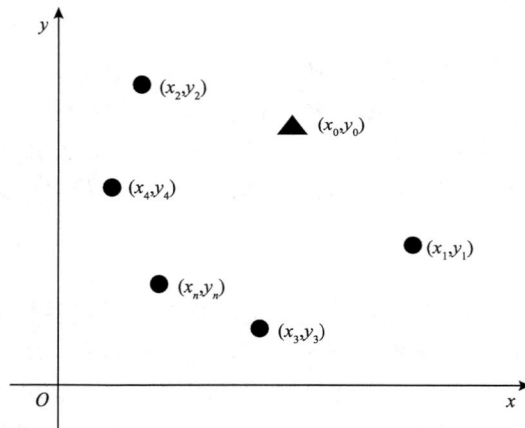

图 3-3　数值分析法

c_i 为从配送中心到客户 i 的运输费用，由此可得运输总费用为

$$H = \sum_{i=1}^{n} c_i \tag{3-34}$$

假设每个客户 i 的运量为 W_i，单位运输费为 a_i，则总的运输费用 H 为

$$H = \sum_{i=1}^{n} a_i W_i d_i = \sum_{i=1}^{n} a_i W_i \sqrt{(x_0 - x_i)^2 + (y_0 - y_i)^2} \tag{3-35}$$

当希望求得的 H 为最小值时：

$$\Delta H / \Delta x_0 = \sum_{i=1}^{n} a_i W_i \left(x_0 - x_i \right) / d_i = 0 \tag{3-36}$$

$$\Delta H / \Delta y_0 = \sum_{i=1}^{n} a_i W_i \left(y_0 - y_i \right) / d_i = 0 \tag{3-37}$$

由式(3-36)和式(3-37)可计算出 (x_0, y_0) 的解：

$$x_0^* = \frac{\sum\limits_{i=1}^{n} a_i W_i x_i / d_i}{\sum\limits_{i=1}^{n} a_i W_i / d_i} , \quad y_0^* = \frac{\sum\limits_{i=1}^{n} a_i W_i y_i / d_i}{\sum\limits_{i=1}^{n} a_i W_i / d_i} \tag{3-38}$$

式中，d_i 仍然是未知值，需每次计算后进行迭代，因此 (x_0, y_0) 的最终确定需要反复进行递减运算。

2. 重心法

重心法(centroid method)可用来对工厂、车站、仓库等设施进行选址，也称精确重心法(exact center-of-gravity approach)和网格法(grid method)等。

设有一系列点分别代表生产地和需求地，各自有一定量的货物需要运至位置待定的仓库，求仓库的位置。重心法以该点的运量乘以该点的运输费率和距离，求总运输成本最小的点：

$$\min \mathrm{TC} = \sum_i V_i R_i d_i \tag{3-39}$$

式中，TC 是总运输成本；V_i 是 i 点的运量；R_i 是 i 点的运输费率；d_i 是 i 点到仓库的距离。若有两个或以上的点，可以求得工厂位置的坐标值：

$$\overline{X} = \frac{\sum V_i R_i X_i / d_i}{\sum V_i R_i / d_i} \tag{3-40}$$

$$\overline{Y} = \frac{\sum V_i R_i Y_i / d_i}{\sum V_i R_i / d_i} \tag{3-41}$$

式中，距离 d_i 的值由下式计算得到：

$$d_i = K \sqrt{\left(X_i - \overline{X} \right)^2 + \left(Y_i - \overline{Y} \right)^2} \tag{3-42}$$

式中，K 为单位转换系数。不考虑距离因素，求出初始选址点的坐标，并代入 d_i 的计算公式中得到新的 $\overline{X}$、$\overline{Y}$ 值，然后迭代计算 d_i 值，通过反复迭代计算直至 $\overline{X}$、$\overline{Y}$ 的值不再发生变化，此时为最优选址的结果。

（二）多设施选址方法

在实际应用中，往往需要考虑两个或多个物流设施的选址。

1. 多重心法

这是在利用重心法研究单个设施选址问题的基础上进行扩展的一种方法。如果要确定的点不止一个，则有必要将起讫点预先分配给位置特定的仓库，这将形成个数等于待选仓库数量的起讫点群落，然后找出每个起讫点群落的精确重心点。

2. 模拟法

模拟法是用代数和逻辑语言对物流系统的设施进行选址的一种数学表达。经典的仓库选址模拟模型是美国亨氏公司开发的模型。该模型为基本的物流设施选址提供了答案，可以涉及 4000 个客户、40 个仓库及 10～15 个工厂。

模拟模型是试图在给定多个仓库、多个分配方案的条件下反复计算并找出最优的网络设计方法。

3. 启发法

启发法由库恩和汉伯格建立，是一种常用的仓库选址方法。选址问题实际是对与选址有关的成本进行权衡的问题，而选址模型的任务就是在给定客户服务水平和其他实际条件的限制下，找出总的相关成本最低的仓库和最优工厂布局。

二、运输网络规划设计

运输是物流决策的关键，运输网络规划对整个物流系统来说有非常重要的作用和地位，主要包括运输方式的选择、运输路线的规划及车辆调度等方面的内容。

下面以一个模型案例来说明利用节省矩阵法优化运输网络的过程。假设一个配送中心（DC）为 10 个客户进行配送服务，每个客户在运输网络模型中以一个质点表示，位置以 (X_i, Y_i) 表示，客户需求以 a_i 表示，客户的位置和批量如表 3-1 所示。

表 3-1 客户位置和批量表

客户序号	X	Y	批量大小（载重）
DC	0	0	
1	0	12	48
2	6	5	36
3	7	15	43
4	9	12	92
5	15	3	57
6	20	0	16
7	17	−2	56
8	7	−4	30
9	1	−6	57
10	15	−6	47

假设配送中心一共有 4 辆卡车，每辆卡车的承载能力是 150 个单位。运输路线规划的任务就是从中选出运输距离最短的路线。

节省矩阵法是一个分配客户车次与运输路线选择的运算工具，其主要步骤如下。

1. 建立距离矩阵

两点之间的距离可用以下公式计算：

$$\mathrm{Dist}(A,B)=\sqrt{\left(X_A-X_B\right)^2+\left(Y_A-Y_B\right)^2} \tag{3-43}$$

根据上式及客户的位置坐标，可以得到每个客户与配送中心及他们之间相互的距离矩阵（表 3-2）。

表 3-2　客户距离矩阵表

客户序号	DC	1	2	3	4	5	6	7	8	9	10
1	12	0									
2	8	9	0								
3	17	8	10	0							
4	15	9	8	4	0						
5	15	17	9	14	11	0					
6	20	23	15	20	16	6	0				
7	17	22	13	20	16	5	4	0			
8	8	17	9	19	16	11	14	10	0		
9	6	18	12	22	20	17	20	16	6	0	
10	16	23	14	22	19	9	8	4	8	14	0

2. 建立节省矩阵

在实际操作中，往往会选择把两个点的货物压缩到一条路线运送，这比每个点单独一条路线要节省许多，即把路线 *DC-A-DC* 和 *DC-B-DC* 合并成 *DC-A-B-DC*。压缩后的路线为

$$S(A,B)=\mathrm{Dist}(DC,A)+\mathrm{Dist}(DC,B)-\mathrm{Dist}(A,B)$$

可以得到下列的节省矩阵（表 3-3）。

表 3-3　节省矩阵

客户序号	1	2	3	4	5	6	7	8	9	10
1	0									
2	11	0								
3	21	15	0							
4	18	15	28	0						
5	10	14	18	19	0					
6	9	13	17	19	29	0				

客户序号	1	2	3	4	5	6	7	8	9	10
7	7	12	14	16	27	33	0			
8	3	7	6	7	12	14	15	0		
9	0	2	13	1	4	6	7	8	0	
10	5	10	11	12	22	28	29	16	8	0

3. 分配车次和路程

在得到距离矩阵和节省矩阵的基础上，不同的车次和路线组合将会产生不同的费用。首先安排每个客户在不同的路线，如果两条路线的载重量不超过卡车的载重量，则该两条路线合并起来；如果再合并第三条路线依然没有超过卡车的载重量，则第三条路线也可以合并进来，如此反复直至超过卡车的载重量或不能合并为止。以此对配送的路线进行分配，首先建立初始路线（表 3-4）。

表 3-4　路线分配表

客户序号	路线	1	2	3	4	5	6	7	8	9	10
1	1	0									
2	2	11	0								
3	3	21	15	0							
4	4	18	15	28	0						
5	5	10	14	18	19	0					
6	6	9	13	17	19	29	0				
7	7	7	12	14	16	27	33	0			
8	8	3	7	6	7	12	14	15	0		
9	9	0	2	1	1	4	6	7	8	0	
10	10	5	10	11	12	22	28	29	16	8	0

选择合并路线的判断依据仍然从节省矩阵的节省值开始。在上表中最大的节省值是 33，来自路线 7 和路线 6 合并，这两条路线的载重之和为 92+43=135，小于卡车的载重量 150，因此合并这两条路线是可行的。扣除 33 后，节省量最大是 29，可以选择把客户 5 或客户 10 合并分别计算它们的载重量。如果选择客户 5，总载重量是 135+57=192，如果选择客户 10，载重量是 135+47=182，均已超过卡车的载重量，因此不可行。依此类推，继续反复以上的过程完成路线合并，得到{1,2,9}，{3,4}，{5,8,10}，{6,7}四条路线，每条路线由一辆卡车运输。

通过合并后得到最终路线（表 3-5）。

表 3-5　合并路线分配表

客户序号	路线	1	2	3	4	5	6	7	8	9	10
1	1	0									
2	1	11	0								

续表

客户序号	路线	1	2	3	4	5	6	7	8	9	10
3	3	21	15	0							
4	3	18	15	28	0						
5	5	10	14	18	19	0					
6	6	9	13	17	19	29	0				
7	6	7	12	14	16	27	33	0			
8	5	3	7	6	7	12	14	15	0		
9	1	0	2	1	1	4	6	7	8	0	
10	5	5	10	11	12	28	28	29	16	8	0

4. 访问客户的顺序

在同一条路线中，访问客户的顺序不同，运输的距离也会不同。因此，需要通过优化访问客户的顺序，使得卡车运输的距离最小化。一般来说有以下几种方法。

(1)最远插入法。以配送中心 DC 为中心，选取离配送中心最远的点(客户点)为路径，以此为顺序排列路线。

(2)最近插入法。与最远插入法相反，选取插入的点是使得所增加运输里程最少的点，直至所有的点都被添加到路线中。

(3)最近相邻法。选取离运输所在点最近的相邻点插入。

(4)扫描法。在坐标系中，假设一条射线从正 Y 轴开始沿顺时针方向扫描，每扫到一点，此地即被插入。

最后将路径进一步优化，得到最终的结果(表 3-6)。

表 3-6　路径查找结果

卡车	路径	总路程	装载量
1	DC-1-2-9-DC	39	141
2	DC-3-4-DC	36	135
3	DC-5-10-8-DC	40	141
4	DC-6-7-DC	41	72

三、设施优化布置

目前设施布局规划方法主要引用工业工程学中的设施布置理论，很多学者对此进行了分析和研究。美国的缪瑟提出了具有代表性的系统布置设计(system layout planning)和系统搬运分析(system handling analysis)理论，应用关系图和关系表来分析设施间的相关程度，从而确定各个设施的相对位置，目前仍被广泛采用。利尔和莫尔等以设施间的密切度最大为目标，确定一个设施加入区域中的顺序矢量和相对位置的方法，设计了 CORELAP(computerized relationship layout planning)布局法和 ALDEP (automated layout design procedure)布局法的构造性算法。另外还有大量新方法的出现，如利用遗传算法、网络覆盖算法、蚁群算法、数据包络算法等方法确定设施的最优布局。

四、物流通道规划

物流系统通道需要满足货运需求和人流的通畅及安全，同时还应满足市政工程管线、日照通风、救灾避难等方面的要求，充分发挥道路在物流系统中的重要作用。

（一）物流通道的含义和特征

1. 物流通道的含义

一条完整的物流通道应包含三方面的含义：

一是物理通道，包括由航空、铁路、公路、水运和管道线路及其物流节点设施（包括物流园区和主要交通运输枢纽）组成的系统。

二是服务通道，即运输服务企业提供、组织并参与运营管理，包括航班、车次等组成的系统，如铁路列车开行方案、飞机航班方案、汽车调度安排等。

三是信息通道，即通过数据库、互联网、卫星通信等现代化技术手段实现物流节点之间的信息交流，掌握物流活动中各个环节的信息，为物流企业和管理部门对物流活动的决策、管理、调控、监督提供支持。

2. 物流通道的特征

物流通道一般都属于区域交通运输的骨干网络，承担着区际货物运输联系的大部分或全部任务，具有全局意义。物流通道的运输量大且集中，通常采用先进的技术和设备进行管理，信息化程度高，且具有一定的层次性和可扩展性。

（二）物流通道影响因素分析

物流通道易受自然地理、经济活动模式、人口分布、生产力布局及规划、政治等因素的影响。

（1）交通基础设施是物流通道形成和发展的前提条件。现代经济活动对运输及其他基础设施的依赖性越来越严重，物流通道大运量、高速度的特点，为经济活动提供强有力的支持，能够产生巨大的交通量，带来很高的经济效益。但同时交通基础设施的建设投资也是巨大的，且存在建设周期长、涉及面广等特点，因此个人无力全面建设，同时容易受国家或地区的经济综合实力和政策等众多因素影响。

（2）产业发展与壮大是物流通道发展与壮大的主要动力。物流通道沿线的经济和产业因素是物流通道形成和发展的主导因素。沿线经济发展水平和特点决定货运量的大小、结构和流向，对沿线生产力水平的提高具有积极作用。几乎所有的运输通道沿线都会形成产业带和城镇带，而这些产业带和城镇带反过来又会促进通道的发展。

（3）物流节点是物流通道发展的重要依托。包括物流园区、交通枢纽在内的物流节点是组织物流活动、提供物流服务的重要场所，能够影响区域的产业布局和通道的空间方位结构。

（4）自然条件是物流通道发展的物质基础和约束条件。自然条件包括自然资源、地质地貌条件、气候和水文条件等。自然条件往往决定地区的开发时序和经济发展状况，也影响着物流通道的线路走向、运输方式的构成和运输能力的大小。

(5)各种运输方式的技术经济特性是物流通道形成的关键因素。不同的运输方式为不同类型的物流提供的运输服务和能力是有差别的，物流通道采用的运输方式应取决于不同运输方式的特性。

（三）物流通道规划方法简介

制定物流通道规划，需要对规划范围内现有的物流通道运输能力及利用现状进行调查，根据地区经济发展水平、产业结构、工业布局、各种基础设施现状和政策因素等预测交通量的增长，并与现状进行比较，然后开展物流通道的规划。

1. 物流通道系统规划调查

物流通道系统的调查既有货流又有客流，包括道路网、路段、交叉口、交通枢纽等交通流量、流向、集散量等内容。通过对道路交通量的观测、统计和资料整理，得到规划区内交通量的详细资料。

起讫点调查(origin destination survey)又称 OD 调查，即出行的起讫点调查，目的是通过调查研究区域内出行的类型与数量方面的资料，推算远期交通量，完善通道系统。一般可制定 OD 调查表，通过家访调查、发放调查表等方式完成调查。

2. 货运交通量分布分析

货运交通量的分布预测可根据各交通区的货运生成量，确定各交通小区之间的流量、流向，即确定 OD 矩阵，通常可采用增长系数法、介入机会模型法、熵模型法等方法进行预测。

1)增长系数法

增长系数法假设将来的交通区与交通区之间货运交通量的分布模式与现状的分布模式基本一致，其分布量按某一系数增加或减少。增长系数法主要有以下几种模型：

(1)平均增长系数模型。平均增长系数模型假设将来的货运 OD 量按起讫点区增长系数的平均值增长，其分布模型为

$$T(i,j) = \frac{t(i,j)\left[E(i)+F(j)\right]}{2} \qquad (i,j=1,2,\cdots,n) \qquad (3\text{-}44)$$

式中，$T(i,j)$ 是 i 区至 j 区的预测货运 OD 量；$t(i,j)$ 是 i 区至 j 区的现状货运 OD 量；$E(i)$ 是 i 区的货运发生增长系数；$F(j)$ 是 j 区的货运吸引增长系数；n 是全规划区域的交通小区的个数。

按上式计算的 OD 矩阵，往往各交通区的吸引总量、发生总量不能满足增长需求，即 i 区的预测发生总量 $\sum_{i=1}^{n}T(i,j)$ 不等于 i 区现状发生总量 $\sum_{i=1}^{n}t(i,j)$ 乘以 i 的发生增长系数 $E(i,j)$（$i=1,2,\cdots,n$）；j 交通区预测吸引总量 $\sum_{i=1}^{n}T(i,j)$ 不等于 j 区的现状吸引量 $\sum_{i=1}^{n}t(i,j)$ 乘以 j 区的吸引量增加率 $F(j)$（$j=1,2,\cdots,n$）。

为了使 OD 矩阵满足增长要求，应重新确定修正增长系数。用式(3-44)进行迭代计

算，修正增长系数为

$$E'(i) = \frac{\sum_{i=1}^{n} T(i,j)}{\sum_{i=1}^{n}[t(i,j)E(i)]} \qquad (i=1,2,\cdots,n) \tag{3-45}$$

$$F'(j) = \frac{\sum_{j=1}^{n} T(i,j)}{\sum_{j=1}^{n}[t(i,j)F(j)]} \qquad (j=1,2,\cdots,n) \tag{3-46}$$

利用上式进行迭代计算，直到修正增长系数 $E'(i)$ 和 $F'(j)$ 接近 1 为止。

（2）Fratar 模型。Fratar 模型考虑了 OD 量起点与终点之间的吸引强度，预测结果优于平均增长系数模型，Fratar 模型的具体形式为

$$T(i,j) = \frac{[T_1(i,j)+T_2(i,j)]}{2} \tag{3-47}$$

$$T_1(i,j) = \frac{t(i,j)E(i)F(j)\sum_{i=1}^{n}t(i,j)}{\sum_{i=1}^{n}[t(i,j)F(j)]} \tag{3-48}$$

$$T_2(i,j) = \frac{t(i,j)E(i)F(j)\sum_{i=1}^{n}t(i,j)}{\sum_{i-1}^{n}[t(i,j)F(j)]} \tag{3-49}$$

式中，符号意义与平均增长系数模型相同。Fratar 模型也需要进行迭代计算，直至修正增长系数收敛于 1。

（3）Fumerr 模型。Fumerr 模型由起点区产生的货运量首先取得平衡，随之吸引终点区的货运量再取得平衡。Fumerr 的具体形式为

$$T^0(i,j) = t(i,j)E(j) \tag{3-50}$$

$$T^k(i,j) = \frac{T^{k-1}(i,j)\sum_{i=1}^{n}[t(i,j)E(i)]}{\sum_{i=1}^{n}T^{k-1}(i,j)} \tag{3-51}$$

$$T^{k+1}(i,j) = \frac{T^k(i,j)\sum_{i=1}^{n}[t(i,j)E(i)]}{\sum_{i=1}^{n}T^k(i,j)} \qquad (i,j=1,2,\cdots,n; k=1,3,5,7,\cdots) \tag{3-52}$$

式中，$T^0(i,j)$ 是初始迭代预测货运 OD 量；$T^k(i,j)$ 是第 k 次迭代时的预测货运 OD 量；$T^{k-1}(i,j)$ 是第 $(k-1)$ 次迭代时的预测货运 OD 量；$T^{k+1}(i,j)$ 是第 $(k+1)$ 次迭代时的预测货运 OD 量。

Fumerr 模型通过上述公式的反复迭代，直到 $T^{k+1}(i,j)$ 接近 $T^k(i,j)$ 为止。

2) 介入机会模型法

介入机会模型法假定阻抗相同的每一个交通吸引点均按指数分布等概率称为交通的终点，而当阻抗不同时，交通总是选择阻抗最小的交通吸引点作为终点。根据上述假定，介入机会模型的形式为

$$Q'_{ij} = Q_{pi}\left[e^{lu} - e^{-l(u+Q_{pi})} \right] \tag{3-53}$$

式中，u 是从交通区 i 出发，交通阻抗小于到交通区 j 的交通阻抗的所有交通区的交通吸引量之和；l 是交通吸引率，为待定系数；Q_{pi} 是交通区 i 的交通产生量。

3) 熵模型法

熵是一个具有广泛意义的概念，一般来说，热力熵就是系统无规律的重复，系统可达状态的数目越多，热力学熵值就越高。在孤立的热力学系统中，一切实际过程均使熵不断增大而趋于某个极大值，就是熵极大原理。

1967 年，威尔逊首次提出基于热力熵极大原理的交通分布设想，导出了第一个熵模型：

$$\min \sum_{i=1}^{n}\sum_{j=1}^{n} t_{ij} \ln t_{ij}, \ s.t. \sum_{i=1}^{n}\sum_{j=1}^{n} t_{ij} = T, \sum_{i=1}^{n} t_{ij} = Q_{aj}, \sum_{j=1}^{n} t_{ij} = Q_{pi}, \sum_{i=1}^{n} t_{ij} = 0, \ t_{ij} \geqslant 0 \ (i,j=1,2,\cdots,n) \tag{3-54}$$

式中，Q_{pi} 是交通区 i 的交通产生量；Q_{aj} 是交通区 j 的交通吸引量；t_{ij} 是交通区 i 和交通区 j 之间的阻抗。

3. 交通方式分担量预测

交通方式分担量预测是要确定各种运输方式在区域未来综合运输量中的分担量，即市场份额。各种运输方式市场份额的分析方法主要有以下四种。

1) 比较分析类推法

这里的比较分析类推是指与交通运输较发达的国家或地区进行比较，借鉴他们的成功经验，同时分析他们存在的问题，确定我国交通运输发展变化的趋势。

2) 市场调查法

这是确定短期市场份额的一种可靠方法，如调查旅客的旅行偏好、旅行方式、旅行花费、旅行时间及意愿，通过数据统计等方法确定不同旅客选择某种交通运输方式的概率，从而确定各种运输方式的市场份额。

3) 目标分析法

各种运输方式有自身的优势，在某种情况下，为达到一定的目标，会对某种运输方式进行限制或鼓励，在客观上规划有限资源的合理利用，确定各种运输方式的市场占有率目标。

4) 定量模型分析法

根据对影响各种运输方式市场份额的因素进行分析，量化或尽量量化各种因素，计

算每种运输方式对客户的效用，并由效用的大小决定运输方式的选择，进而确定各种运输方式市场份额的一种定量分析方法。

4. 交通量分配

交通量分配是把预测的各基本 OD 矩阵分配到具体的规划交通网络上，通过交通量的分配过程，可获得交通网络各路段、交通枢纽等的交通量。交通量分配通常会利用最短路径分配、容量限制-增长加载分配、多路径概率分配、多路径-容量分配等方法进行。

1) 最短路径分配

假设交通阻抗为常数，即车辆的平均行驶速度不受交通负荷的影响。每一 OD 点对应的 OD 量被全部分配在连接该 OD 点对应的最短路线上。其他道路分配不到交通量。这是一种静态的交通分配方法，这种方法计算简便，但缺点是出行量分布不均匀，全部集中在最短路径上。

2) 容量限制-增量加载分配

这是一种动态的交通分配方法，考虑了交通阻抗与交通负荷之间的关系。该方法首先将 OD 表中的每一 OD 量分解成 K 部分，然后分 K 次用最短路径分配模型分配 OD 量，每次分配一个 OD 分表，并且每分配一次，交通阻抗修正一次，直至把 K 个 OD 分表全部分配在网络上。

3) 多路径概率分配

与单一最短路径分配方法相比，多路径概率分配方法的优点是克服了单路径分配中流量全部集中于最短路径这一不合理现象，使各条可能的出行路线均分配到交通量，各出行路线的长度取决于它所分配流量的大小。

4) 多路径-容量分配

采用多路径-容量分配方法时，先将原 OD 矩阵分解成相同阶数的 K 个 OD 分矩阵，然后分 K 次用多路径概率交通分配模型分配出行量，每次分配一个 OD 矩阵，同时根据交通量变化情况修正一次交通阻抗，直至把 K 个 OD 分矩阵全部分配到网络上。

思 考 题

1. 典型物流系统优化设计的理论和方法有哪些？

2. 物流系统模型包括哪些？

3. 简述通用规划方法的步骤。

4. 物流节点的含义是什么？

5. 物流通道的含义是什么？

6. 简述物流通道规划的方法。

第四章　物流系统发展战略规划

第一节　物流系统发展战略规划概述

一、物流战略的概念及目标

(一)物流战略的概念

战略最初源于军事领域。战略是一个组织长期的发展方向和范围，它通过在不断变化的环境中调整资源配置来取得竞争优势，实现利益相关方的期望。物流战略是指为寻求物流的可持续发展，实现物流发展目标及达到目标的途径与手段而制定的长远性、全局性的规划与谋略。

(二)物流战略的目标

物流系统宗旨是物流在社会经济发展中所承担的责任或主要目的。物流系统的战略目标是由物流系统宗旨引导，表现为物流系统目的，并可在一定时期内实现的量化成果或期望值。

物流系统战略目标对物流战略基本要素的设计与选择有重要的指导作用，是物流系统战略规划中的各种专项策略制定的基本依据。一般而言，现代物流系统战略规划的最终目标是成本最少、投资最少和服务改善。

1. 成本最少

成本最少是指降低可变成本，主要包括运输和存储成本，如物流网络系统的仓库选址、运输方式的选择等。面对诸多竞争者，企业应达到何种服务水平是早已确定的事情，成本最少就是在保持服务水平不变的前提下选出成本最少的方案。利润最大化一般是企业追求的主要目标。

2. 投资最少

投资最少是指对物流系统的直接硬件投资最小化，从而获得最大的投资回报率。在保持服务水平不变的前提下，可以采用多种方法来降低企业的投资。例如，不设库存而将产品直接送交客户，选择使用公共仓库而非自建仓库，运用准时生产方式(just in time，JIT)策略来避免库存及利用第三方物流服务等。显然，这些措施会导致可变成本的上升，但只要其上升值小于投资的减少值，则这些方法均不妨一试。

3. 服务改善

服务改善是提高竞争力的有效措施。随着市场的完善和竞争的激烈，顾客在选择物流服务时除了考虑价格因素外，还要考虑到货及时准确等与服务水平相关的因素。当然，高服务水平要有高成本作保证，因此权衡利弊对企业来说是至关重要的。服务改善的指标值通常用顾客需求的满足率来评价。

二、物流战略规划的层次及内容

物流战略规划是指确定物流系统的社会和历史使命，明确其目标，制定其发展战略和总体方案，即着眼于物流系统发展的长期的、总体的、全面的计划。是通过对规划对象的内外部环境因素的分析和组合来确定其规划宗旨的性质，设定其所要达到的目标，并以此制定规划对象要达到目标的战略和政策。

（一）国家物流战略规划

国家物流战略的构成主要包括国家物流战略目标、国家物流战略导向、国家物流战略优势、国家物流战略态势、国家物流战略部署。

1. 国家物流战略目标

国家物流战略目标主要涉及的内容包括：依据国民经济发展战略规划，物流结构的优化组合；创造促进物流业发展的外部环境，这其中包括体制、机制、制度及政策等相关要素；把国家作为一个整体，促进物流系统的合理布局，明确其基础设施建设的战略重点，并紧密结合城乡物流体系的建设；物流业适应物资流通需要的社会化、专业化服务体系；形成一批具有市场竞争力、经营规模合理、技术装备和管理水平较高的大型物流企业；形成与区域经济发展水平相适应的高效率区域物流网络。

2. 国家物流战略导向

国家物流战略导向主要涉及的内容包括：一是物流业相关制度创新的导向，主要包括提高制度效率、提升公共部门效率、实施科学决策、建立健全社会信用体系等方面的内容；二是物流技术创新的导向，主要包括技术创新的路线与定位、加强创新型人才培养、建立技术创新体系(如建立以企业为主体、市场为导向、产学研相结合的技术创新体系)等；三是物流资源节约的导向，主要是要倡导物流大型企业之间、各区域之间进行物流资源的广泛整合，即将不同的物流实体联结起来，形成共享物流资源的模式。

3. 国家物流战略优势

国家物流战略优势主要涉及的内容包括：国家物流的产业优势，即一个国家其他主要经济支柱产业的发展会促进物流产业的发展，产业优势决定了物流业的服务重点；国家物流资源优势，包括人力资源、国土矿产资源等；国家地理优势，指一个国家物流发展的交通基础条件，如是否近海、是平原地形为主还是山区为主等；国家物流发展的技术优势，主要是指一个国家和物流产业相关的科学技术发展状况；国家物流的组织优势和管理优势，指一个国家的物流业发展的隶属、运行体制等。

4. 国家物流战略态势

国家物流战略态势分析是制定国家物流战略的基础，其分析过程要和战略优势结合起来，还要分析其劣势，以及其所面临的发展机遇和挑战。

5. 国家物流战略部署

国家物流战略部署主要包括两层含义：国家物流战略措施和步骤。主要涉及的内容有政府如何引导、组织协调结构如何建立完善、物流发展相关的科学研究工作、政策措施的制定等。

（二）区域物流战略规划

区域物流指在一定的区域地理环境中，以大中型城市为中心，以区域经济规模和范围为基础，结合物流辐射的有效范围，将区域内外的各类物品从供应地向接收地进行有效的实体流动。根据区域物流基础设施条件，将公路、铁路、航空、水运及管道运输等多种运输方式及物流节点有机衔接，并将运输、储存、装卸、搬运、包装、流通加工、配送及信息处理等物流基本活动有机集成，以服务于本区域的经济发展，提高本区域物流活动的水平和效率，扩大物流活动的规模和范围，辐射其他区域，提高本区域的综合经济实力。

区域物流战略是区域物流发展的宏观蓝图，根据区域覆盖范围的不同，可以分为跨省区物流战略、省级物流战略和地市级物流战略。一般来说，区域物流战略主要包括以下几方面内容。

1. 区域物流战略目标

区域物流战略目标主要包括本地区物流各要素的结构组合、物流业辐射地域、运行机制、人才建设、信息化建设等。

2. 区域物流战略导向

区域物流在制定其物流战略时，要结合本地区的经济发展状况和物流业发展的潜在影响因素，有目的地制定引导区域物流健康发展的战略，如本地区的物流基础设施建设、政策制定、人才教育等。

3. 区域物流战略优势

（1）区位优势，指本地区的地理位置、经济影响力等。

（2）产业优势，指本地区主导产业对物流业发展促进作用比较大。

（3）资源优势，包括物质优势、人才优势、科研优势、技术优势等。

4. 区域物流战略态势

区域物流战略态势主要涉及的内容有：

（1）经济基础，反映综合经济实力，主要包括本地区的 GDP、人均 GDP、工业销售产值、固定资产投资等。

（2）交通与运载能力，主要包括公路里程、载货汽车数量、货运量等。

（3）国内外贸易水平，主要包括商品购进总额、商品销售总额等。

（4）人力资源水平，主要包括成人教育数量、教育经费投入额、交通运输专业技术人员、信息类人员等。

5. 区域物流战略部署

区域物流战略部署主要指的是一个地区对于物流业长远发展的规划和实施措施，并针对战略目标的实现而实施的一系列工作步骤。

（三）企业物流战略规划

对于物流产业而言，物流业正面临着分化、兼并、重组，竞争非常激烈，无论是新发展起来的民营物流企业，还是改组后的国有企业，都不可避免地面临着战略选择的问题，因此科学地制定企业物流战略是十分必要的。一般来讲，一个完整的企业物流战略由以下四个部分构成。

1. 企业物流战略态势

战略态势分析就是对企业所面临的竞争环境作全面、深入、客观的分析。它包括如下三个方面的工作：首先是宏观分析，是对社会经济环境进行分析，并进行技术趋势的客观预测；其次是微观分析，即对市场需求状况、竞争对手状况进行分析；最后是自身分析，主要分析本企业的优势和劣势。

2. 企业物流战略思想

战略思想是整个企业物流战略与企业物流管理的指导思想与准则。要形成正确的战略思想，首先，要对企业物流的竞争态势有科学的分析。其次，企业的领导者或咨询公司对市场竞争环境要有敏感的、超前的意识。在这两者结合的基础上，形成战略性的总体设想，进而确定战略方针，如进攻战略、防御战略等。确定方针后，还要确定战略主攻方向。

3. 企业物流战略目标

单纯有一个正确的战略思想是不足以指导整个企业的具体经营活动的，为此，必须把战略思想演化为具体的、可指导实际行动的、可操作的战略目标。一个完整的战略目标必须十分明确地阐述三个问题，即企业定位、发展目标和时间进程。

4. 企业物流战略重点

有了战略思想，有了正确且明确的战略目标，下一步就是要确定关键的、全局性的"进攻策略"。具体讲，就是要确定以下内容。

(1)正确的产品组合战略。指用什么产品去竞争，对于物流企业而言，是采用空运货代、海运货代、陆上运输、仓储这样的单项服务，还是空海联运、海陆空联运等。

(2)市场竞争战略。一般来说，就是要在以下四种策略中进行选择，即抢先策略、紧随策略、模仿策略和市场服务策略。抢先策略指的是领先于行业，甚至国内、国际的策略；紧随策略是紧跟国际、国内，避免被落得太远的策略；模仿策略采取的是保守的策略，就是模仿位于领先水平的企业经营模式；市场服务策略指的是不断加强售中、售后服务来取得市场竞争优势的策略。

第二节　　物流系统发展战略规划的原则及影响因素

一、物流系统发展战略规划的原则

物流系统发展战略规划是一个全局性的工作，一旦制定以后，就具有长期的指导性，不能草率行事。一般来说，物流战略规划应遵循以下几个基本原则。

(一)综合性原则

在进行物流战略规划时，要综合考虑影响整个物流系统的外部条件和内部要素，并决定其取舍；在对战略优势进行评价时，要从地域优势、资源优势、技术优势、组织优势、管理优势、产业优势等方面进行逐一分析；对于战略类型的选择要根据自身的发展方向而有所侧重，切不可一味求全而形不成自己的竞争核心；在评价战略态势时，要对自身的发展力、竞争力、凝聚力进行综合考察，对一个企业来讲，还要及时更新补充新的物流理念和企业文化。

(二)系统性原则

系统性原则是指在进行物流战略规划时，要有全局意识，从系统、整体和全局来考虑，使得战略规划具有"持续性"、"长远性"、"前瞻性"。在进行物流战略规划时，必须考虑各方面的制约因素，把重点放在可持续发展上；另外，因为战略规划是一个中长期的计划工作，要特别重视其长远的效果和持久的优势。

(三)柔性和可行性原则

因为物流系统的外部环境和内部各要素并不是一成不变的，所以在制定物流战略时，要充分考虑环境和内部要素的可能变化，使物流战略规划具备一定的柔性，从而减少适应成本。物流战略规划虽然针对的是长期发展，但是也不能脱离国情，其规划的定位必须具有可实现性，即经过一定的努力可以达到或实现这些定位和目标。否则，物流战略即使规划出来，也不能顺利实施，如此也就失去了规划的意义。

二、物流系统发展战略规划的影响因素

(一)外部环境

要制定物流战略的一个主要任务就是要了解影响该战略绩效的外部环境因素。对战略规划的一项重要投入就是评价、控制环境变化，其目的在于保证该战略能使物流运作减少企业外部环境的限制，保持一定的灵活性。物流战略制定需要对外部环境进行观察与评价。在制定物流战略时，通常要考虑的环境因素有社会经济发展因素、政治和法律因素、技术因素等。

1. 社会经济发展因素

社会经济活动水平及其变化对物流都有重要的影响。对物流行业来讲，物流服务作为一种派生需求，其数量和质量与一个国家的社会经济发展程度密切相关。随着社会经济的发展，物流需求也逐步朝着多样化、高度化方向发展。因此在制定物流战略规划时必须重视和分析影响、控制物流活动的经济因素。

1)产业结构变化

随着经济的发展，产业结构也在发生着变化。总的趋势是第一产业的比例在逐步下降，第二产业和第三产业的比例在不断提高。其中在第二产业中，电子工业和加工组装制造业的比例会不断增加。电子工业相对加工组装业，其生产的产品属于高附加值商品，对物流费用的承受能力相对来说也比较高，因而其对物流服务质量的要求相应也较高。货物也由过去的"重厚长大"向"轻薄短小"方向发展，对物流服务的需求开始从数量需求向质量需求转变。由此可以看出，社会对物流服务的需求，随着产业结构变化也在逐步朝着高度化方向转变。

2)消费者需求的多样化、个性化

随着国民收入水平的提高，在满足基本的生活需求之后，人们对于物质产品的需求表现出多样化和个性化的特点，对商品的花色品种、质量及售后服务的要求越来越高，

这对采购、进货方式、配送都产生了深刻影响，如订货周期越来越短，配送的时间性越来越强，这都对物流业的发展提出了更高的要求。

3）无库存经营的倾向

由于政策、环境、房地产价格等因素的影响，店铺规模和仓库规模不可能无限扩大。特别是在大都市中，人口密度大、地价高、消费快等原因，限制了仓储点和仓库空间的扩张，企业只有通过加快商品周转来抵消仓储空间不足的影响，随着市场竞争的逐步深入，无库存经营将浮出水面，这对物流系统规划提出了新的要求。

4）物资采购环境的变化

在计划经济和短缺经济环境下，由于资源总量不足，企业千方百计抓资源，无须考虑库存给企业经营带来的风险，在采购中也无须考虑经济批量的问题，更无法追求零库存经营。随着中国经济的发展变化，企业的物资采购环境由过去的卖方市场转变为买方市场。物资的品种逐渐多样化，而且在质量上有较大差别，市场价格变动频繁，物资供应商越来越靠近用户。作为物资采购方，采购物资的灵活性越来越大。这时企业的经营者开始思考如何利用买方市场的有利条件，改善采购物流管理，从而降低库存水平、降低物流成本，通过科学的物流管理，使物流成为"第三利润的源泉"。

5）流通结构的变化

我国从 20 世纪 90 年代初期开始，超级市场、连锁商店、连锁便利店和廉价商店等新型零售业态大批涌现。追求规模效益、满足消费者多样化需求是新型业态出现的主要原因。而作为这些新型业态业务展开的重要基础之一就是高效率的物流系统。通过对配送中物流节点的有效配置并充分发挥其功能，实现商品采购和供应的效率化，为零库存经营提供条件。

6）产品寿命周期的变化

产品寿命周期越来越短，产品数量越来越多，服务越来越精细，客户对交货期的要求越来越高，对产品和服务质量的期望也越来越高，使得物流预测、计划、控制难度不断增加，对物流系统的严密性和科学性提出了更高的要求。

2. 政治和法律因素

政治和法律环境是指制约和影响物流业发展的政治要素、法律系统及其运行状态。政治环境包括国家的政治制度、权力机构、颁布的方针政策、政治团体和政治形势等因素。法律环境包括国家制定的法律、法规、法令及国家的执法机构等因素。政治和法律环境是保障企业生产经营活动的基本条件。在一个稳定的法治环境中，企业能够真正通过公平竞争，获取自己正当的权益，并得以长期、稳定地发展。国家的政策法规对企业的生产经营活动具有控制、调节作用。

3. 技术因素

技术环境是指企业所处环境中的科技要素及与该要素直接相关的各种社会现象的集合，包括国家科技体制、科技政策、科技水平和科技发展趋势等。在科学技术迅速发展变化的今天，技术环境对企业的影响可能是创造性的，也可能是破坏性的。

（二）企业内部资源

企业物流发展的内部资源内容丰富，主要有以下七大类。

（1）人力资源。人力资源包括物流人员数量、物流人员素质、物流人员结构、物流人员配置、物流人员培训、人力资源管理制度和运行机制、人员流动和人员的劳动保护等。

（2）物力资源。物力资源包括经营场地、物流设施设备、物流设备维修状况、能源供应状况、商品供应状况、存货状况等。

（3）财力资源。财力资源包括资产结构、负债和所有者权益结构、销售收入、销售成本、赢利状况、现金流量、融资渠道、投资风险等。

（4）物流技术资源。物流技术资源包括物流信息技术、工程技术、物质综合利用、环保、新技术应用等。

（5）组织资源。组织资源包括组织结构、领导班子结构、劳动纪律、管理效率等。

（6）物流信息资源。物流信息资源包括环境信息、竞争情报、内部信息、物流信息共享等。

（7）信誉资源。信誉资源包括服务质量、品牌形象、经营信誉、管理模式等。

对以上资源的价值进行评价、分析，是确定企业物流发展战略的核心内容。从企业物流发展战略出发，对资源进行价值分类、竞争权衡，确定优势资源，努力集中优势资源，共享优势资源，以创造更大的资源价值。

第三节 物流系统发展战略规划的主要方法

一、SWOT 模型分析

SWOT 分析是在西方广为应用的一种战略选择方法。SWOT 是英文缩写，SW 指企业内部的优势和劣势（strengths and weakness），OT 指企业外部的机会和威胁（opportunities and threats）。SWOT 分析就是在选择战略时，对内部的优劣势和外部环境的机会与威胁进行综合分析，据此对备选战略方案作出系统评价，最终达到选出一种适宜战略的目的。

SWOT 分析的做法是依据与企业发展有重大影响的内部及外部环境因素，如表 4-1 所示，继而确定标准对这些因素进行评价，判定是优势还是劣势，是机会还是威胁。也可逐项打分，然后按因素的重要程度加权求和，以进一步推断优劣势有多大及外部环境的好坏。

表 4-1 SWOT 分析表

企业内部条件		企业外部条件	
优势	技术先进 服务管理好 职工素质高 管理基础工作好	机会	有出口的可能 运输价格下降

续表

企业内部条件		企业外部条件	
劣势	资金不足 设备老化 企业规模小	威胁	竞争对手增加 信贷紧缩

在以上分析的基础上，可以根据企业的得分来判定企业属于何种类型，如图 4-1 所示。处于第 I 象限，外部有众多机会，又具有强大内部优势，宜采用发展型战略；处于第 II 象限，外部有机会，但是内部条件不佳，宜采取措施扭转内部劣势，可采用先稳定后发展战略；处于第 III 象限，外部有威胁，内部状况又不佳，应设法避开威胁，消除劣势，可采用紧缩型战略；处于第 IV 象限，拥有内部优势而外部存在威胁，宜采用多角化经营战略分散风险，寻求新的机会。

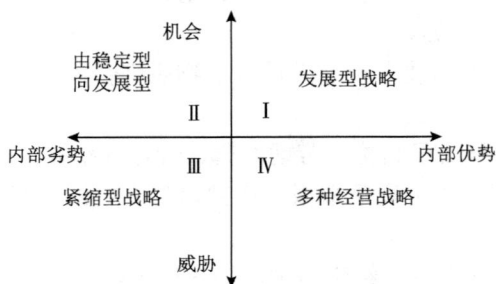

图 4-1　SWOT 战略选择

二、PEST 分析

PEST 分析是指通过对政治（political）、经济（economic）、社会（social）和技术（technological）等因素进行分析，来确定这些因素的变化对行业发展战略管理过程的影响，如图 4-2 所示。

P 即 politics，政治要素，是指对组织经营活动具有实际与潜在影响的政治力量和有关的法律、法规等因素。当政治制度与体制、政府对组织所经营业务的态度发生变化时，政府发布对企业经营具有约束力的法律、法规，企业的经营战略必须随之作出调整。这些相关的法律和政策能够影响各个行业的运作和利润。

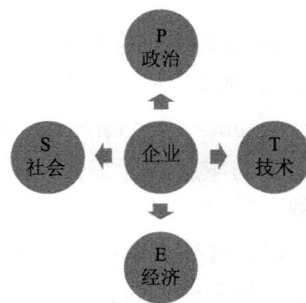

图 4-2　PEST 分析图

E 即 economic，经济要素，是指一个国家的经济制度、经济结构、产业布局、资源状况、经济发展水平及未来的经济走势等。由于企业是处于宏观大环境中的微观个体，经济环境决定和影响其自身战略的制定，经济全球化还导致国家之间经济上的相互依赖，企业在各种战略的决策过程中还需要关注、搜索、监测、预测和评估本国以外其他国家的经济状况。

S 即 society，社会要素。是指组织所在社会中成员的民族特征、文化传统、价值观念、宗教信仰、教育水平及风俗习惯等因素。构成社会环境的要素包括人口规模、年龄结构、种族结构、收入分布、消费结构和水平、人口流动性等。其中人口规模直接影响着一个国家或地区市场的容量，年龄结构则决定消费品的种类及推广方式。

T 即 technology，技术要素。技术要素不仅包括那些引起革命性变化的发明，还包括与企业生产有关的新技术、新工艺、新材料的出现和发展趋势及应用前景。

第四节 物流系统发展战略规划的基本流程

战略管理体系由五个部分组成，分别是战略目标体系、战略环境分析（了解组织所处的环境和相对竞争地位）、战略措施规划、战略方案制定及战略实施评估。它们之间的关系如图 4-3 所示。

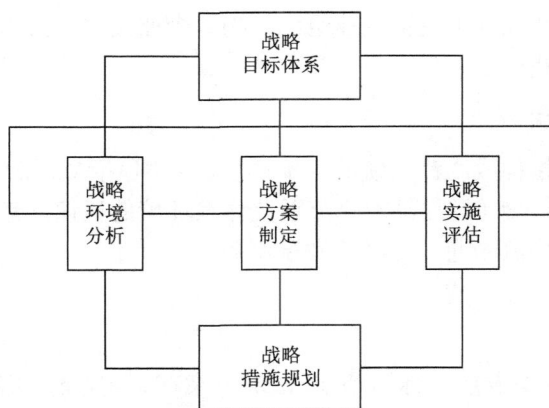

图 4-3 发展战略规划的一般程序框架

在战略规划过程中，上述分析模块主要是由战略制定、战略分析及战略实施演化得到的。以波特为代表的哈佛战略管理学派提出了理性主义战略管理理论，战略管理体系是以它为框架进行确立，本书认为战略管理可以界定为一系列规范的规划过程。其具体职能和作用划分如下。

一、分析战略环境

战略环境的作用是利用一系列分析工具和模型，对企业进行内、外部环境的分析。通过内部运营环境的分析发现优势和劣势；通过外部环境的分析识别发展的机会和面临的威胁。通过该过程探寻和提炼企业的竞争优势，即核心竞争能力。

物流战略环境包括宏观环境、行业环境、企业内部环境和物流体系环境。

（一）宏观环境

宏观环境指的是以国家宏观社会经济要素为基础、结合企业的行业特点而制定的环境影响因素指标，由社会约束力量构成，主要包括自然环境（原料、资源、能源、污染等）、经济环境（购买力水平、消费支出模式、供求状态等）、人口环境（人口的规模及其构成、教育程度、地区间流动等）、技术环境（科技进步等）、政治法律环境（政治体制、法令法规等）和社会文化环境（风俗习惯、观念等）。

（二）行业环境

建立物流系统时，除了要分析物流系统所处的宏观环境外，最重要的是要分析行业的现状和发展。它是企业必须研究的重要方面，因为它直接影响物流经营的外部环境。行业环境分析的主要内容包括市场规模与发展、竞争者情况、技术经济支持情况和新技术新产品的影响。

（三）企业内部环境

企业内部环境指企业内部的物质、文化环境的总和，包括企业资源、企业能力、企业文化等。企业内部环境分析包括企业组织结构、企业文化、资源条件、价值链、核心能力分析、SWOT 分析等。

（四）物流体系环境

物流体系环境是指构成物流系统的内部环境，主要包括交通运输环境、仓储业环境、资源环境和企业内部环境等。加深对物流系统体系环境的认识，有利于充分发挥物流体系优势，更好地促进物流畅通，为经济发展服务。

二、制定战略方案

以企业中、长期战略发展目标为基础，战略方案在制定过程中需要平衡各层级关系，企业未来发展方向需要最高决策者的有效确定，并在平衡各方关系后完成战略方案的优化设计。其制定过程主要包括战略举措、战略方案与战略措施。纵观战略管理体系，战略方案的关键作用体现为承上启下的衔接作用，旨在明确未来行动的方向与发展重点，奠定战略规划制定的基础。

三、完成战略规划

以战略方案为基础，将其按步分解为可衡量、易操作的战略行动，这一过程通常被定义为战略规划。其主要内容由工作内容、战略关键措施及具体项目三个层面构成。通过有效执行企业及其下属所有单位的战略活动，最终顺应战略方向推动战略目标的实现。

企业战略规划体系的最后一环是战略实施的评估模块，其定期或不定期地对战略规划执行的实施效果和过程进行评估，保证问题及时发现和建议的及时提出与采纳，保证战略规划目标的顺利实现。

第五节　物流系统发展战略规划案例

一、中远集团整合资源转轨物流发展之路

（一）案例介绍

作为世界第二大航运物流集团，同时也是中国最大的航运物流集团，中国远洋运输

（集团）总公司（以下简称"中远集团"）目前拥有和经营着 600 多艘现代化远洋船舶，总计超过 3500 万载重吨，足迹遍及世界 160 多个国家和地区的 1300 多个港口，其下属的中国远洋物流有限公司荣膺 2005 年"中国物流百强企业"第一名，是国内名副其实的行业老大。

1. 审时度势，力推物流业务

中远集团对发展物流的认识和理解经历了一个不断深化和扩展的过程。

早在 20 世纪 90 年代初，中远集团就预见到，集装箱运输的出现将使海运服务差别缩小、海陆直达运输成为可能，国际多式联运和物流将随之发展，并开始了对集装箱班轮市场物流服务的研究。1993 年，中远集团编写了《国际班轮市场物流服务之研究》等报告，对发展物流的必要性和可能性进行研究和探讨。在实践中，中远集团的集装箱运输服务根据客户需求，从提供"港到港"单纯的海上运输服务，开始向"门到门"多式联运服务扩展。

20 世纪 90 年代中期以后，随着海运市场竞争日益激烈，航运公司纷纷开始寻求其他业务以求能够保持盈利。中远集团提出，建立适应生产力发展的物流业务揽货手段，以获取箱量和物流管理的增值效益，加强航运竞争力。在这一时期，中远集团对发展物流的认识，集中体现在发展以海运为中心向两端延伸的物流服务，将中远船队揽货作为物流业务的主要任务。在这一指导思想下，1998 年，中远集装箱运输有限公司率先成立了综合物流部门。在"依托多式联运网络，发展综合物流事业"的工作思路下，中远集团开始积极探索切实可行、操作性强的多式联运和物流发展之路，组织实施了一系列以海运为基础的物流项目。

2. 明确战略

近年来，跨国公司对全球化、一体化物流服务的要求越来越强烈，物流从业者必须从单一经营转变为综合经营，协调物流供应链管理，发展以综合控制为中心的管理体系。2000 年年初，中远集团进一步明确未来的发展战略，提出了"两个转变"，即从全球承运人向全球物流经营人转变，从跨国经营向跨国公司转变，通过提供新的管理服务产品，实现产业的创新。

2000 年 9 月，为加强集团海内外物流业务管理，中远集团在运输部增设了物流处，并明确了物流处的职责和任务。同时，为了整合中远集团的全球资源，建立全球物流网络，中远集团要求海外区域公司根据各自的具体情况及业务发展现状，建立相应的物流业务部门。随后，中远欧洲公司、美洲公司、澳洲公司、非洲公司、韩国公司都成立了相应的物流机构，其他区域公司也相继成立了专门的物流部门，派专人负责本区域内的物流业务。中远海外物流机构的建立，为中远物流业务的发展奠定了坚实基础。

2001 年，根据中远集团"十五"发展计划的总体要求，结合中远集团物流业务发展的需求，中远集团组织编制了《中远集团"十五"物流发展规划》。随后，根据国务院领导对中远集团作出的"企业主业要突出，核心竞争力要强"的重要指示，中远集团确立了"一业为主，三业支撑"的战略布局。其中的"一业"即航运和物流主业。

3. 业务重组

为了适应国际环境的变化，进一步提高中远集团核心产业的国际竞争力，加快中远集团建立现代企业的步伐，及早与国际资本市场对接，中远集团提出并实施了核心业务重组改革计划。该计划的根本目的是通过对中远集团现有的集装箱运输和物流业务进行重组，构筑班轮和物流两个业务单元，形成以"班轮＋物流"为主体的核心产业，理顺体制，优化资源，实现做强班轮，壮大物流，进一步提高核心竞争力，实现中远集团的可持续发展。这次业务重组的核心是构筑班轮和物流两大业务单元，在保持和加强班轮的持续竞争能力和客户服务功能的同时，为物流提供一个可快速增长的空间，并迅速发展成为全球领先的物流经营人，实现集团整体价值最大化。

（二）案例分析

为适应环境变化，寻求长期生存和稳定发展，企业在制定发展战略时要审时度势，依据客观环境的变化及企业自身的特点进行总体性和长远性的谋划。由于中远集团的规模巨大，不仅是国内最大的航运企业，在世界航运企业排名中也位居前列，因而决定了中远集团的国际化路线，企业在制定发展战略时更多考虑国际市场的影响因素。

中远集团在20世纪90年代根据当时竞争激烈的航运市场，明确了企业的发展战略是以海运为中心并提供向两端延伸的物流服务。进入21世纪，国际竞争环境发生了深刻变化，经济的全球化和一体化程度进一步加深，因此，针对物流服务也相应地提出了新的要求，物流供应商不能仅提供单一的物流服务，而必须加强综合管理，提高物流供应链的综合服务水平。为此，中远集团及时调整发展战略，明确了从全球承运人向全球物流经营人转变、从跨国经营向跨国公司转变的新时期的发展战略，以顺应时代的变化。中远集团对企业内部进行业务重组，也是为了适应国际环境变化，而采取的提升企业核心竞争力的一个重要举措。

二、呼和浩特铁路运输企业物流系统发展战略

（一）案例介绍

呼和浩特铁路局为铁道部管辖的18个铁路局（集团公司）之一。管内东起京包线的孤山站与古店站之间，与北京局毗邻；西至包兰线的正义关站外，与兰州局相连；北到集二线的二连站与蒙古国扎门乌德站间，与蒙古国接壤，营业里程1627.5km。局管线路主要位于内蒙古自治区境内，运输的主要品类是煤炭、钢铁、化肥、乳制品、原油等物资。作为呼和浩特铁路局多元经营企业的呼铁外经集团，发展现代物流是其经营战略的核心组成部分。

（二）案例分析

1. 发展环境分析

内蒙古自治区位于中国的北部，是一个资源大省，向北与蒙古国和俄罗斯接壤，国境线长4221km，是沿海各经济圈及内陆腹地向俄罗斯、蒙古国乃至东欧辐射的重要物流通道。近年来经济发展速度加快，内蒙古与区外其他省市及国外的货流品类主要集中在煤、铝、石油、木材、金属矿石、钢铁、建材、消费品等，能源、资源型产品输出是内蒙古经济的主要特征。物流能力，尤其是铁路运力的增长水平明显滞后于整个自治区

国民经济的高速发展，而成为其经济发展的瓶颈。

内蒙古呼铁对外经济技术合作集团有限责任公司(英文缩写 HRFE，简称呼铁外经集团)在市场运营过程中，确定了"以现代物流为主营产业，构建国内外物流网络；依托资源和口岸优势，面向国际国内市场，发展煤化工和经贸业；逐步形成运、工、贸一体化的现代企业集团"的产业定位。分别在乌兰巴托、二连浩特、呼和浩特、乌海、包头、北京设有仓储、配送、包装、加工等多功能的物流基地，目前已建立北起俄罗斯-蒙古国国内的以战略能源为主的国际物流通道,西起乌海-包头-呼和浩特-天津及沿海地区的国内物流通道，呼和浩特-蒙古国-俄罗斯-欧洲的以工业加工产品为主的国际物流通道。

经过对呼铁外经国际物流系统的分析，可以看出机遇与挑战并存，它不但面临国家政策的支持、独特的区位特点、经济高速发展的需求及铁路运力和网络的优势等机遇，同时又面临着行业市场需要培育、区域物流资源缺乏及体制、资金、人才等方面的挑战与困难。

2. 战略定位和发展目标

呼铁外经集团物流系统是按照战略规划、战略实施、战略控制和战略修正四个阶段的动态过程具体管理和实施的。管理和实施过程中要逐步调节、整合物流资源、组织结构等，最终实现物流系统的战略目标。

呼铁外经集团物流发展战略定位和目标的确定基于以下基本原则：

第一，结合呼铁外经集团的"运、工、贸"一体化发展战略，确定呼铁外经集团物流一体化发展战略，即明确呼铁外经集团的核心竞争力是基于物流一体化的"运、工、贸"产业一体化的整体竞争力。

第二，以铁路干线运输为核心的企业内外资源整合。呼铁外经集团源自铁路、依托铁路、服务铁路，以铁路干线运输为基础，充分利用交通运输尤其是铁路运输，发展以铁路运输为主体的物流综合服务，进行综合运输体系的建设，是呼铁外经集团建设物流系统的基础；同时又要"跳出铁路看物流"，充分整合路内外资源，大力发展高效、系统的综合物流系统。

基于以上两个基本原则，呼铁外经集团物流发展战略定位和发展目标为将呼铁外经集团综合物流服务能力作为呼铁外经集团的核心竞争能力来培养，以铁路干线运输和综合运输为基础，以构建物流网络和物流园区建设为重点，形成"系统、高效、合理"的物流一体化综合运行体系，逐步发展成为区域重要物流系统，成为呼铁外经集团以"运、工、贸"为一体化战略发展体系的有效支撑，全面提高呼铁外经集团的市场竞争能力。

3. 发展战略思路分析

呼铁外经集团物流发展战略分析思路包括：以铁路运输服务为基础分析综合运输服务；以综合运输服务为基础分析物流综合服务；以物流综合服务为基础分析物流网络化服务；以物流网络化服务为基础分析"运、工、贸"一体化发展战略。资源整合和资源优化是实现呼铁外经集团行业物流系统从传统铁路运输服务向物流综合服务转换的重要举措。在铁路运输业务经营上具有丰富的运作经验和资源优势，是呼铁外经集团物流系统能够继承和发展的核心能力。系统化、多元化综合物流服务能力的建设对呼铁外经集团的核心竞争力和可持续发展战略实施起到强劲的促进作用。

呼铁外经集团将以物流综合服务为核心业务的"运、工、贸"一体化多元经营作为产业化发展定位，呼铁外经集团物流系统又依托铁路运输构建了完善的物流网络体系，发展目标为全国性的综合型物流系统，将物流业务从企业日常运作管理水准升华到经营结构层面，确定了物流发展战略的措施。

思 考 题

1. 简述物流系统发展战略规划的层次及内容。
2. 物流系统发展战略规划要遵循哪些原则？
3. 简述物流系统发展战略规划的影响因素。
4. 简述物流系统发展战略规划的基本流程。

第五章 物流系统空间布局规划

第一节 物流系统空间布局概述

一、物流系统空间布局的概念

布局是指对有关事务的全面安排，包括物体空间布局和活动的时空安排两个方面，经济活动的布局问题一般是指前者，即空间布局问题。根据研究的角度不同，经济布局又可以分为两类，一类是指在一个地域空间内合理安排布置各种产业、相关部门和企事业单位，即多产业的区域经济综合布局问题；另一类是指同一行业相关企业部门或同一企业集团内的有关分支机构在不同地域空间的位置安排和功能协调，即单个产业的行业/企业布局问题，物流系统空间布局则属于后者。

经济学关于空间的理论研究与实践，可以划分为微观区位论和宏观区域理论两个范畴。区位论研究微观经济单位或个体基于区位影响和决定因素产生的空间偏好与选址决策，也称选址理论；而区域理论旨在研究一定地域内微观集合空间分布的决定和发展规律，也称生产布局理论。根据上述理论，如第一章所述，考虑到规划的制定和执行，物流系统空间布局规划可以分为宏观空间布局战略规划、中观选址策略规划和微观平面设计执行规划三个层次的内容。

二、物流系统空间布局结构

空间是人类进行社会经济活动的场所。空间在产业布局学领域通常是指经济地带、经济区域，有时也指行政或自然地理区域。空间的范围大至一个洲、一个国家，小至一个城市、一个企业的设施内部，如地域空间、房屋空间、仓库空间、场地空间等。空间结构理论认为，空间结构是指社会经济客体在空间相互作用所形成的空间集聚程度和集聚形态，是一种空间秩序，是人们按照经济原则形成各空间位置与空间大小之间密切的有机联系即经济区位的组合。

（一）物流系统空间结构的概念

物流系统空间结构是物流系统结构的一个重要方面，是物流系统组成要素的各种空间关系的总称。它包括物流功能要素空间结构和物流网络空间结构，前者主要是指组成物流的运输、仓储、包装、装卸搬运、配送、流通加工和信息服务等诸要素及其支持设施设备在地域空间的分布与组合，后者主要是指物流网络的节点及其联系在地域空间的分布与组合。从本质上来说，这两类空间结构是物流系统在不同层次的空间分布的表现，要素空间结构处于微观层面，而网络空间结构处于宏观层面。两个层面通过交通运输线路要素、通信要素和网络联结等实现同构，其他物流功能要素与网络节点的同构实现物流系统的有机统一。

(二)物流系统宏观空间结构的基本要素

从宏观角度来看，物流系统的空间结构要素主要包括节点、线路及网络。

节点是物流系统功能作业的空间集聚场，一般表现为运输场站、机场码头、物流中心和物流园区。它们共同构成了物流系统的节点体系。

线路是物流系统保证货物空间位移顺利进行的基础设施，主要包括交通线路、通信线路等。

网络是节点和线的集合体，其中节点是网络的核心，线路是构成节点之间功能联系的通道，是网络顺畅运行的基础。

上述要素空间关系的实质是位置关系，由于要素位置相关，才出现了要素的空间关系，各种要素空间关系的总体则是物流系统的空间结构。

(三)物流系统空间宏观布局结构

物流系统空间宏观布局结构是指物流节点和通道的空间位置与空间大小之间存在的相互关系并通过一定形态表现出来的空间秩序。由于物流系统的节点和通道与传统货运场站、物流中心存在着历史继承性，已经形成相应的物流网络，但这种物流网络体系是随着经济发展和物流活动的增加而不断变化的。

在物流网络形成初期，物流节点功能比较单一，如各种运输方式的货运场站主要负责本运输方式的货物受理承运、装卸车和到达交付等作业，随着经济全球化的出现和交通运输及其他物流技术的进步，集装箱运输、多式联运、国际运输等多种方式运输物流作业逐渐出现并迅速发展，物流节点功能也出现多样化趋势。这样，原来处于不同区位的物流节点，由于各自具有不同优势，开始出现物流服务功能的区位化，如内陆地区发展起来的物流中心更多地具备货物集散功能，而沿海港口地区发展起来的物流中心由于具备通关优势和承担大宗货物远距离运输的优势而将更多地具备国际运输枢纽功能。这种区位分化实质就是空间分化，它是研究物流系统空间布局结构的出发点。对物流系统空间布局结构的分析，主要从物流系统的规模等级体系、空间布局结构模型、空间布局结构形态及布局结构演化等几方面进行。

第二节　物流系统空间布局规划的原则及影响因素

系统科学理论表明系统结构决定系统功能。物流系统空间布局规划与建设是一项复杂的系统工程，从宏观角度研究其布局规划，运用区域发展理论和系统科学方法，分析物流系统的空间布局结构，可以揭示物流系统的空间布局特征、集聚和扩散的关系，并把握物流系统空间结构状态的演变趋势，根据物流系统一般的空间结构和演变规律，对地域空间内物流系统的空间布局指明方向。

一、物流系统空间布局规划的编制原则

物流系统空间布局问题是物流网络的要素及其有关设施设备在空间的位置安排，物

流系统既将地域空间作为自己活动舞台，也对地域空间的特性提出专门的要求，物流系统的发展对空间有选择性，特定地域空间的各种自然与社会经济环境往往成为物流系统能否发展的外部条件，只有当物流系统对空间的特殊要求与特定空间所提供的软硬环境相适应时，物流系统空间布局才能达到较为合理的状态，促进物流系统和地区经济的可持续发展，因此，制定物流系统空间布局规划，应遵循以下原则。

（一）物流系统与经济活动相适应的原则

物流既是经济活动的产物，又是促进经济发展的动力，传统的物流是伴随着商品交换而产生的，而现代物流则是由于区域合作和经济全球一体化而迅速发展，在经济全球化背景下，现代物流的发展具有如下三个特点。第一，现代物流发展对经济全球化起着重要的支持作用，在激烈的国际市场竞争条件下，高效率的现代综合物流服务成为实现全球化经营及地区商贸有效运作的必要条件。在世界大多数国家和地区加入 WTO，在大幅度关税减让，关税壁垒不再成为国际贸易主要障碍的条件下，其他非关税壁垒的作用将更加突出，其中，发达的现代运输物流基础设施及高水平的现代物流服务，对一个国家或地区，尤其是发展中国家改善投资环境、吸引外资和跨国企业，提高经济运行效率和运行质量，具有特别重要的作用。第二，在经济全球化的推动下，以一些重要港口、国际化大城市、边境口岸城市为依托逐步形成具有不同特色和规模的物流中心，尤其是一些作为保障全球经济和国际贸易得以顺利进行的国际物流中心，由于具有高效率的综合物流服务功能，可以吸引大量国际贸易货物处理业务，有力地带动周边地区经济活动的快速发展，促进本地区及周边区域或经济的整体提高。我国的国际港口物流中心，也充分利用自身条件，建立了出口保税区、临港工业区等，促进了本地及周边地区经济的整体提高。第三，经济活动的行业特点也对物流系统提出了相应的要求，如亚洲、拉丁美洲不少国家和地区都在大力发展制造业，形成了各种不同产品的国际制造中心，其中，不少的原料、燃料都需运入，而产品、半成品也需要运出，因此，对物流系统的层次、规模、空间分布都提出了更高的要求。

物流系统与经济活动就是在这种互动的过程中相互协调、相互促进、共同发展。

（二）统筹规划，系统安排的原则

物流系统空间布局规划必须按照社会经济发展的要求和现代物流发展的规律，进行统一规划，尤其要打破地区、行业的界限，克服条块分割、多头管理的弊端，按照科学布局、资源整合的思路进行规划，防止各种物流资源大量闲置和浪费，为此，要进行以下几方面的协调。

物流系统空间布局规划应与城市总体规划和土地利用总体规划保持协调。物流系统中的物流节点，都需要定位到各级城镇的地域空间，物流通道有些也要占用城市土地，因此，物流系统的空间布局规划要符合城市的总体规划，符合城市用地空间的统一布局，满足地域合理分工与协作的要求，避免不必要的用地结构调整和利益主体间的冲突。

物流系统空间布局规划的层次性要求各个规划层次的有机协调。下层规划要以上层规划结果为依据，上层规划要考虑下层规划的有关要求并尽量给予满足。区域级规划必须服从国家级的规划，城市级和企业级的规划必须服从区域级规划。这是由物流系统空间布局的系统性所决定的。

此外，物流系统空间布局规划还需要注意各层空间布局规划在功能上的分工协调，注意物流节点结构与物流通道布局的协调发展，注意解决好各个节点的作业能力与交通线路运输能力的协调等诸多问题。

（三）发挥优势，讲求实际的原则

物流系统空间分布规划，旨在引导物流节点和物流通道在空间上合理分布并为其未来发展提供可靠的用地保证，进而实现我国物流业的跨业发展，这就要求在规划制定过程中，要瞄准世界物流发展的先进水平，以现代化物流技术为指导，坚持高起点和高标准，发挥各地条件和资源的优势，带动物流新技术的发展应用，从而带动整个物流产业的不断进步和健康发展。但也需要看到，我国不同地区的现实生产力发展水平各有差异，贸易和交通运输布局方面的优势与地位也不尽相同，这就要求在制定物流系统空间布局规划中结合各地实际，注意分析不同地区的优势和制约因素，切忌不顾条件，一味追求全面发展，自成系统，尤其是由各级地方政府制定的区域性规划更应有全局观念和资源共享的意识，避免重复布点，重复建设。

（四）现状需要与未来发展相协调原则

物流系统空间规划需要注意现状需求与未来发展之间的协调，物流系统空间布局规划具有长期性，需要以客观分析物流现状和未来发展趋势为依据，规划方案需要注意实施的阶段性和时效性，对物流系统未来的发展留有余地。物流系统空间布局规划的制定，需要对未来的发展作出较准确的预测，而这在实际操作中又有很大的困难，只有随着时间的推移和条件的变化，进行不间断跟踪和适时调整，实现弹性规划和滚动修编。

二、影响物流系统空间布局规划的因素

物流系统空间布局规划的目的是通过合理配置各种物流要素，形成一定的物流生产能力，使之能以最低的总成本完成既定目标。只有通过考察和分析影响物流系统空间布局的内在和外在因素，才能作出合理的规划方案。这些因素包括以下几方面。

（一）产业集聚与经济集中化水平

资源禀赋的空间差异及生产与消费的时空差异是产生物流活动的直接刺激因素，物流活动的派生性及经济的从属性关系，使得其自身发展与经济的发展存在着一个跟随适应的过程。经济理论表明，企业只有在达到一定规模的基础上才能实现较好的经济效益，这就是企业的规模经济效应。然而，现实的土地资源等约束导致企业不能无限制地扩大规模。经济区位论认为企业生产区位在空间上的集聚可产生规模经济，带来收入递增。因此，通过空间集聚可以较好地解决资源有限性和企业规模化之间的矛盾。相互关联密切的企业的空间集中，就是产生集聚的主要外在表现。

产业集聚在宏观上主要表现为经济集中化，即空间面积较小的地域集中了大量的人和产业。在美国，早在19世纪中叶，包括缅因州与马萨诸塞州、纽约州、新泽西州、宾夕法尼亚州等在内的东北部和中北部14个州，是美国经济最发达的地区，国土面积只占

全美的 11.5%，却集中了制造业四分之三的产值，此后，美国经济逐步向东西海岸集聚，1996 年，GDP 排前 5 名的加利福尼亚州、纽约州、德克萨斯州、伊利诺伊州和佛罗里达州的 GDP 总值占全美的比例高达 37.8%。

我国改革开放以来，资本、土地、劳动力和技术等生产要素，由静止到流动，由无价到有价，促使我国产业和经济也开始了集聚进程。珠江三角洲、长江三角洲和环渤海经济带是我国经济发展水平较高的三大地区，也是我国经济集聚的地区，2001 年这三个区域的面积仅占我国国土面积的 9.4%，但 GDP 占全国总量的 52.93%，社会消费零售总额占全国的 53.1%，进出口贸易总额高达 85.77%。与这种经济贸易集中化趋势相适应，这三个区域的货运总量也达到全国的 45.24%，可以看出，经济集聚引起了物流量的集聚，城市和区域经济集中化表现的产业空间集聚现象，在提升产业竞争力的同时，也促进了产业间的渗透融合与分工细化，相应地也要求作为地区经济发展基础保障的物流系统一方面要具备通达的交通网络，另一方面需具有伴生的大型物流节点提供集聚区内多样化的物流组织与管理职能。

由此看出，地区的经济集聚规模直接影响物流系统节点的空间分布、规模和功能。经济实力雄厚，综合发展水平较高的地区，则物流节点规模较大，功能也比较齐全，具有较强的辐射力和吸引力，服务覆盖范围广；而经济集聚程度较弱的地区，一般经济规模较小，物流需求较弱且比较分散，一般的物流节点就可以满足其基本物流需求，如需要较高层次的物流服务则可以在其他经济集聚区的高级物流节点内实现。

（二）物流节点间竞争与合作关系

现代物流的重要优势就是低成本，而这种成本优势来源于现代物流将原来分散的运输、仓储、包装和流通加工等功能实行系统整合，实现物流作业的专业化和规模化。

市场机制使得各种运输方式不同的物流节点之间存在着一定程度的竞争，在市场机制的作用下，由于产品的生产成本、物流费用不同，在众多生产地相互竞争同一市场的过程中，引起市场区域的分隔，由此产生的物流服务在地域上存在一定的势力边界。于是，物流节点的彼此相互竞争具有各自的合理空间服务范围。由于科技进步的影响，不同运输方式和物流节点既有的经济技术优势不断发生变化，加上经营管理体制和方式的制约，使得物流节点间的竞争呈现复杂化趋势。各节点间的边界范围逐渐模糊，各自的空间服务范围彼此交错、渗透和融合。空间运输联系具有普遍性，这使得物流节点内的作业对象往往需要跨出节点本身的优势覆盖范围而进入其他节点的范围，为了保持这种运输联系的完整性，节点之间的合作就成为必然，其表现除了彼此的业务分工协调外，主要是物流各项功能要素在节点内的整合，即将货物的运输、仓储、装卸、加工、整理、配送和信息服务等各项功能有机协调起来，为客户提供多功能一体化综合性服务。正是如此，为了谋求集聚效应，物流产业的发展使货运场站和仓储部门从传统的货物装卸载运和被动储存与保管功能向新型的物流组织形成转化，并在传统的基本功能的基础上，集成了订货、集运、分拣、加工、配送、信息的传递等一系列增值功能，成为将商流、物流、信息流有机结合的物流中心。

在这个过程中，对物流节点集聚的规模提出了更高的要求。在生产力尚不发达、交通运输和仓储业落后的农业时代和工业化初期，为了实现农工商业有关企业之间的物流系统，各个传统物流行业的网络节点大多采取密集布局的方式，从而在宏观上呈现极其分散的局面。例如，我国铁路系统第八个五年计划期间在 5 万多千米的营业线路网上布置了 4000 多个货运营业站，平均站距仅为 12.64km。随着生产力的发展和科学技术水平的不断提高，特别是物流市场竞争的日益激烈，传统货运场站、仓库的分散布局的弊端更加明显地暴露出来。主要是布局不合理，规模过小，难以实现规模化、集约化经营，各个节点功能目标、作业流程、作业方式雷同，缺乏合理的分工与协作配合，资源闲置与重复配置矛盾突出。国外物流系统针对上述情况在 20 世纪 50 年代就逐步开始了物流节点系统的集中化，至 20 世纪 70 年代，美国铁路已在 29 条最主要干线上封闭了 8650 个车站；日本铁路从 1961 年开始实行货运站集中化，至 1977 年年底，已把原来 3434 个场站减少至 1000 个；德国统一后，将原来的 3892 个货运场压缩至 1994 年的 1200 个；此外，比利时、瑞典、意大利、加拿大、俄罗斯等许多国家都采取了类似的集中化措施。我国铁路自 20 世纪 90 年代以来，也进行了铁路货运站集中化工作，几年间一共封闭了 500 多个货运站。

因此，物流节点间的竞争与合作，促进了物流节点的集中化和规模化，影响了物流系统空间布局的变化。

（三）自然条件

制定物流系统空间布局规划，必须充分考虑各地区的自然条件和特点，重视对地形、气候、水文、地质等自然条件的研究分析工作。

地质、地形因素对于陆上交通的线路和场站、港口的地基和周围地段的稳定性是重要的影响因素。地震活动地段、断裂破碎带、软土沼泽地区等，不宜建设铁路和港口；对于滑坡、崩塌、泥石流、岩溶地区也应尽量避开，或采取必要的工程措施；中高山地区、黄土高原、沙漠冻土区等都需要从保证路基稳定和行车安全出发，进行合理选线和采取必要的措施；对于航道和港口来说，河流的发育阶段、河床摆动、河岸和海岸稳定性都有重要意义。

气候因素不仅对水运和航空有直接影响，而且与陆路交通关系密切。河流结冰期直接影响航道的选择和开辟；大气环境的特点和气象、气候条件对航空线路选择有直接的影响；风向对机场位置、海港防波堤存在一定制约；在海拔较高的地区建设高速公路，冬季经常会因路面结冰而封路。

水文因素中的流量、水深及季节变化直接影响航运的码头位置、规模和港址选择。我国的环渤海湾、长江三角洲、珠江三角洲有些城市之所以能成为国际物流中心，与它们拥有吞吐量达亿吨以上的大港口分不开，如大连、秦皇岛、天津、青岛、上海、宁波、广州、深圳等。

（四）物流技术发展

在技术领域中，对物流系统最具影响力的是信息、运输、装卸和搬运、管理技术等。计算机信息和网络技术等对物流的发展具有革命性的影响，及时、快速、准确的信息交换可以为实现物流作业一体化、提高物流效率奠定基础。

多式联运、新型车辆、优化运输路径选择等,提高了运输衔接能力和运输效率。机器人、自动化仓储系统、自动导向车系统、自动分拣系统等的扩大使用,提高了物流节点的生产能力,增加了物流节点的物流输入和输出能力。

包装的创新提高了物流操作效率,增加了货物安全保护能力,提供了信息的传递载体(包装货识别的跟踪与管理)。

第三节　物流系统空间布局规划中物流预测的主要方法

一、物流预测方法概述

物流预测是制定物流系统空间布局规划的基础,也是物流战略规划的重要组成部分。物流预测是根据客观事物过去和现在的发展规律,借助科学的方法和手段,对物流有关的经济活动发展趋势进行描述、分析,以推测未来出现的事件,如物流需求量、成本控制水平、库存量、加工量、配送量等。另外,物流活动涉及国民经济活动的众多部门,物流活动的从属性决定物流规划必须要对一些关系密切的经济活动也要进行预测,如国民生产总值(GDP)、人均可支配收入、对外贸易总额等。但由于国内尚无能够较准确反映物流运作的系统统计体系,同时物流需求往往呈现为一种潜在的需求,带有相当的不确定性,因此,物流预测是物流规划中的一个难题,而选用合适的方法将会提高预测的精度。

目前,在物流预测中主要的方法有:①定性法,包括头脑风暴法、德尔菲法等;②时间序列法,包括移动平均法、指数平滑法等;③因果法,包括一元线性回归法、多元线性回归法、非线性回归法、逻辑斯蒂曲线分析法等;④模糊预测法,包括灰色系统预测法、马尔可夫链分析法等;⑤定性与定量相结合方法,包括情景预测法等。下面介绍其中的一些主要方法。

二、德尔菲法

德尔菲法又称专家调查法,起源于20世纪40年代的美国兰德公司,步骤如下:

(1)挑选专家。一般20人左右,函询工作过程中自始至终不让专家彼此联系。

(2)函询调查。一方面向专家寄去预测目标的背景材料,另一方面提出所需预测的具体项目。这轮调查任凭专家回答,完全没有框架,专家可以各种形式回答问题,也可以向预测单位索取更详细的统计资料,预测单位根据专家的各种回答,把相同的事件、结论统一起来,提出次要的、分散的事件,用准确的术语进行描述,然后反馈给各位专家,进行第二轮函询。

(3)进行函询。要求专家对所预测目标有关的各种事件发生的时间、空间、规模大小等进行具体预测,并且说明理由。预测单位对专家的意见进行处理、统计,将结果再次反馈给有关专家。

(4)修正。各专家再次得到函询综合统计报告后,对预测单位提出的综合意见和论据进行评价,重新修正原先各自的预测值,对预测目标重新进行预测。

(5)收敛。预测的主持者应要求各位专家根据提供的全部预测资料,提出最后的预测意见,若这些意见收敛或根本一致,即可以此为依据进行,收敛性判断见下列公式:

$$\bar{X} = \frac{1}{n}\sum_{i=1}^{n} x_i$$

$$\sigma = \sqrt{\frac{1}{n-1}\sum_{i=1}^{n}(x_i - \bar{x})^2}$$

式中,$\bar{X}$ 是专家所给的评估分数的均值,它反映专家的总体意见倾向;x_i 是第 i 个专家所给的评估分数;σ 是专家评估分数的均方差,反映专家意见的分散程度;n 是参加评估的专家的总数。

当 σ 很大时,说明专家的意见比较分散,还需进行下一轮信息反馈与征询,使专家意见的离散程度减小。

德尔菲法的优点在于简明直观,缺点是"专家的选择"、"函询调查表的设计"等处理难度较大,是一种代价高昂且非常耗时的方法,在实践中多用于长期规划。

三、回归分析法

物流系统中,某些现象是相互联系且彼此依存的。一种现象的变动常使另一种现象随之发生相应的变化,在这些现象之间存在着一定的因果关系和函数关系。例如,铁路货运量,随着工农业生产的发展而不断增长,而铁路对于各种物资的消费需求量又随铁路运输、工业生产和基建等任务的增长而相应地增加。本书称引起变动的现象,即起着起因作用的现象为"自变量",而受其影响的现象为"因变量"。回归预测方法就是根据存在于现象之间的因果关系和函数关系建立回归模型的方法,用来从某种现象变化的因来推测另一现象变化的果。因此,回归预测也称因果预测。回归预测按所包含自变量的多少,可分为一元回归预测法和多元回归预测法。

四、情景预测法

定性预测方法有一个共同的缺点就是主观性较强,而定量分析方法容易受模型假设条件的限制,且只能对定量数据进行分析,无法考虑定性因素的影响,尽管有时可以通过设虚拟变量将定性因素定量化,但效果不佳。另外,定量预测是根据运用的模型得到对将来某种状况的分析,而面对有多种情况的预测,定量分析是不够的。我国目前正处于由计划经济向市场经济的转轨时期,必然受到计划经济和市场经济的双重影响,使得预测问题变得更为复杂,仅凭定量分析是难以反映错综复杂的经济关系的。然而,只凭定性预测又没有一定的数据依据,不利于决策者进行分析,所以客观上需要寻找一种定性与定量相结合的分析方法,情景预测方法是解决这一问题的有效方法。

(一)情景预测法的基本思路

情景预测法是 20 世纪 70 年代刚兴起的一种预测技术,又称剧本描述法。"情景"最早出现在 20 世纪 60 年代末凯恩和维拉的《2000 年》一书中，该书将情景分析定义为用以着重研究偶发事件及决策要点的一系列假设时间，情景预测法是对将来的情景作出预测的一种方法。它把研究对象分为主题和环境，通过对环境的研究，识别影响主题发展的外部因素，模拟外部因素可能发生的多种交叉情景以预测主题发展的各种可能前景。

情景预测法首先是构造一个"无突变"的情景 A，即在假定当前的环境不发生重大变化的条件下研究对象的未来情景，然后分析情景 A 的环境因素，就各因素进行不同取值从而研究其对 A 造成的不同影响，由此产生情景 B 和情景 C，进而可以得到 A、B、C、AB、AC、BC 六种情景。同时还可假设有突发事件 D，它对情景 A、B、C 又有不同程度的影响，从而产生了 AD、BD、CD、ABD、ACD、BCD 六种情景。由于环境因素的不同取值，还可得到其他多种情景，但情景的范围是确定的。情景预测法在分析过程中根据不同的情景采用不同的预测方法，使定量、定性相互结合，这样就弥补了定性预测和定量预测的各自缺陷。

（二）情景预测法的一般方法

常见的情景预测法有未来分析法、目标展开法、间隙分析法三种。

1. 未来分析法

未来分析法是立足于现在，着眼于未来，是最常用的一种方法。未来分析法通常是将未来分为三种情景：无突变情景、悲观情景、乐观情景。一般而言，未来分析法先假设目前的状况会持续发展，预测以这样的发展状况未来会出现什么样的情景，即得到无突变情景，再找出对未来情景有影响的各种环境因素，让它们进行不同程度的变化，从而得到在有利的环境和不利的环境下分别得到什么样的乐观情景和悲观情景。

例如，我国人民的生活水平，根据过去的历史和目前的状况，可以预测在不久之后，我国将消除贫困，人民生活水平进一步提高，这是一种情景。该情景的环境因素有国家政策、国际环境政策、自然条件、人的观念等，假设国内外条件均有利于我国经济的发展，而自然条件也非常有利于农业生产，则在这一有利环境下可得到乐观情景：国民经济加速发展，人民生活水平有很大提高，提前进入小康，实现共同富裕。再假设国际环境对我国经济发展形成一定阻碍，又碰上自然灾害，且在扶贫工作中又出现了一些困难，从而不利于国民经济的发展，导致了悲观情景的出现：国民经济发展速度有所减慢，人民生活水平提高的速度也相应减缓。此外，还可以有其他关于未来的预测，不同的环境和主题相互作用，得到不同的未来预测。

2. 目标展开法

目标展开法与未来分析法不同，它立足于未来，分析现在，即已确定好目标，去分析如何达成这一目标，在分析过程中，可根据总目标设计出子目标，再分析出现在这些目标需要满足的环境、条件，并从中寻找一条最佳路径。

例如，若确定在未来一年内经济增长速度为 10%，现对这一目标进行分析。经济增长主要受资金、劳动力、科技进步三个因素的影响，这三者对经济增长的不同贡献率的组合均可实现这一目标。可根据现实状况设置不同的组合，如三者的贡献率依次为 30%、30%、40%，或 50%、10%、40%，或 30%、10%、60%等。根据不同的环境、不同的组合，分析它们的可行性，从中选取最优的实现途径。

当然，不同状况下的最优选择也不同，如改革前可能会选取偏重劳动力、资金的投入，而改革后更重视科技进步的贡献率。

3. 间隙分析法

间隙分析法立足于现在和未来，寻找中间途径。它主要是先根据目前状况，预测如此发展的话，将来会怎样，再根据两者的状况决定中间的路线该怎样走，这与目标展开法有类似之处，但间隙分析法更强调阶段性，如分别考虑 5 年、7 年、10 年不同阶段下应怎样做。

情景预测法的一般步骤如下：

第一步，确定预测主题。

第二步，根据预测主题寻找资料，充分考虑主题将来会出现的情况。

第三步，寻找影响主题的环境因素，要尽可能周全地分析不同因素的影响程度。

第四步，将上述影响因素归纳为几个影响领域，分析在不同影响领域下主题实现的可能性，同时分析是否有突发事件的影响，若有，影响如何。

第五步，对各种可能出现的主题状态进行预测。

第四节　物流系统空间布局规划案例

一、北京市"十二五"时期物流业发展规划：序言

以北京市为案例，对北京市"十二五"时期物流业发展规划的目标、程序和内容进行详细解析。"十二五"时期，北京物流业将以科学发展为主题，以加快转变发展方式为主线，贯彻落实"人文北京、科技北京、绿色北京"战略，以服务中国特色世界城市建设为目标，按照"便民利民、促进发展，服务全国、辐射世界"的发展宗旨，加快推进物流业结构调整与创新，更加注重物流系统运行效率的提高和服务保障能力的增强，进一步完善高效、集约、低碳的城市物流体系，提升物流业发展的现代化、国际化水平，打造具有广泛国际影响力的物流中心城市。

《北京市"十二五"时期物流业发展规划》编制的主要依据包括《北京城市总体规划（2004～2020 年）》、《北京市国民经济和社会发展第十二个五年规划纲要》，国家发展与改革委员会等九部委颁布的《关于促进我国现代物流业发展的意见》、《物流业调整和振兴规划》（国发〔2009〕8 号)等。规划期限为 2011～2015 年。

二、规划的指导思想、基本原则和发展目标

（一）指导思想

以科学发展为主题，以加快转变经济发展方式为主线，落实"人文北京、科技北京、绿色北京"的发展战略，以服务中国特色世界城市建设、打造国际商贸中心为目标，发挥物流业支撑首都经济社会发展和保障城市运行的基础性作用。坚持"便民利民、促进发展、服务全国、辐射世界"的发展宗旨，加快推进物流业结构调整与服务创新，进一

步提升本市物流业发展的现代化、国际化、高端化水平，完善高效、集约、低碳的综合物流体系，打造具有广泛国际影响力的物流中心城市。

（二）基本原则

1. 统筹规划，促进协调发展

按照城市发展总体规划要求，统筹考虑物流重点设施布局与产业发展和居民生活的相互匹配，注重资源利用的高效性、经济发展与城市运行的协调性。整合利用存量物流资源，合理布局新增大型物流项目。建立功能协调、运行顺畅、高效集约的城市物流网络，实现物流发展与城市功能的有机协调。

2. 科技引领，实现创新发展

发挥首都信息化水平高、人才科技资源丰富的优势，推广应用先进物流技术，鼓励物流服务创新，提高信息化、自动化、智能化、标准化水平，创新驱动首都物流业的可持续发展。

3. 结构调整，带动高端发展

加快推进物流业结构调整和升级，培育引进高能级企业主体，打造物流总部经济聚集地；引导物流企业整合与重组，积极发展第三方物流，逐步提高行业集中度；鼓励新型物流服务业态发展，加强区域与国际物流合作，带动整体水平提升。

4. 功能提升，增强保障能力

加强重要物流节点、物流通道和末端物流设施建设，完善城市物流体系，提升物流系统的服务功能和应急响应能力，强化物流对城市运行的保障作用。

（三）发展目标

1. 总体目标

进一步完善物流基础设施，引导产业集聚发展，构建以特大型都市运行保障为基础，以物流总部经济和国际物流为特色，以社会化、集约化、专业化物流为骨干的城市现代物流服务体系。全面提升物流服务的能力和水平，为建设中国特色世界城市、打造国际商贸中心提供坚实的物流服务保障。

2. 预期指标

（1）社会物流总额年均增长20%左右，物流业对经济增长的支撑作用更加明显。

（2）物流业实现平稳较快增长，增加值年均增长8%左右，规模以上物流企业物流业务收入年均增长10%以上。

（3）物流现代化水平持续提升，到2015年，社会物流总费用与GDP的比率降至12%左右，接近发达国家平均水平；规模以上连锁超市主要商品统一配送率提高到90%以上，乡镇连锁商业系统商品统一配送率达到60%以上；果蔬、肉类、水产品冷链流通率分别提高15%左右。

（4）物流业发展的集聚效应更加凸显，到2015年，北京市物流基地和天竺综合保税区物流业务总收入超过1000亿元；积极扶持营业收入百亿元级的国际物流企业发展，培育发展营业收入十亿元以上的城市物流配送龙头企业。

三、空间布局

（一）布局原则和思路

围绕北京市物流业发展的总体目标，"十二五"时期物流规划空间布局的基本原则是：①有利于服务和保障首都城市发展和改善民生的现实需求；②有利于服务首都各类功能区的产业集聚和发展环境优化；③有利于加快首都经济圈建设和区域经济一体化发展；④有利于提高首都经济发展的国际影响力和辐射力；⑤统筹考虑与城市交通干道的衔接及与未来五年主要交通枢纽重点建设项目的协调配套。

"十二五"时期物流规划空间布局的思路是继续完善"三环、五带、多中心"物流节点空间布局，发挥各物流节点的设施功能优势，引导物流资源在空间上的合理配置；适应未来五年物流业发展的实际需要，以加快物流业发展方式转变和服务水平提升为着力点，深化内涵、延伸发展，按照城市保障物流、专业物流、区域物流和国际物流的发展主线，强化本市物流业发展"广覆盖"、"多组团"、"立体化"的网络结构特征，进一步优化全市物流的空间布局。

（二）布局重点

"十二五"时期，在现有空间布局的基础上，以节点、通道、网络建设为依托，整合设施存量，合理配置增量，完善物流设施的空间布局体系。

1. 城市物流配送设施布局

服务城乡建设和市民生活需要，以满足农产品流通体系和生活必需品配送体系的发展要求为重点，完善物流配送重点设施布局，提高运行效率和保障能力，实现物流配送服务的"广覆盖"。

加强农产品批发市场物流配送中心建设。改造和新建一批农产品物流配送中心，提高新发地、岳各庄、大洋路、八里桥等批发市场配送中心的功能和配送能力；鼓励中央批发市场、顺鑫石门市场、昌平水屯市场等建设物流配送中心。同时，在城区周边西郊、黄港、西毓顺、琉璃河等地新建一批农产品物流配送中心，逐步形成承接农产品向城内辐射的新的物流节点。

支持连锁经营的商业、餐饮企业调整优化配送中心布局，完善提升配送中心功能。调整优化现有提供社会化服务的物流配送中心的布局和功能，支持冷链物流专用设施建设；鼓励利用城区既有仓储设施改建现代化的生活必需品配送中心；引导通州、顺义、大兴等城市发展新区及其他郊区县新城发展所需的配送中心建设。

2. 产业集聚区专业物流设施布局

服务本市高端产业功能区、工业开发区及专业集聚区的建设与发展，在五环和六环周边新建和改造相对集中、功能完善、规模化的物流中心或配送中心，引导物流资源集聚，形成多个"组团式"的专业物流设施空间布局。

（1）东部组团：服务于通州经济技术开发区、电子商务总部基地等产业园区及机电、都市工业、新能源新材料、文化创意等产业，在潞城、张家湾、宋庄等地重点发展电子电器、食品饮料、图书音像等专业物流集聚区。

(2) 东南组团：服务于北京经济技术开发区、中关村科技园区金桥科技产业基地等产业园区及电子信息、生物医药、环保、新能源新材料等产业，在马驹桥、十八里店、亦庄、黑庄户等地重点发展电子、医药、快速消费品、家用电器等专业物流集聚区。

(3) 南部组团：服务于中关村科技园区大兴生物医药基地、大兴经济开发区等产业园区及生物医药、机械制造、印刷包装、服装等产业，在大庄、黄村、西红门等地重点发展医药、快速消费品、食品冷链、农产品、纺织服装、快递等专业物流集聚区；配合北京新机场建设，合理规划预留物流发展的设施空间。

(4) 西南组团：服务于中关村科技园区丰台园、北京石化新材料科技产业基地、北京窦店高端现代制造业产业基地等产业园区及石油化工、机械制造、电子信息、生物医药、新能源新材料、汽车及配件等产业，在房山区燕山、窦店、闫村等地和丰台区五里店、榆树庄、白盆窑等地重点发展农产品、石化、汽车、钢材、医药、图书、服装等专业物流集聚区。

(5) 西北组团：服务于中关村国家自主创新示范区核心区，包括中关村科技园区昌平园、未来科技城、国家工程技术创新基地、中关村生命科学园、中关村永丰高新技术产业基地等高科技园区，北京八达岭经济开发区、北京新能源汽车设计制造产业基地、北京工程机械产业基地等产业园区，以及汽车、新材料、生物医药、环保和新能源等优势产业和新兴产业，在南口、马池口、沙河、清河等地重点发展汽车、工程机械、新材料、生物医药、农产品等专业物流集聚区。

(6) 东北组团：服务于北京天竺综合保税区、北京天竺空港经济开发区、北京汽车生产基地、北京林河经济开发区、北京雁栖经济开发区等产业园区及汽车、装备制造、都市工业、临空经济等产业，在首都机场周边、赵全营、高丽营、李桥、庙城等地重点发展航空物流、保税物流、会展物流及电子、汽车、食品饮料、农产品、快递等专业物流集聚区。

3. 区域物流设施布局

满足服务首都经济圈建设的需要，发挥北京作为全国航空、铁路、公路枢纽的优势，依托物流基地、物流中心等重要节点，加强物流通道建设，发展多式联运，打造便捷高效、辐射力强的区域物流网络体系。

完善物流基地的设施条件，发挥其在区域物流网络中的重要节点作用，继续强化以航空货运枢纽型为特征的空港物流基地功能，加快推动马驹桥、马坊物流基地海陆联运体系建设，提升京南物流基地公铁联运的服务功能。

围绕规划新建的铁路、公路货运枢纽，布局建设服务区域、辐射全国的物流中心。依托昌平、房山等铁路中心站点，规划建设马池口、窦店等以集装箱运输为特点的公铁联运物流中心；依托东坝、豆各庄、马驹桥等邻近六环路的八个新建公路货运枢纽，规划布局能实现甩挂运输的公路物流中心，形成城际间干线运输的重要物流节点。

4. 国际物流设施布局

服务首都开放型经济发展，以口岸和政策功能区设施建设为重点，为构筑多种运输方式衔接顺畅的"立体化"国际物流体系奠定设施基础。

继续优化北京口岸体系。调整口岸功能布局，完善口岸功能，加强国际物流配套设施建设，打造具有世界一流水平的国际物流"高速走廊"。加强入海通道建设，推进通州马驹桥口岸功能区及配套设施建设，加快朝阳口岸向通州马驹桥平移；继续完善平谷国际陆港口岸功能区设施，形成连接天津新港的海运国际物流通道；完善首都机场空港口岸周边综合配套设施，在北京新机场一期工程建设的基础上，启动新机场口岸建设工作；加强北京丰台铁路货运口岸与边境口岸合作，配合铁路集装箱中心站建设，合理规划口岸功能。

推进服务国际物流发展的政策功能区设施建设。加快推进天竺综合保税区的一期设施建设和二期用地调整、土地一级开发，大力推动亦庄保税物流中心(B 型)建设，形成南北呼应的政策功能区分布格局。

四、发展任务与重点工程

(一)优化空间布局，完善物流基础设施

整合现有物流资源，合理安排新建项目，形成布局合理、层次分明、运转有序的现代物流网络体系。

发挥物流基地在物流发展中的基础平台作用，加大资金投入，推进配套设施建设，完善基础设施条件，提升物流基地功能。天竺综合保税区要在完善一期开发配套设施、优化园区公共服务环境的基础上，加快推进二期开发建设，拓展发展空间，重点发展保税物流，打造服务京津冀、辐射东北亚的重要功能平台；空港物流基地要发挥临空经济核心区的区位优势，在拓展一期范围内设施建设的同时，加快重点项目落地，优先发展体现首都产业优势和特色的航空物流、金融物流，加快推进空港物流基地东区建设，拓展发展空间，吸引高端物流企业入驻；马驹桥物流基地要继续推进各项设施建设，不断完善硬件投资环境，加快形成服务首都及周边区域的物流集聚区，重点推进朝阳口岸平移，提升国际物流服务功能；马坊物流基地要完善口岸基础设施，开展平谷国际陆港二期建设，在实现京津海陆联运的基础上，推进与京唐港的口岸对接与物流合作；京南物流基地要依托铁路专用线及主要进京公路货运通道承担北京南部货运集散功能，在推进基础设施建设的同时，加快物流资源的整合和提升，重点发展以展示和交易为特征的商贸物流；配合北京新机场建设，研究规划南部临空物流园区。

根据城市功能区定位，特别是服务新城建设和城南行动计划的实施，相应新建和改造提升物流中心(综合物流区)和配送中心(专业物流区)，实现物流节点服务于产业发展和居民生活的功能。

完善物流节点与多种交通方式的有效衔接，顺畅国际物流、区域物流和城市配送物流通道，依托机场、铁路和高速公路等交通基础设施，打造快速物流集散系统，缓解交通拥堵。

(二)提升城市物流配送水平，提高服务保障能力

完善物流配送重点设施及配送网络，推广现代物流信息技术和管理技术，构建面向商贸流通企业和消费者的城市物流配送体系，全面推进流通领域国家现代物流示范城市建设，提高城市运行服务保障能力。

推动农产品物流配送体系建设。按照农产品流通体系建设要求，加快农产品配送中心建设。提高农产品检测、加工、包装、仓储、配送等的设施条件和水平，试点推行农产品物流全程跟踪、监控。

实施物流共同配送试点工程。鼓励企业以多种形式搭建共同配送平台，整合商贸企业物流需求和社会物流资源，优化共同配送管理运行模式，提高商贸流通配送的社会化、集约化水平。

加快电子商务物流发展。构建支撑电子商务发展的物流服务体系，支持电子商务企业加强物流配送网络建设，鼓励电子商务企业与第三方物流企业开展深度合作，实现电子商务与现代物流的集成发展。实施城市快递物流共同配送试点工程，搭建同城快递共同配送信息平台，以进小区、进校园为试点，实现信息标准化、配送区域化、服务集中化，优化"最后一公里"快递配送服务网络，提高居民生活便利度。

加强城市应急物流体系建设。建立覆盖全市的应急物流网络体系，完善应急预案。选择和培育一批具有应急能力的重点物流企业，建立应急物流绿色通道及绿色车队，提高应对突发事件的物流快速响应能力。

（三）大力发展专业化物流，打造物流总部经济

服务北京市装备制造业、电子信息、生物医药、音像图书等优势产业和新能源、新材料等新兴产业发展，大力推进专业化物流体系建设，提高对区域和全国市场的辐射能力。

选择关联度强、贡献率大的行业，实施制造业与物流业联动试点工程。以汽车、电子、医药行业企业为重点，运用供应链管理和信息技术，推动制造业与物流业联动发展。

加快冷链物流发展，实施食品冷链技术应用示范工程。加强冷链基础设施建设，完善食品冷链物流体系。在试点的基础上，推动以信息技术和冷冻冷藏技术为代表的现代科技在冷链物流中的推广应用，提高冷链物流发展的整体水平。

吸引国内外知名物流企业落户北京，支持开展资金结算、营运组织、管理控制等高端物流总部业务。鼓励创建自主物流服务品牌，积极发展物流金融、物流咨询等新型服务模式。培育一批服务水平高、市场竞争力强的现代物流企业，增强物流业发展的集聚效应。

（四）强化区域物流合作，拓展首都经济圈的物流服务功能

强化区域物流，特别是与津冀地区的深度合作，加强北京市物流产业与周边地区联动发展，完善首都经济圈物流系统，服务区域经济一体化建设。

继续推进物流基地建设，完善提升服务功能，增强辐射区域经济的吸引和聚集能力。加强区域物流合作的通道建设，依托京沪、京津等高速公路，加强京津物流主通道建设；依托京哈、京港澳、京开、京藏等高速公路，推动京津冀物流合作，全面构建京津冀区域物流合作网络。

调整优化首都经济圈物流产业空间布局，鼓励大型物流项目与周边地区加强衔接；发挥物流协会等行业中介组织作用，支持物流企业优势互补，开展区域合作；推进区域物流信息平台建设，实现信息交换与共享，提高区域物流合作效率。

（五）发挥政策功能区优势，加快发展国际物流

优化国际物流发展环境。完善口岸体系，加快"大通关"建设，进一步提高口岸通关效率，提升口岸服务水平，吸引更多物流企业聚集，拉动国际物流货量增长。

发挥政策功能，拓展国际物流业务。天竺综合保税区要加快公共服务体系建设，吸引高端企业入驻，建设国际采购分拨中心、保税维修中心、公共检测实验中心、保税展览展示交易中心和离岸金融中心，实现以保税功能为特色的国际物流发展新突破；建设平谷国际陆港与天津口岸数据交换公共服务平台，引进船代、货代、报关公司驻场办公，推行便捷、高效的业务运营模式，扩大以海陆联运为特征的国际物流业务；建设并投入使用亦庄保税物流中心，为北京市外向型企业发展提供保税仓储物流服务。

引导国际货代、报关、船运公司等服务企业规范发展，积极引进拥有全球经营网络供应链管理能力的第四方物流企业，为国际物流发展提供良好的配套服务。

（六）加快物流业发展方式转变，实现可持续发展

鼓励生产制造型企业和商贸流通企业按照专业化分工原则，剥离或外包物流业务，提高物流发展的社会化程度。支持第三方物流骨干企业提升服务能力和水平，逐步提高物流业发展的行业集中度。

依托国家及北京市现代服务业综合改革试点和中关村国家自主创新示范区发展现代服务业试点工作，推动开展现代物流领域的科技创新和应用，提高物流业的科技发展水平。依靠科技进步，推动物流发展的信息化、自动化、智能化、标准化，促进物流业从外延式增长向内涵式发展转变。推动物流业两化融合，加大对物联网技术、可视化技术、货物快速分拣技术、无线射频识别技术（RFID）和移动物流信息服务等先进适用技术的推广力度，组织开展标准化应用示范项目，进一步规范物流作业流程，提高企业运作效率，引导企业加强管理创新和服务创新，带动物流行业产业升级。

完善物流产业链条，按照资源节约型、环境友好型原则，鼓励节约用地、用水、用能物流项目建设，支持以绿色运输、绿色仓储、绿色包装、绿色流通加工等为代表的绿色物流的发展。以电子产品、废旧家电、汽车等为重点，建设逆向物流体系，实现资源的循环再利用；在城市配送、快递物流等领域，试点组建零排放绿色新能源车队，降低对城市交通、环境的影响，推动物流业的可持续发展。

五、保障措施

（一）加大对物流业投入的力度

以直接关系民生的城市保障型物流设施、物流公共基础设施、物流产业结构调整、信息化提升和先进技术应用示范等项目为重点，加大政府扶持力度。

拓宽投融资渠道，鼓励社会资金投向物流行业。支持金融、担保机构为物流企业发展提供融资服务，改善物流企业融资环境。

（二）保障重要物流设施用地

对纳入规划的物流基地、物流中心、配送中心等重要物流设施建设用地给予重点保

障，提高土地使用效率。鼓励将工业企业旧厂房、仓库和存量土地资源用于发展物流业。

（三）减轻物流企业税收负担

贯彻《国家税务总局关于试点物流企业有关税收政策问题的通知》（国税发〔2005〕208号），扩大物流领域税收试点企业范围。完善仓储设施用地的土地使用税等政策，切实减轻物流企业税收负担。

（四）促进物流车辆便利通行

研究解决城市中转配送难、配送货车停靠难等问题。严格执行鲜活农产品绿色通道政策，为城市物流配送车辆提供便利。进一步降低过路过桥收费，大力推行不停车收费系统。

（五）推进物流技术创新和应用

以产学研为基础，开展物流信息化等领域的科技创新与应用示范。积极推广物流标准，提升物流业标准化水平。启动物联网技术的示范试点，提高北京市物流业发展的科技水平。

（六）加强物流人才的培养和引进

发挥首都教育资源优势，加大物流人才的培养和培训力度，普遍提高全行业的劳动者素质。完善人才激励政策，积极引进国内外优秀物流人才，特别是具有国际视野和全球网络运作能力的高端物流人才，为物流业的持续发展提供人力资源保障。

（七）发挥行业中介组织桥梁纽带作用

加强物流协会等行业中介组织建设，更好地履行行业服务、行业自律的职能，在反映企业诉求、规范企业行为、推广行业标准、开展人才培训、提供咨询服务等方面发挥更大作用。

思　考　题

1. 简述物流系统空间布局的概念及层次。
2. 举例说明物流系统空间布局规划编制的原则。
3. 物流系统空间布局规划的编制受到哪些因素的影响？
4. 物流预测主要有哪些方法？什么是情景预测法？

第六章　物流节点规划

第一节　物流节点的概念及类型

一、物流节点的概念

物流节点是指物流网络中物流线路的连接处，又称物流接点或物流节点。物流节点是物流系统中从事物资的储存保管、运输、配送、装卸搬运、包装及流通加工的场所。具体来讲就是指仓库、车站、码头、港口、物流中心、配送中心、货运站、包装公司、加工中心等。这些作业场所是物流活动的节点，也是物流网络中线路的起点和终点。

物流节点是物流系统的重要组成部分，物流效率的发挥依赖于物流节点的位置和功能配置。而物流节点在空间的配置形式，在很大程度上决定着物流的线路、流向和流程。实际上，物流线路上的活动也是依靠节点组织和联系的。离开物流节点，物流线路上的运动必然陷入瘫痪。物流过程按其运动状态来看，有相对运动的状态和相对停顿的状态。货物在节点处于相对停顿的状态，在线路则处于相对运动的状态。节点和线路结合起来便构成物流的网络结构。节点和线路的相互关系和配置形成物流系统的比例关系，这种比例关系就是物流系统的结构。

二、物流节点的类型

现代物流已经渗透到几乎所有的经济领域中，发展为若干类型的节点，在不同领域发挥着不同的作用。但是，由于以下两个主要原因，物流节点分类标准难以形成。其一是许多节点有同有异，难以明确区别；其二是各种节点尚在发展过程中，其功能、作用、结构、工艺等尚在探索中，使分类难以明朗化。

在不同的物流系统中，节点发挥着不同的作用，但由于整个系统目标不同及节点在网络中的地位不同，节点的主要作用往往不同。根据其作用的不同可将其分为转运型物流节点、储存型物流节点、流通型物流节点、加工型物流节点、综合型物流节点五大类型。

（一）转运型物流节点

以连接不同运输方式为主要职能的节点。铁道运输线上的货站、编组站、车站，不同运输方式之间的转运站、终点站，水运线上的港口、码头，空运中的空港等都属于此类节点。一般而言，由于这种节点处于运输线上，又以转运为主，所以货物在这种节点上停滞的时间较短。随着物流服务的快速、准时、低成本的发展趋势，转运型物流节点已成为物流服务目标实现与否的关键判断依据。

(二)储存型物流节点

以存放货物为主要职能的节点，货物在这种节点上停滞的时间较长。在物流系统中，储备仓库、营业仓库、中转仓库、货栈等都是属于此种类型的节点。尽管不少发达国家仓库职能在近代发生了大幅度的变化，一大部分仓库转化成不以储备为主要职能的流通仓库甚至流通中心，但是，现代世界上任何一个有一定经济规模的国家，为了保证国民经济的正常运行，保证企业经营的正常开展，保证市场的正常流转，以仓库为储备的形式仍是不可缺少的，总还是有一大批仓库仍会以储备为主要职能。在我国，这种类型的仓库还占相当大的比例。

(三)流通型物流节点

以组织物资在系统中运动为主要职能的节点，在社会系统中则是以组织物资流通为主要职能。现代物流中常提到的流通仓库、流通中心、配送中心就属于这类节点。

(四)加工型物流节点

以加工货物为主要职能的节点。流通加工是将产品加工工序从生产环节转移到物流过程中的作业活动。对处于停滞状态的物流节点上的物资进行流通加工，既不影响商品的流通速度，又能满足市场消费多元化、个性化的需求。

(五)综合性物流节点

在物流系统中，集中于一个节点全面实现两种以上主要功能，在节点中并非独立完成各自功能，而是将若干功能有机结合于一体，形成完善设施、有效衔接和协调工艺的集约型节点。这种节点能适应物流大量化和复杂化，使物流更为精密准确，在一个节点中要求实现多种转化而使物流系统以简化、高效的要求出现，是现代物流系统中节点发展的方向之一。综合型物流节点按照纵向规模可以分为物流园区、物流中心、配送中心等几个层次。

综上所述，在各种以主要功能为分类依据的节点中，都可以承担着其他职能而不完全排除其他职能。如转运型物流节点中，往往设置有储存货物的货场或站库，从而具有一定的储存功能。但是，由于其所处的位置，其主要职能是转运，所以按主要功能归入转运型物流节点中。

物流节点的分类如图6-1所示。

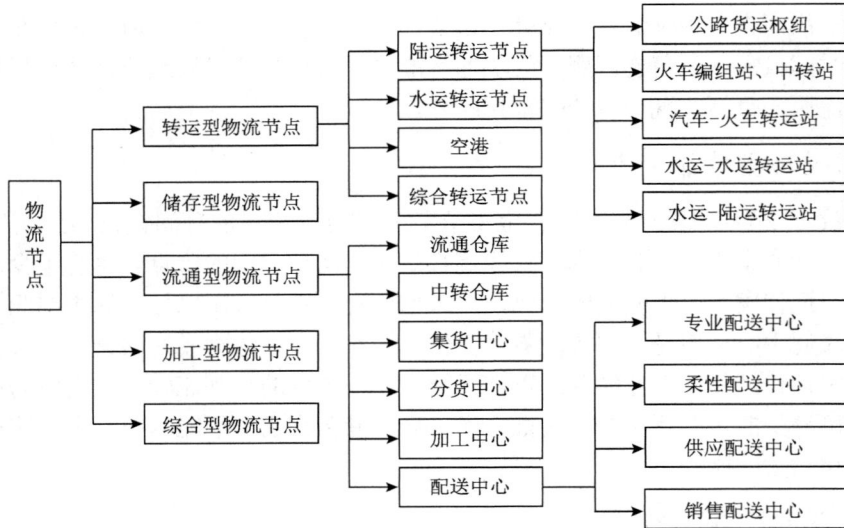

图 6-1　物流节点的类型

第二节　物流节点规划的原则与内容

一、物流节点规划的原则

(一)各规划节点之间有机衔接、合理分工

不同层次的物流节点承担不同功能的物流任务,但是最终的目标是依据各级、各类节点高效地完成腹地的物流需求。物流空间节点的有机衔接、合理分工是实现城市物流发展的前提。因节点布局不合理而带来物流的停滞,将会导致物流成本上升,增加货物损耗风险等,间接导致城市交通堵塞、环境污染、社会总成本的提高等。城市物流系统规划的合理化并不是简单地使每个子区域内达到最优,更主要的是使城市物流系统总体的经济运行取得最佳效益的分工和合作。

(二)最大限度地满足物流市场需求

物流节点规划的目的是满足"腹地"范围内全社会对于物流服务的需求,所以在物流节点规划时,要注意科学地预测物流需求量、需求地点、需求结构、需求时间等,最大限度地满足物流市场需求。

(三)与地区及城市总体规划相协调

物流网络节点的选址应与国家及省市的经济发展方针、政策相适应,与我国物流资源和需求分布相适应,与国民经济和社会发展相适应,以城市的总体规划和布局为蓝本,响应城市产业结构调整和空间布局的变化需要,与城市功能定位和远景发展目标相协调。

(四)利用现有的物流基础设施

在诸多物流基础设施中,仓库以其庞大的规模和资产比率,成为物流企业的空间主体。充分利用好现有的仓储设施，则可基本解决原有设施的再利用和优化资本结构的问题。仓库多分布在交通枢纽和商品主要集散地，交通便利、区位优势明显，可满足物流企业对市场区位和交通区位的要求。充分利用已有仓储用地，可减少用地结构调整和资金投入，是物流网络节点选址的捷径。

（五）一次规划，分期实施

物流节点的建设是一个循序渐进的过程，具有一定的超前性，这要求在物流节点的选址上必须注意土地的预留及预留土地的保存和利用问题。按照一次规划、分期实施的原则，根据物流节点的不同发展阶段，逐步开发预留土地。

二、影响物流节点规划的因素

（一）外部因素

1. 自然环境因素

（1）气象条件。在物流节点布局过程中，主要考虑的气象条件有温度、风力、降水量、无霜期、冻土深度、年平均蒸发量等指标。如选址时要避开风口，因为在风口建设物流中心会加速露天堆放商品的老化。

（2）地质条件。物流节点是大量商品的集结地。某些容重很大的建筑材料堆码起来会对地面造成很大压力，如果物流中心地面以下存在着淤泥层、流沙层、松土层等不良地质条件，会在受压地段造成沉陷、翻浆等严重后果。

（3）水文条件。物流节点布局需远离容易泛滥的河川流域与上溢的地下水区域。要认真考察近几年的水文资料，地下水位不能过高，洪泛区、内涝区、故河道、干河滩等区域绝对禁止。

（4）地形条件。物流节点应地势高亢、地形平坦，且应具有适当的面积与外形。若选在完全平坦的地形上是最理想的，其次选择稍有坡度或起伏的地方；对于山区、陡坡地区则应该完全避开，在外形上可选长方形，不宜选择狭长或不规则形状。

2. 宏观政治和经济因素

宏观政治因素主要是指一个国家的政权是否稳定、法制是否健全、是否存在贸易禁运政策等。这一点的重要性是显而易见的，大多数企业都不愿意在动乱的国家或地区投资。宏观政治因素是无法量化的指标，主要依靠企业的主观评价。

宏观经济因素也包括税收政策、关税、汇率等，这一点与企业的选址决策直接相关，企业总是会寻求最宽松的经济环境。以 Dell 为例，1984 年，Michael 在得克萨斯州的奥斯汀成立了 Dell 公司。1994 年，相邻城市 Round Rock 提供 Dell 一个一揽子的优惠税收政策，如将 Dell 所交的 2% 的销售税以 31% 的比例返还 60 年，100% 免除 Dell 的财产税 5 年，50% 免除 50 年等，于是，Dell 就将总部移到了 Round Rock。同样，Dell 在田纳西州建立工厂及将亚洲第一个工厂建在马来西亚也是同样的原因。

关税政策引起的市场壁垒也是企业选址的一个重要因素。如果一个国家的关税较高，那么，企业要么放弃这个市场，要么会选择在这里建厂以躲避高额关税。例如，Dell 通过在我国厦门建立工厂来扩大中国国内市场；Dell 在爱尔兰建立欧洲市场的第一个工厂，一方面是由于当地低成本、高质量的劳动力及爱尔兰较低的企业税；另一方面则是由于爱尔兰是欧盟成员国，在爱尔兰制造的计算机产品可以直接发往欧洲市场而无需缴纳增值税；此外，由于爱尔兰属于欧元区，可以通过欧元的稳定性减小欧洲内的汇率风险。

3. 基础设施及环境

基础设施包括交通设施、通信设施，环境包括自然环境及社会环境，如劳动力的成本、素质等。

现代企业中，物流成本往往要超过制造成本，而一个良好的基础设施对降低物流成本是十分关键的，所以，基础设施在选址决策中占有重要地位。例如，Dell 在田纳西州的工厂位置靠近骨干高速公路，同时靠近联邦快递的一个配送中心。通信设施的质量和成本，对于布局来说也是一个重要因素。

劳动力的成本与质量是布局决策的一个关键因素，越来越多的国际企业选择在亚洲建立自己的制造工厂，就是被当地低廉的劳动力成本所吸引。Dell 选择的得克萨斯州及田纳西州的劳动力成本要比硅谷低，马来西亚要比新加坡低，爱尔兰在欧共体中属于劳动力成本较低的地区。除去劳动力成本，劳动力的素质也同样重要，Dell 在爱尔兰的工程建立在 Limerick，着重考虑当地较低的劳动力资源。随着 Dell 的进入及相应供应商的进入，劳动力的成本越来越高，但是，Dell 对于当地的劳动力资源比较满意，因为当地的劳动力素质比较高，在 Dell 的 Limerick 工厂 5006 名员工都具有学士学位。

4. 竞争对手

所谓"知己知彼，百战不殆"，在企业布局决策中必须考虑竞争对手的布局情况，根据企业产品或服务的自身特征来决定是靠近竞争对手还是远离竞争对手。

（二）内部因素

企业的内部因素往往是最主要的。布局决策首先要与企业的发展战略相适应。例如，作为制造业的企业，发展劳动密集型的产品还是高技术类型的产品，这是企业综合内外形势分析得到的企业发展战略。如果选择劳动力密集型产品，则必然要选择生产成本低的地区作为布局的依据；而选择高技术类型的产品，则必须要选择劳动力素质高的地区，而这些地方往往成本较高。对商业及服务业来说，是选择连锁便利店还是超市的发展战略，会有不同的企业网络设计。选择连锁便利店，则必须选择一些人口密集区域，成本较高，面积需求较小；选择超市，则要选择人口不是非常密集，却可以有大面积可提供的区域。

三、物流节点规划的内容

物流节点布局规划主要包括节点选址和节点布局。前者考虑的是根据费用或其他选择标准确立节点的最佳地址，节点选址对土地使用和建筑费用、地方税收和保险、劳动力成本及可得性或到其他节点的运输费用都有很大的影响；后者则对物流费用的影响较大。节点布局的主要目标是使总费用最小，同时还要考虑其他因素，如特定节点间能否相互连接和禁止建立节点的特定区域。

（一）物流系统节点布局规划设计

物流系统节点布局规划设计是指在一定层次和地区范围内，确定物流系统节点合理的空间布局方案，物流系统布局设计的目的是要构筑公共物流网络。物流系统布局设计根据不同的规划区域范围可以划分为全国、区域、城市等多个不同的层次。范围不同，层次不同，对物流系统设计的要求侧重点也有所差异。大范围、高层次物流网络的设计将更加关注干线通道和主要物流枢纽城市、港口、机场、物流园区、物流中心等物流节点的相互配合。

企业物流系统节点布局规划设计是在共享社会物流系统网络的基础上，对物流系统仓库、车站等的空间布局方案的设计确定过程。设置与构成企业物流系统节点往往需要充分考虑和利用社会物流系统的物流通道资源和已有的物流枢纽与节点。

（二）物流节点内部布局设计

除了在物流系统节点布局设计中要考虑节点的空间布局（包括物流节点的选址、数量、种类、规模的配置），还要设计物流系统节点的内部布局。这种物流节点内部布局的设计主要是根据物流节点的功能、作业流程和服务质量要求，确定物流节点内部各种节点的平面布局方案，如物流中心的仓储区、分拣区、加工区，内部通道等的布局。

根据物流系统的作业要求与特点，选择先进适用的物流设备和器具，以提高物流作业效率。设计包括以下内容：仓库货架系统的选型和平面布局设计、装卸搬运设备的选型和布局设计、包装与流通加工装备及器具的选型和布局设计、运输工具的选型设计、分拣设备的选型和布局设计等。

第三节 物流节点的选址规划——以物流园区为例

一、物流园区的概念与发展概述

（一）物流园区的概念

物流园区（distribution park）最早出现在日本东京，被称为"物流团地"，在德国被称为"货运村"（freight village）。近年来在我国也开始出现，也被称为"物流基地"。它是政府从城市整体利益出发，为解决城市功能紊乱，缓解城市交通拥挤，减轻环境压力，顺应物流业发展趋势，实现"货畅其流"，在郊区或城乡结合部主要交通干道附近专辟用地，通过逐步配套完善各项基础设施、服务设施，提供各种优惠政策，吸引大型物流（配送）中心在此集聚，使其获得规模效益，降低物流成本，同时减轻大型配送中心在市中心分布所带来的种种不利影响。简言之，物流园区是对物流组织管理节点进行相对集中建设与发展的，具有经济开发性质的城市物流功能区域；同时，也是依托相关物流服务设施降低物流成本，提高物流运作效率，改善企业服务相关的流通加工、原材料采购、便于与消费地直接联系的生产等活动，具有产业发展型的经济功能区。

物流园区本身是一个空间概念，与工业园区、科技园区等概念一样，是具有产业一致性或相关性且集中连片的物流用地空间。理解这个概念要注意物流园区与物流中心之间的联系和区别。物流中心（logistics center）是指从事物流活动的场所或组织，应基本符合以下要求：①主要面向社会服务；②物流功能健全；③信息网络完善；④辐射范围大；⑤少品种、大批量；⑥存储、吞吐能力强；⑦物流业务统一经营管理。而物流园区是物流中心的空间载体，与从空间角度所指的物流中心往往是一致的。但是，它不是物流的管理和经营实体，而是数个物流管理和经营企业的集中地。

（二）物流园区的发展历程

物流园区作为物流业发展到一定阶段的产物，最早出现在日本，由于具备诸多优势和外在效能，很快在欧洲一些国家得到推广，进而又扩展到亚洲国家和地区。日本的物流园区最早出现在东京，当时为了解决因东京与外围城市各种产品大量进出而导致的商流与物流混成一体、交通混乱拥堵、城市功能日益低下的问题。从 1965 年起，政府采取将流通从市中心分离出去的办法，由政府统一规划、集资，在东京近郊的东、西、南、北部分别建设了葛西、和平岛、阪桥和足立 4 个现代化的物流园区，并相应建立了商务交易大楼、大型仓库群和公路货物集散中心等物流设施，通过逐步配套各项基础设施、服务设施并提供各种优惠，吸引大型物流企业在此聚集，使其获得规模效益、改善城市环境、提升城市的综合竞争能力。可见，日本的物流园区一开始是为了解决城市的交通问题而设立的，同时它作为货物集散中心的特点也很鲜明。

其后，"物流园区"的概念传播到德国乃至整个欧洲，由于市场竞争的日益激烈，各个产业在生产及销售环节中尽力降低成本支出，尤其是在原材料采购直至将最终产品分发到最终用户的供应链环节，这就给物流产业带来巨大的发展机遇。在德国，对物流园区的理解是物流园区是一种拥有独立入驻企业，与交通设施相连接的物流经济区，它是货运站和物流中心发展的高级阶段。

近几年来"物流热"在我国不断升温，现代物流的发展得到了我国政府、企业和科研机构及社会各界的广泛关注和重视。虽然如此，我国物流业由于种种原因，与发达国家的发展程度相比，还处在起步阶段。加入 WTO 以后，我国正逐步放开物流市场，各国大型的物流企业纷纷进驻中国，我国物流业面临十分严峻的挑战。物流园区自 20 世纪 90 年代传入我国以来，受到了广泛的关注和重视，政府及企业不约而同地将其作为推动地区、区域和城市物流发展的重点工程，给予大力支持。目前基本形成了全国从南到北、从东到西的物流园区建设发展局面。全国已有 20 多个省市 30 多个中心城市作出或正在制定物流园区发展规划，物流园区被视为发展物流业的重要内容在各地启动。特别是以深圳、广州为代表的珠江三角洲地区，上海、北京、青岛、武汉、长沙等经济发达地区和城市的物流园区建设步伐加快。深圳带头规划了平湖、盐田港等八大物流园区，广州也规划了东、西、南、北四大物流园区，上海规划了外高桥、浦东、西北综合物流三大物流园区。

（三）物流园区的主要功能

物流园区具有两大功能，即物流组织管理功能和依托物流服务的经济开发功能。前者一般包括货物运输、分拣包装、储存保管、集输中转、市场信息、货物配载、业务受理等，而且多数情况下是通过不同节点将这些功能进行有机结合和集成体现的，从而在园区形成一个社会化的高效物流服务系统。物流园区是物流组织活动相对集中的区域，不同园区在外在形态上有相似之处，但是，物流的组织功能因园区的地理位置、服务地区的经济和产业结构及企业的物流组织内容和形式、区位交通运输地位及条件等存在较大不同或差异。后者包括物流基础设施项目的经济开发功能，而物流园区的经济开发功能首先体现在物流基础设施及经营所产生的经济开发上。基础设施项目的建设对经济发展具有开发性的功能作用。

1. 新建设施的开发功能

物流园区一般从区域经济发展和城市物流功能区的角度进行建设，具有较大的规模。国内目前较大的物流园区一般占地均在千亩之上，经济发达国家更有物流园区占地数平方公里。因此，物流园区的开发和建设，将因在局部地区的大量基本建设投入，而带动所在地区的经济增长。此外，现在物流在我国尚处于发展初期，物流管理技术的落后和现代物流基础设施的缺乏，均是阻碍物流快速发展的因素，加快物流园区大量、大规模基础设施的建设，将对改善物流发展环境及基础条件、培育物流产业具有重要的意义和作用。以物流业在国民经济中的地位，物流园区将因带动物流业发展而产生新的经济增长点，从而开发出新的经济发展领域。

2. 既有设施及资源的整合功能

开发和建设物流园区，将因物流组织规模较大和管理水平较高等因素而对既有物流设施在功能上产生替代效应，在既有设施已客观存在局部过剩的情况下，物流园区并非简单的重复建设，而是通过在功能设计和布局上对当前及未来物流组织管理的适应，并通过规模化和组织化经营，实现对既有设施的合理整合。

简言之，物流园区的功能可以概括为八个方面，即综合功能、集约功能、信息交易功能、集中仓储功能、配送加工功能、多式联运功能、辅助服务功能、停车场功能。其中，综合功能的内容为具有综合各种物流方式和物流形态的作用，可以全面处理储存、包装、装卸、流通加工、配送等作业方式及不同作业方式之间的相互转换。

（四）物流园区的分类

在建设物流园区经验方面，德国、日本和我国台湾省走在了世界的前列。根据它们的经验和物流园区的功能，可以把物流园区分为四大类。按物流服务地域的不同，可分为国际性物流园区、全国性物流园区、区域性物流园区和城市物流园区；按服务对象的不同，可分为为生产企业服务的物流园区、为商业零售业服务的物流园区、面向全社会的社会性物流园区；按主要功能的不同，可以分为配送中心型物流园区、仓储型物流园区、货运枢纽型物流园区。货运枢纽型物流园区又可分为：①为港区服务的物流园区——港口物流园区；②为陆路口岸服务的物流园区——陆路口岸物流园区；③为区域物流服务的物流园区——综合物流园区。从专业化的角度讲，可分为行业物流园区和第三方物流园区。有的学者认为，物流就其功能而言，主要是服务，因此物流园区分类过细也是不适宜的，因为服务的对象、范围、内容等方面都有综合性的要求。划分种类只是为了研究和设计的方便，更重要的是突出其综合性、系统性和前瞻性。

二、物流园区的功能定位

对物流园区进行功能定位是物流园区规划的首要步骤。

物流园区所能提供的服务与园区内的物流企业的性质密不可分,其主要功能包括存储、装卸、包装、配载、流通加工、运输方式的转换及信息服务。依据物流园区所处地区的地理位置及物流特性的不同,在功能定位上有不同的要求。

物流园区一般分为国际货运枢纽型、时效性区域运送型、市域配送型和综合型四种类型。国际货运枢纽型主要是指与机场、港口相结合,以集装箱运输为主,设有海关通关通道的大型中转枢纽。时效性区域运送型主要是指满足跨区域的长途运输和城市配送体系之间的转换枢纽和多式联运转运枢纽。市域配送型主要是指满足多品种、多批次、少批量的配送运输要求,提供快速、准时、高速服务质量的货运枢纽。综合型则兼有上述三种类型的特征。不同的类型服务功能具有不同的侧重点(表6-1)。

表6-1　不同类型物流园区的服务功能

类型号	存储	配载	运输方式转换	包装	拼装	组装加工	信息服务	报关三检	保险金额
国际货运枢纽型	■	■	■	□	■	□	■	■	☆
时效性区域运送型	■	■	□	□	■	□	■	○	☆
市域配送型	■	■	□	■	■	■	■	○	☆

注:■表示基本服务功能;□表示可选服务功能;☆表示增强服务功能;○表示不需要。

三、物流园区的区位选择

(一)物流园区的选址原则

物流园区的规划建设既要按市场经济的原则运作,又要坚持政府的协调引导,在规划建设物流园区过程中,归结起来要遵循以下原则。

1. 科学选址原则

物流园区如何选址,一般来说取决于出于哪种考虑建立物流园区。如果以解决市内交通拥挤、缓解城市压力为重点考虑建立物流园区,应将其建在城乡连接处。如果以经济效益为重点考虑建设物流园区,则可以将其建在交通枢纽地区或产品生产与销售的集散地区。

根据物流园区在城市物流产业发展及物流体系中的地位和作用,可将物流园区分为综合物流园区和专业物流园区。前者以现代化、多功能、社会化、大规模为主要特征;后者则以专业化、现代化为主要特征,如港口集装箱、保税、空港、钢铁基地、汽车生产基地等专业物流园区。

对于专业物流园区选址特别需要符合其自身的专业要求,而对于综合物流园区的选址,主要按照以下原则来确定:①位于城市中心区的边缘地区,一般在城市道路网的外环线附近;②位于内外交通枢纽中心地带,至少以两种以上运输方式连接,特别是铁路和公路;③位于土地开发资源较好的地区,用地充足,成本较低;④位于城市物流的节点附近，现有物流资源基础较好，一般有较大物流量产生，如工业园区、大型卖场等，可利用和整合现有的物流资源；⑤有利于整个地区物流网络的优化和信息资源的利用。

2. 统一规划原则

物流园区功能的发挥，需要很多政策、社会设施等宏观因素和条件的指导和支持，这些职能都必须由政府出面积极推动甚至实施。政府在物流园区的规划建设中应当扮演好基础条件的创造者和运作秩序的维护者的角色。特别在全国运输大通道的割据下，建设物流园区需要从宏观经济出发，对国内外市场的发展和货物流通量等情况进行认真的调查分析和预测，根据长远和近期的货物流通量，确定物流园区长远和近期的建设规模。同时对物流企业、交通运输设施等的分布和发展现状也要做好调查。在充分掌握第一手材料的基础上，搞好物流园区的规划。这要求政府具体问题具体分析，按照区域经济的功能、布局和发展趋势，依据物流需求量的不同特点进行统一规划，尤其要打破地区、行业的界限，按照科学布局、资源整合、优势互补、良性循环的思路进行规划，防止各自为政、盲目布点、恶性竞争、贪大求洋，避免走弯路、误时间、费钱财。

3. 市场化运作原则

规划建设物流园区，既要由政府牵头统一规划和指导协调，又要坚持市场化运作的原则。应该按照"由政府搭台，企业唱戏，统一规划，分步实施，完善配套，搞好服务，市场运作"的企业主导型市场化运作模式进行规划。政府要按照市场经济要求转变职能、强化服务，逐步建立起与国际接轨的物流服务及管理体系。物流园区的运作以市场为导向、以企业为主体，在物流园区的功能开发建设、企业的进驻和资源整合等方面，都要靠园区优良的基础设施、先进的物流功能、健康的生活环境和周到有效的企业服务来吸引物流企业和投资者共同参与，真正使物流园区成为物流企业公平、公开和公正地竞争经营的舞台。

4. 高起点现代化原则

现代物流园区是一个具有关联性、整合性、集聚性和规模性的总体，其规划应该是一个高起点、高重心的中长期规划，并具有先进性和综合性。因此，规划现代物流园区必须瞄准世界物流发展的先进水平，以现代化物流技术为指导，坚持高起点现代化。物流园区必须以市场为导向，以物流信息管理系统的建设为重点，以第三方物流企业为主体，成为现代物流技术研发、应用或转化的孵化基地。

5. 柔性化原则

针对我国目前现代物流产业发展还不够完善、人们的认识还不够深入的情况，现代物流园区的规划应采取柔性规划，突出规划中持续改进机制的确定，确立规划的阶段性目标，建立规划实施过程中的阶段性评估检查制度，以保证规划的最终实现。

6. 风险预防原则

由于现代物流园区的建设投资大、周期长、效应大、建设风险大，因而必须有合理的"风险评估报告"，通过定性定量相结合的风险评估，真正建立一套科学的投资决策机制和项目风险评估机制，提高规划的科学性和可行性，并起到风险预防的作用。

（二）影响物流园区选址的因素

1. 自然环境因素

在物流园区选址时，应考虑自然环境的影响，避免因物流园区建设对城市水源、植被等自然环境造成不可挽回的破坏。物流园区选址要综合考虑水文条件、地质条件、气候条件和地形条件等多方面的综合影响。物流园区应选择在地势平坦高亢、坡度适宜、地质基础坚固的地方，避开极端温度、湿度及灾害性天气过程多发区，避让易泛滥的河川流域与地下水上溢区域。在地块形状上，可选择长方形，不宜选择狭长或不规则形状。

2. 经营环境因素

(1)经营环境。物流园区所在地区的物流产业优惠政策对物流企业的经济效益将产生重要影响。数量充足和质量较高的劳动力也是物流园区选址需要考虑的因素之一。

(2)商品特性。经营不同类型的商品物流园区最好能分布在不同区域，如生产型物流园区的选址应与产业结构、产品结构、工业布局紧密结合进行考虑。

(3)物流费用。物流费用是物流园区选址的重要考虑因素之一。大多数物流园区选择接近物流服务需求地，如接近大中型工业、商业区，以便缩短运输距离、降低运费等物流费用。

(4)服务水平。在现代物流过程中，能否实现准时运送是物流园区服务水平高低的重要指标。因此，在物流园区选址时，应保证客户可在任何时候向物流园区提出物流需求，都能获得快速满意的服务。

(5)客户的分布。物流园区选址时首先要考虑的是所服务客户的分布。对于零售商型物流园区，其主要客户是超市和零售店，这些客户大部分分布在人口密集的地方或大城市。为了提高服务水平和降低配送成本，物流园区多建在城市边缘接近客户分布的地区。

(6)供应商的分布。物流园区选址应该考虑供应商的分布，因为园区越接近供应商，越能够降低商品的运输成本，同时其商品的安全库存可以控制在较低的水平。

3. 基础设施因素

(1)交通条件。交通条件是影响物流配送成本及效率的重要因素之一，因此必须考虑对外交通的运输通路及未来交通与邻近地区的发展状况。物流园区宜紧邻重要的运输线路，最好靠近交通枢纽进行布局，如紧邻港口、交通主干道枢纽、铁路编组站或机场，有两种或两种以上的运输方式相连接。

(2)公共设施条件。物流园区的所在地要求城市的道路、通信等公共设施齐备，有充足的供电、水、热、燃气的能力，且场区周围要有污水、固体废物处理能力。

4. 其他因素

(1)国土资源利用。物流园区选址应贯彻节约用地、充分利用国土资源的原则。物流园区一般占地面积较大，周围还需留有足够的发展空间。为此，地价的高低对布局规划有重要的影响。此外，物流园区的布局还要兼顾区域和城市用地的其他要求。

(2)环境保护要求。物流园区的选址需要考虑保护自然环境与人文环境等因素，尽可能降低对城市生活的干扰。对于大型转运枢纽，应适当设置在远离城市中心区的地方，使得大城市交通环境状况能够得到改善、城市的生态建设得以维持和增进。

（3）周边状况。由于物流园区是火灾重点防护单位，不宜设在易散发火种的工业设施（如木材加工）附近，也不宜选在居民住宅区附近。

（三）物流园区选址的流程

物流园区选址规划是一项非常复杂和重要的工作，为了保证选址目标的实现和选址的科学性及合理性，需要有科学的选址决策流程。

1）建立物流园区选址规划项目组

物流园区的选址规划不是一项孤立的工作，它与物流园区整体规划工作密切相关，是物流园区规划的重要组成部分，对物流园区的选址规划工作一般都由物流园区规划项目组来完成。

企业（或政府）在决定规划物流园区时，最重要的就是决定"项目的设立与项目组成员的构成"。由于物流园区规划是一项系统工程，单靠政府或企业是难以实现的，成立物流园区规划项目组对物流园区进行系统规划，是有效的执行模式，项目组成员单位可考虑由政府、企业及物流咨询机构等单位构成。

2）选址规划资料的收集和整理

在物流园区选址规划开始时，首先要收集选址规划所需的相关资料，包括选址的定性分析和定量分析所需的各种资料。资料收集的方法包括现场访谈、电话访谈、问卷调查等形式，资料收集包括两部分，即物流系统现状资料的收集和物流园区规划未来所需资料的收集。

3）物流园区选址的定性分析

物流园区选址的定性分析是结合物流园区选址的具体要求，对物流园区选址的目标、出发点、交通条件和用地要求等进行分析和判断。

在对所取得的资料充分整理和分析的基础上，首先根据区域物流发展的战略及区域经济发展对物流的要求，分析物流园区选址的目标及出发点，根据选址的目标及出发点，确定物流园区选址的候选区域；然后对物流园区选址的交通条件、用地要求进行分析判断，选择满足交通条件及用地要求的备选地点。

对交通条件和用地要求的判断思路如下：一是对交通条件的判断，至少有两种以上交通方式与物流园区连接；二是对用地要求的判断，主要是对用地面积（规模）要求的判断。首先，通过调研区域经济发展状况、市场需求等，通过对物流园区辐射地区的宏观经济、产业和微观环境情况进行全面调查和深入研究，充分了解和掌握某地区物流园区可能服务行业的产量及销量；其次，计算可能在某地区物流园区发生的运输量及可能在某地区物流园区进行存储的货物量；再次，根据运输量和仓储量估算出可能在某地区物流园区发生的物流量；最后，根据得到的可能发生的物流量，依据国外物流园区建设规模（即物流园区年设计货物处理能力）与用地面积之间的关系，利用类比方法，得到物流园区的用地面积要求。

经过对物流园区选址的定性分析，对物流园区的选址目标、出发点、交通条件和用地要求等有了明确的判断。但定性分析得到的备选地点往往不止一个，为了从众多备选地点中选出更加合理的地址，增加选址规划决策的科学性，还需要对物流园区的选址进行定量分析。

4）物流园区选址的定量分析

物流园区选址的定量分析（选址综合评价）是指利用综合选址方法对物流园区选址进行评价和决策，一般综合选址方法包括非线性规划数学模型和基于 AHP 的模糊综合评价方法两部分。

5）评价结果的综合分析

根据非线性规划数学模型求解及模糊综合评价得到的物流园区各备选地点的收益值和模糊综合评价值，利用加权平均原则求出各备选地点模糊综合评价值和效益值的综合值，从而得到备选地点的最终评价结果。同时要结合具体情况，对评价结果进行分析评价，看其是否具有现实意义和可行性。

四、物流园区用地规模预测

从规划要有适度超前性来说，物流园区的规划规模不能太小，否则不利于区域物流的持续发展；但从各地经济发展水平和物流发展需求来说，规划规模不能太大，否则会产生投资浪费和物流资源闲置，也会给以后的经营运作埋下隐患。据中国物流与采购联合会统计，目前全国已建成的物流园区空置率高达 60%，仓储设施的利用率不到 50%。合适的物流园区建设规模对发展区域物流至关重要，特别是在起步阶段。

（一）规划物流园区的数量

物流园区规划中，如何确定物流园区的数量，并没有统一的模式和严格的标准。如日本东京在市区边缘的交通枢纽节点布置了东、西、南、北 4 个综合物流园区；上海规划了西北、西南 2 个内陆口岸型综合物流园区和浦东空港、外高桥、海港新城 3 个沿海口岸型综合物流园区。

物流园区数量是伴随着物流规划布局而确定的。物流规划布局应遵循综合交通节点原则、整合现有物流资源原则、环境合理性原则、整体规划与分步实施原则、适当超前原则、统一规划原则等；规划布局和园区数量要能够与区域的产业发展布局、交通网络格局、城市发展规划、土地利用规划、行政区划等相协调，能够满足区域社会经济发展和物流战略需求。不同的区域和城市特点有着不同的物流规划布局，规划物流园区的数量也有所不同。

（二）物流园区总体规模预测

若每年的作业天数按 365 天计，则物流园区的建设总规模为

$$S = Li_1i_2a / 365 \tag{6-1}$$

式中，S 是物流园区建设总面积（$10^4 m^2$）；L 是预测规划目标年份的全社会物流总量（$10^4 t$）；i_1 是规划目标年份第三方物流（3PL）市场占全社会物流市场的比例；i_2 是规划目标年份

3PL 通过物流园区发生的作业量占 3PL 全部物流作业量的比例；a 是单位生产能力用地参数(m^2/t)。

1. 规划目标年份全社会物流总量 L 的预测

在物流规划中，社会物流总量的预测采用目前业界最常用的指标——全社会货运量来表征整个物流业的发展趋势和规模。由于中国目前统计制度和统计方法很不完善，社会物流量没有列入统计范围，缺乏统计数据，而且从其他统计资料也提取不出社会物流量的统计数据。物流产业由许多行业组成，包括交通运输业、仓储业、包装业、流通业、邮政业等。一个物流过程，可以没有储存、包装、配送、流通加工等作业，但运输作业必不可少，不论是生产企业的输入输出物流，还是流通领域的销售物流，都必须依靠运输来实现商品的空间转移。可见运输是物流活动的核心环节，全社会货运量最能反映整个物流业的发展规模。

预测方法可采用定量和定性相结合的方法。常用的定量方法有一元线性回归、多元线性回归、弹性系数法等。在定量预测的基础上，借助专家的知识和经验进行定性的协调和平衡，使近期、远期预测结果合理统一。

2. 比例系数 i_1 的取值

第三方物流自 20 世纪 80 年代末在欧美出现以来，需求旺盛，发展迅速，如今 3PL 完成的物流量占整个物流市场的比例已相当可观。根据中国物流与采购联合会的调查资料显示，客户外包 3PL 原材料供应将从现在的 15%增加到 3 年以后的 35%；生产商产品销售物流将从现在的略高于 45%增加到 3 年以后的 80%；分销商物流外包将从现在的略高于 25%增加到 3 年以后的约 65%。3PL 也是中国物流未来的发展趋势，潜力巨大，由此，可以参照表 6-2 给出比例系数 i_1。考虑到中国的经济发展水平和物流需求现状，预计经过十几年发展，i_1 应该能够达到 20%左右。当地社会经济发展快，市场成熟度高，物流市场需求大，则 i_1 可以略大于 20%；反之，应小于 20%。

表 6-2　当前部分欧美国家 3PL 物流市场比例

国家	美国	日本	德国	法国	荷兰	英国
比例/%	57.0	80.0	23.8	26.9	25.0	34.5

资料来源：李玉民. 物流园区建设规模的确定方法. 南京: 东南大学, 2004.

3. 比例系数 i_2 的取值

现代物流规模经济的特点非常明显——物流园区入驻的第三方物流企业数目越多，企业分工越专业，则物流市场竞争就越充分，物流成本就越低，为社会提供的物流服务就越高效、越优质，物流运作的规模效应才越能够体现出来，这也正是中国乃至世界各地纷纷建立物流园区的主要原因之一；另外，第三方物流企业进驻物流园区发展，是市场竞争的必然要求，也符合世界物流的发展趋势，因此可以认为，在规划目标年份各类第三方物流企业的作业量绝大部分在物流园区中完成。又考虑到目前和以后较长一段时间还存在着一定数量的货运配载市场、交易中心，将会分流部分第三方物流量；未进入物流园区的部分小型物流配送中心也会带走少量第三方物流量；另外，物流"短路化现象"也会使进入园区的物流量略有减少，因此并不是所有的第三方物流都会进入物流园区。但上述几方面的物流量分流，不会影响物流园区在未来年份的物流主体地位。

基于上述内容，给出规划目标年份进入物流园区的第三方物流量占全部第三方物流市场比例的估算值，即比例系数 i_2 的取值为 60%～80%。当地经济总量大，市场化程度高，物流市场需求大，则 i_2 取大值，如长江三角洲地区；反之取小值。

4. 单位生产能力用地参数 a 的取值

由于中国物流园区建设还缺乏经验积累，因此可以参照国外物流园区的建设经验来取值。日本东京物流园区的单位生产能力用地参数 a 为 40～60m²/t，考虑到中国城市的经济发展水平及总量远比不上东京，但再过十几年有的城市可能会接近东京目前的实力，因此在中国物流园区规划建设时 a 的取值要比 40～60m²/t 小。另外，物流园区的建设规划可以参考公路枢纽货运站场的布局规划，在公路枢纽货运站场规划中，a 通常取值为 20～40m²/t。考虑到物流园区要比公路枢纽货运站场的功能全面、强大，因此在物流园区规划建设时 a 的取值要比 20～40m²/t 大。综合上述两种因素，在物流园区规划中单位生产能力用地参数 a 可以取值为 30～50m²/t。当地经济总量大，对周边地区影响辐射强，则 a 取大值；反之取小值。

(三)单个物流园区建设规模的确定方法

1. 比例法

在计算出城市所需物流园区的总体规模之后，可以按照物资在各个物流通道占整个城市物资流通总量的比例来大体确定各个物流园区的建设规模。

首先，根据规划区域的统计资料，对历年铁路、公路、水运、航空等各种运输方式的货运量进行分析，并按照不同的运输方式分别预测规划目标年份的各种货运量。

其次，根据统计资料得出历年各种运输方式的流向比例，结合交通规划、城市规划等，可以预测出规划目标年份各种运输方式在不同物流通道上的流向比例。

再次，把各种货运量按照比例在各个方向的物流通道上分担，得到规划目标年各运输方式在不同物流通道上的预测货运量。

最后，根据不同物流通道上的预测货运量预测各个物流通道方向上物流园区的建设规模。

2. 类比法

日本是最早建立物流园区的国家，自 1965 年至今，已建成 20 多个大型物流园区。在认识到物流园区可观的规模经济效应和良好的社会效益之后，世界各地近 20 年相继建设了许多物流园区和大型物流中心。物流园区用地一般最大不超过 $1.0×10^6$m²。

参考表 6-3 中的物流园区规模，并结合当地经济发展水平和物流需求状况，来确定规划区域内各个物流园区的规划建设规模。考虑到影响未来发展的因素多种多样、错综复杂，因此在实际应用中，可以在比例法和类比法的基础上，咨询专家的意见，并作以调整，最终得到比较满意的规划方案。

表 6-3　世界上部分著名物流园区的规模

国家或地区	名称	平均规模/hm²*
日本	东京物流园区等 20 个物流园区	74.0
韩国	富谷和梁山物流园区	33.0
荷兰	四个物流园区	44.8
比利时	Cargovil	75.0
西班牙	马德里物流中心	100.0
加拿大	CN 铁路公司多伦多货运站	80.0
中国香港	东涌物流园区一期工程	77.0
中国台北	松山机场物流中心	70.0

* hm² 为公顷，1hm²=10⁴m²。

资料来源：李玉民. 物流园区建设规模的确定方法. 南京：东南大学，2004.

第四节　物流节点内部的功能规划设计

一、物流节点的功能组成

物流节点的基本功能和作用主要可以从三个维度展开，一是从微观角度出发和物流运作环节相关的业务功能；二是从中观角度出发与整个物流系统相关的服务功能；三是从宏观的角度出发对所在城市和地区经济发展的效用功能。

（一）微观物流业务功能

1. 储存保管功能

物流节点可以同大型的制造企业、贸易商结成供应链联盟，为企业提供集中库存功能和相应的调节功能，从而减少客户对仓库设施的投资和占用；在仓储管理方面，采用专业的集约化管理，严格控制库存，加速物料周转，为客户提供准确的 JIT 和 VMI 等管理模式的仓储服务，平衡生产，保证供货，并有效降低物流成本，提高物流效率和效益。

2. 流通加工功能

物品在存储过程中，可以按照客户的需要，对产品提供个性化的服务，如销售包装、贴标签、制作并粘贴条形码、定量、组装、成型等，有助于提高产品附加值，促进销售，降低整体物流成本。

3. 运力调节功能

物流节点能通过有效协调和衔接各种运输方式，开展集装箱运输、多式联运、综合运输、国际运输等现代运输业务，对运输能力进行综合控制和管理。

4. 信息服务功能

主要指构建物流信息平台，发布和交换诸如订货、储存、加工、运输、销售等信息，并通过物流作业流程的信息化来控制相关的物流过程，实施集成化管理。

（二）中观系统支撑功能

1. 衔接集散功能

物流节点设施利用各种技术和管理方法，将物流线路联结成物流网络系统，其衔接作用体现在将不同运输方式、干线物流与配送物流、供应物流与需求物流及整个"门到门"运输衔接为一体。这样，物流节点设施在干线运输与直线终端配送间发挥货物集散作用，从而有效降低物流成本，提高物流效率和效益。

2. 控制管理功能

物流节点设施集管理、指挥、调度、信息、衔接及运营为一体，保证物流各项功能有效协同、有序运行。物流节点设施管理职能的实现情况决定着整个物流系统的效率和水平。

（三）宏观辐射带动功能

物流节点设施不仅有助于优化整个物流系统，还对城市经济社会发展具有重要的推动和调节作用。

1. 产业集聚功能

物流节点设施将众多物流企业集中在一起发挥整体规模优势，实现物流企业的专业化和互补性；同时，企业共享基础设施和配套服务设施，有助于降低运营成本和费用支出，获得规模效益。简言之，物流节点设施的集约互补功能、转运衔接功能及辐射拉动功能，使其在带动相关产业发展和促进城市经济发展方面发挥重要作用。

2. 经济开发功能

一方面，物流节点设施的建设将改善物流发展环境和基础条件，带动物流业发展，产生新的经济增长点，从而开发出新的经济发展领域；另一方面，物流节点设施的基础设备一般需要高额投资，对经济也可以产生一定的带动作用。

3. 改善城市环境

物流节点设施通过减少线路、货运站场及其他相关设施的城市占地，减少车辆出行次数，集中车辆出行前的清洁处理，以减少噪声、尾气等对城市环境的污染，缓解城市拥堵状况并带来交通条件的改善。

二、物流节点内部的业务与流程设计

（一）资料调查与分析

1. 物流节点设施内部布局规划与产品特征的关系分析

物流节点设置的目的就是对物品进行各种处理。各种物品是物流节点的加工对象，因此，物流节点设施布局规划设计与产品特征有关。

(1)产品特征影响物流节点设施设备的选择、规模与作业要求。

(2)产品的生命周期影响物流节点设施设备的规模、作业要求。

2. 物流节点设施内部布局规划与流程特征的关系分析

(1)物品流程影响物流节点设施的选择、布局。物品进入物流节点的目的是实现各个环节的转换，即物品进入物流节点要经过一定程序的工序处理流程，物流节点设施布局应与物品进入物流节点的流程相适应。

（2）作业内容影响物流节点中心功能设置、设施设备的选择和作业区的分类。

3. 物流节点设施内部规划与顾客特征的关系分析

物流节点设施布局规划设计与产品特征、流程特征能否相互支持、配合，将是物流节点运作效率能否提升的关键因素，而物流节点设置的目的是向不同顾客提供不同的服务，顾客的需求也直接影响物流节点的布局设计。

（二）作业流程分析

通过对所调查作业流程资料的分析，逐步将各种性质的工作加以分类、汇总，并根据作业程序整理出物流节点的基本作业流程。例如，一般物流配送中心的作业流程如表 6-4 所示。

表 6-4 一般物流配送中心的作业流程内容分析

作业分类	作业内容	作业流程
进货作业	车辆到达、卸载、验收、理货	取得进货信息—货物到达—卸下货物—拆装理货—货品验收—记录进货信息
储存保管作业	入库、搬运、储位管理、盘点	取得入库信息—安排储位—搬运上架—记录入库信息
拣货作业	订单拣取、拣货分类、搬运	取得拣货信息—进行拣取作业—搬运物品至进货区或其他区—记录拣货信息
补货作业	拣货、搬运	取得补货信息—在储存区内取出物品—搬运物品至补货区—记录补货信息
集货/分货作业	搬运、分类	取得集货信息—物品分类—集货、搬运至出货暂存区—记录集货信息
流通加工作业	加工	取得加工信息—加工—记录加工信息
出货作业	检验、装车	取得出货信息—检验—装车—记录出货信息

通过对每类物品进行作业内容分析、作业流程分析，最后统计整理出主要物品的流程、流量，作为物流节点内部作业区域配置与布局规划的依据。

（三）作业区域配置分析

经过上述作业流程资料分析后，即可针对物流节点的作业特征分析所需要的作业区域，包括物流作业区及周边辅助区，通过物流节点的作业区域配置需求分析，规划物流节点的设施。

如表 6-5 所示，一般的物流节点可包括下列物流作业区域：①装卸月台；②进出货暂存区；③理货区；④仓储区；⑤加工区；⑥停车场；⑦拣货区；⑧分类区；⑨集货区等。

表 6-5 物流节点作业区域配置分析表

作业项目	作业性质说明	作业区域配置
车辆进货	进入物流节点并停靠于卸货区域	进货口，进发货口，其他
进货卸载	物品由运输车辆卸下	卸货平台，装卸货平台，其他
进货点收	进货物品清点数量或质量检查	进货暂存区，理货区，其他

作业项目	作业性质说明	作业区域配置
理货	进货物品分类以便入库	进货暂存区，理货区，其他
入库	物品搬运至仓储区储存	库存区，拣货区，其他
调拨补充	配合拣取作业把物品移至拣货区域或调整储存位置	库存区，补货区，其他
订单拣取	依据订单内容与数量拣取货物	库存区，拣货区，其他
分类	依客户订单要求将集中订单拣取的货物进行分类	分类区，拣货区，其他
集货	根据订单要求将拣取货物集中	分类区，集货区，发货暂存区
流通加工	根据客户需求进行流通加工作业	分类区，集货区，流通加工作业区
品检	检查发货物品品项或数量清点	集货区，发货暂存区，流通加工作业区
发货点收	确认发货物品品项数量正确性	集货区，发货暂存区，其他
发货装载	发货物品装载至运送配送车辆	装卸平台，装卸货平台，其他
货物运送	车辆离开物流节点进行配送	发货口，进发货口，其他
附印条形码文字	根据客户需求在发货物品外箱或外包装印刷有关条码文字	流通加工作业区，分类区，其他
印贴标签	根据客户需求印制条码文字标签并贴附在物品外部	流通加工作业区，分类区，其他
车辆货物出入管理	进货或发货车辆出入物流节点的管制作业	厂区大门，其他
装卸车辆停泊	进发货车辆在没有装卸载码头可用时停车与回车的作业	运输车辆停车场，一般停车场，其他

（四）作业区域间的关联性分析

1. 关联活动类型

两个不同活动区域之间可能因相互存在着重要的活动关联，而有相邻的必要，例如，

(1)程序上的关系：如票据传递，人员、设备共用。

(2)组织上的关系：部门隶属关系。

(3)环境上的关系：作业环境一致。

(4)控制上的关系：存货控制，现场控制，自动化整合。

(5)物流节点内部大量物流流动，各区域间的流量不同，通过流量大小分析，流量大的区域间避免长距离搬运。

2. 影响关联性的因素

(1)人员接触程度。

(2)共用相同的人员。

(3)文件往返程度及配合事务流程顺序。

(4)使用共同记录。

(5)共用设备。

(6)共用共同的空间领域。

(7)进行类似的活动。

(8)物料搬运次数的考虑。

(9)作业安全考虑。

(10)提升工作效率的考虑。

(11)改善工作环境的考虑。

3. 作业区域间接近程度等级

(1)绝对重要 A。

(2)特别重要 E。

(3)重要 I。

(4)普通重要 O。

(5)不重要 U。

(6)不可接近 X。

组合的优先级从高到低排序为 AA>AE>AI>AO>AX>EE>EI······物流相关表可从作业单位关系矩阵中得出。因为行作业单位与列作业单位排列顺序相同，所以得到的是右上三角矩阵表格与左下三角矩阵表格对称的方阵表格。除掉多余的左下三角矩阵表格，将右上三角矩阵变形，就可得到物流相关表。物流相关表可以分为物流作业流程相关、物流作业区域相关、作业单位面积相关等。

第五节 物流节点规划案例

一、全国物流园区发展规划（2013～2020 年）

物流园区是物流业规模化和集约化发展的客观要求和必然产物，是为了实现物流运作的共同化，按照城市空间合理布局的要求，集中建设并由统一主体管理，为众多企业提供物流基础设施和公共服务的物流产业集聚区。物流园区作为重要的物流基础设施，具有功能集成、设施共享、用地节约的优势。促进物流园区健康有序发展，对于提高社会物流服务效率、促进产业结构调整、转变经济发展方式、提高国民经济竞争力具有重要意义。

根据《中华人民共和国国民经济和社会发展第十二个五年规划纲要》、《国务院办公厅关于印发促进物流业健康发展政策措施的意见》（国办发〔2011〕38 号），为促进我国物流园区健康有序发展，特制定本规划，规划期为 2013～2020 年。

（一）发展形势

1. 现实基础

"十一五"期间，国家高度重视物流业发展，实施《物流业调整和振兴规划》，综合交通运输体系逐步完善，规模化物流需求快速增长，物流业区域布局进一步优化，为物流园区的健康发展奠定了基础。

（1）物流园区总量较快增长。"十一五"时期，我国物流规模不断扩大，社会物流总额和物流业增加值年均分别增长 21%和 16.7%，物流业增加值占国内生产总值的比例由 2005 年的 6.6%提高到 2010 年的 6.9%。为适应物流业快速发展的趋势，各级地方政府积极推进物流园区规划和建设，全国物流园区数量稳步增长，物流业呈现集聚发展态势。

据中国物流与采购联合会第三次全国物流园区调查报告显示，2012年全国共有各类物流园区754个，其中已经运营的348个，在建和规划中的分别为241个和165个。

(2)物流园区类型不断丰富。各地因地制宜建设发展了不同类型的物流园区。在交通枢纽城市，具备多式联运条件、提供大宗货物转运的货运枢纽型物流园区不断涌现；面向大城市商圈和批发市场，提供仓储配送功能的商贸服务型物流园区蓬勃发展；毗邻工业园区，提供供应链一体化服务的生产服务型物流园区配套而建；在口岸城市，提供转运、保税等功能的口岸服务型物流园区快速发展；在特大城市周边，出现了不少融合上述功能的综合服务型物流园区。总体上看，全国初步形成了定位准确、类型齐全的物流园区体系。

(3)物流园区功能日趋完善。园区基础设施建设不断加快，集疏运通道逐步完善，仓储、转运设施水平显著提高；信息平台建设稳步推进，园区信息化和智能化水平明显提升。园区通过不断完善各项功能，打造形成坚实的硬件基础和高效的软件平台，为园区入驻企业提供完善的公共服务，使物流企业能够专注从事物流业务，进一步提高物流效率和服务水平。

(4)物流园区集聚效应初步显现。园区利用设施优势集聚物流企业，减少货物无效转运，优化装卸和处理流程，提高物流效率；利用信息平台匹配物流供需信息，提高货物运输组织化程度，降低车辆空驶率；通过整合分散的仓储物流设施，节约土地资源，优化城市空间布局；通过为园区周边生产制造、商贸等企业提供一体化物流服务，促进区域经济转型升级。

2. 存在问题

从总体来看，我国物流业发展水平还比较低，物流园区在规划、建设、运营、管理及政策方面还存在一些问题。一是建设发展有待规范。一方面，由于缺乏统一的规划和管理，一些地方脱离实际需求，盲目建设物流园区，片面追求占地面积和投资规模。另一方面，由于缺乏对物流园区内涵的认识，一些市场和物流企业也冠以物流园区的名称。二是设施能力有待提高。从已建成的园区来看，多数物流园区水、电、路、网络、通信等基础设施建设滞后，集疏运通道不畅，路网配套能力较差，普遍缺少铁路和多式联运中转设施。另外，在一些重要物流节点，仍然缺少设施齐全、服务能力较强的物流园区。三是服务功能有待提升。多数物流园区虽然具备了运输、装卸、仓储配送和信息服务等功能，但与物流发展的市场需求相比，仍然存在着专业化程度不高、设施装备配套性差、综合服务能力不强、信息联通不畅等问题，多式联运和甩挂作业、冷链物流服务、信息管理、流程优化、一站式服务等功能亟待完善和提高。四是经营管理体制有待健全。有的物流园区缺乏政府的协调和推动，面临规划、用地、拆迁、建设等方面的困难；有的物流园区缺乏市场化的运作机制和盈利模式，园区服务和可持续发展能力不足。五是政策扶持体系有待完善。由于缺少针对物流园区发展的优惠政策和建设标准，物流园区普遍存在"落地难"、"用地贵"和基础设施投资不足的问题。

3. 发展要求

今后几年是我国物流业发展的重要时期。科学规划、合理布局物流园区，充分发挥物流园区的集聚优势和基础平台作用，构建与区域经济、产业体系和居民消费水平相适应的物流服务体系，是促进物流业发展方式转变、带动其他产业结构调整及建设资源节约型和环境友好型社会的必然选择。

(1)科学规划物流园区是提高物流服务效率的客观要求。加快转变经济发展方式给我国物流业发展提出了新的、更高的要求，物流园区作为连接多种运输方式、集聚多种服务功能的基础设施和公共服务平台，已经成为提升物流运行质量与效率的关键环节。科学规划物流园区有利于发挥物流设施的集聚效应，在满足规模化物流需求的同时，提升物流效率，降低物流成本，有利于促进多式联运发展，发挥我国综合交通运输体系的整体效能；有利于促进社会物流的有效组织和有序管理，优化布局和运作模式，更好地适应产业结构调整的需要，为其他产业优化升级提供必要支撑。

(2)科学规划物流园区是节约集约利用土地资源的迫切需要。科学规划一批具有较强公共服务能力的物流园区，一方面可以适度整合分散于各类运输场站、仓房、专用线、码头等物流设施及装卸、搬运等配套设施的用地，增加单位物流用地的物流承载量，提高土地利用率；另一方面能够有效促进专业化、社会化物流企业承接制造业和商贸业分离外包的物流需求，减少原有分散在各类企业内部的仓储设施用地。科学规划物流园区，已经成为当前促进物流业节约集约利用土地资源的重要途径。

(3)科学规划物流园区是推进节能减排和改善环境的重要举措。面对日趋严峻的资源和环境约束，物流业亟须加快节能减排步伐，增强可持续发展能力。科学规划物流园区，有利于优化仓储、配送、转运等物流设施的空间布局，促进物流资源优势互补、共享共用，减少设施闲置，降低能耗；有利于提升物流服务的组织化水平，优化运输线路，降低车辆空驶率，缓解交通干线的通行压力和城市交通拥堵，减少排放，改善环境。

(二)指导思想、基本原则和发展目标

1. 指导思想

以邓小平理论、"三个代表"重要思想和科学发展观为指导，按照加快转变经济发展方式、促进产业结构调整的要求，以市场需求为导向，以促进物流要素聚集、提升物流运行效率和服务水平、节约集约利用土地资源为目标，以物流基础设施的整合和建设为重点，加强统筹规划和管理，加大规范和扶持力度，优化空间布局，完善经营管理体制和服务功能，促进我国物流园区健康有序发展，为经济社会发展提供物流服务保障。

2. 基本原则

(1)科学规划，合理布局。根据国家重点产业布局和区域发展战略，立足经济发展水平和实际物流需求，依托区位交通优势，符合城市总体规划和土地利用总体规划，注重与行业规划相衔接，科学规划、合理布局物流园区，避免盲目投资和重复建设。

(2)整合资源，集约发展。优先整合利用现有物流设施资源，充分发挥存量物流设施的功能。按照规模适度、用地节约的原则，制定物流园区规划、建设标准，合理确定物流园区规模，促进物流园区集约发展，吸引企业向园区集聚。

(3)完善功能，提升服务。促进物流园区设施建设配套衔接，完善物流园区的基本服务功能。注重运用现代物流和供应链管理理念，创新运营管理机制，拓展增值服务，提升物流园区的运作和服务水平。

(4)市场运作，政府监管。充分发挥市场机制作用，坚持投资主体多元化、经营管理企业化、运作方式市场化。积极发挥政府的规划、协调作用，规范物流园区建设管理制度，制定和完善支持物流园区发展的各项政策，推动物流园区的有序建设和健康发展。

3. 发展目标

到 2015 年，基本建立物流园区建设及管理的有关制度，物流园区发展步入健康有序的轨道，全国物流园区规划布局得到优化，物流园区设施条件不断改善，服务能力明显增强，初步建成一批布局合理、运营规范、具有一定经济社会效益的示范园区。

到 2020 年，物流园区的集约化水平大幅提升，设施能力显著增强，多式联运得到广泛应用，管理水平和运营效率明显提高，资源集聚和辐射带动作用进一步增强，基本形成布局合理、规模适度、功能齐全、绿色高效的全国物流园区网络体系，对推动经济结构调整和转变经济发展方式发挥更加重要的作用。

(三)物流园区总体布局

物流园区是提供物流综合服务的重要节点，也是重要的城市基础设施。全国物流园区总体布局的基本思路是根据物流需求规模和区域发展战略等因素，确定物流园区布局城市；按照城乡规划、综合交通体系规划和产业发展规划等，合理确定城市物流园区建设数量、规划布局和用地规模；研究制定物流园区详细规划，因地制宜、合理确定物流园区的发展定位、功能布局、建设分期、配套要求等。

1. 物流园区布局城市

确定物流园区布局城市，主要依据以下条件：一是物流需求规模，主要参考城市的国内生产总值、货运总量、工业总产值、社会消费品零售总额和进出口总额等经济指标的预测值。二是与物流业发展总体规划及铁路、公路、水运、民航等相关交通运输规划相衔接。三是结合国家重点区域发展战略和产业布局规划，考虑相关城市的经济发展潜力、物流需求增长空间及对周边地区的辐射带动作用。

根据上述条件，按照物流需求规模大小及在国家战略和产业布局中的重要程度，本规划将物流园区布局城市分为三级，确定一级物流园区布局城市 29 个，二级物流园区布局城市 70 个，三级物流园区布局城市具体由各省(区、市)参照以上条件，根据本省物流业发展规划具体确定，原则上应为地级城市。

一级物流园区布局城市(共 29 个)：北京、天津、唐山、呼和浩特、沈阳、大连、长春、哈尔滨、上海、南京、苏州、杭州、宁波、厦门、济南、青岛、郑州、合肥、武汉、长沙、广州、深圳、南宁、重庆、成都、昆明、西安、兰州、乌鲁木齐。

二级物流园区布局城市(共 70 个)：石家庄、邯郸、秦皇岛、沧州、太原、大同、临汾、通辽、包头、鄂尔多斯、鞍山、营口、吉林、延边(珲春)、大庆、牡丹江、齐齐哈尔、无锡、徐州、南通、泰州、连云港、温州、金华(义乌)、舟山、嘉兴、湖州、安庆、阜阳、马鞍山、芜湖、福州、泉州、南昌、赣州、上饶、九江、烟台、潍坊、临沂、菏泽、日照、洛阳、南阳、安阳、许昌、宜昌、襄阳、岳阳、娄底、衡阳、佛山、东莞、湛江、柳州、钦州、玉林、贵港、海口、绵阳、达州、泸州、贵阳、拉萨、榆林、宝鸡、咸阳、西宁、银川、伊犁(霍尔果斯)。

2. 物流园区选址要求

在布局城市选址建设物流园区，应遵循以下原则：一是与综合交通体系和运输网络相配套。依托主要港口、铁路物流中心、公路货运枢纽、枢纽机场及主要口岸，具有交通区位优势，便于发展多式联运。二是与相关规划和现有设施相衔接。符合土地利用总体规划、城市总体规划和区域发展总体规划，充分利用现有仓储、配送、转运等物流设施。三是突出功能定位。紧密结合产业布局和区位优势，突出专业服务特点，明确物流园区功能定位。

依据以上原则，物流园区布局城市可根据实际需要建设不同类型的物流园区。

(1)货运枢纽型物流园区。依托交通枢纽，具备两种(含)以上运输方式，能够实现多式联运，具有提供大批量货物转运的物流设施，为国际性或区域性货物中转服务。

(2)商贸服务型物流园区。依托城市大型商圈、批发市场、专业市场，能够为商贸企业提供运输、配送、仓储等物流服务及商品展示、电子商务、融资保险等配套服务，满足一般商业和大宗商品贸易的物流需求。

(3)生产服务型物流园区。毗邻工业园区或特大型生产制造企业，能够为制造企业提供采购供应、库存管理、物料计划、准时配送、产能管理、协作加工、运输分拨、信息服务、分销贸易及金融保险等供应链一体化服务，满足生产制造企业的物料供应与产品销售等物流需求。

(4)口岸服务型物流园区。依托口岸，能够为进出口货物提供报关、报检、仓储、国际采购、分销和配送、国际中转、国际转口贸易、商品展示等服务，满足国际贸易企业物流需求。

(5)综合服务型物流园区。具有两种(含)以上运输方式，能够实现多式联运和无缝衔接，至少能够提供货运枢纽、商贸服务、生产服务、口岸服务中的两种以上服务，满足城市和区域的规模物流需求。

(四)主要任务

1. 推动物流园区资源整合

打破地区和行业界限，充分整合现有物流园区及物流基础设施，提高设施、土地等资源利用效率。一是整合需求不足和同质化竞争明显的物流园区。引导需求不足的园区转型，对于同质化竞争明显的园区，通过明确功能定位和分工，推动整合升级。二是整合依托交通枢纽建设的物流园区。加强枢纽规划之间的衔接，统筹铁路、公路、水运、民航等多种交通运输枢纽和周边的物流园区建设，大力发展多式联运，形成综合交通枢纽，促进多种运输方式之间的顺畅衔接和高效中转。三是整合分散的物流设施资源。发挥物流园区设施集约和统一管理的优势，引导分散、自用的各类工业和商业仓储配送资源向物流园区集聚，有效整合制造业分离外包的物流设施资源。大力推广共同配送、集中配送等先进配送组织模式，为第三方物流服务企业搭建基础平台。

2. 合理布局新建物流园区

物流园区布局城市应综合考虑本区域的物流需求规模及增长潜力，并结合现有物流园区布局情况及设施能力，合理规划本地区物流园区。现有设施能力不足的地区，应基于当地产业结构和区位条件及选址要求，布局新建规模适当、功能完善的物流园区，充分发挥园区的集聚效应和辐射带动作用，为当地经济发展和产业转型升级服务。

3. 加强物流园区基础设施建设

优化物流园区所在地区控制性详细规划，加强物流园区详细规划编制工作，科学指导园区水、电、路、通信等设施建设，强化与城市道路、交通枢纽的衔接。大力推进园区铁水联运、公铁联运、公水联运、空地联运等多式联运设施建设，注重引入铁路专用线，完善物流园区的公路、铁路周边通道。提高仓储、中转设施建设水平，改造装卸搬运、调度指挥等配套设备，统一铁路、公路、水运、民航各种运输方式一体化运输相关基础设施和运输装备的标准。推广甩挂运输方式、集装技术和托盘化单元装载技术。推广使用自动识别、电子数据交换、可视化、货物跟踪、智能交通、物联网等先进技术的物流设施和装备。

4. 推动物流园区信息化建设

加强物流园区信息基础设施建设，整合物流园区现有信息资源，提升物流园区信息服务能力。研究制定统一的物流信息平台接口规范，建立物流园区的信息采集、交换和共享机制，促进入驻企业、园区管理和服务机构、相关政府部门之间信息的互联互通和有序交换，创新园区管理和服务。

5. 完善物流园区服务功能

结合货运枢纽、生产服务、商贸服务、口岸服务和综合服务等不同类型物流园区的特点，有针对性地提升服务功能，为入驻企业提供专业化服务。鼓励园区在具备仓储、运输、配送、转运、货运代理、加工等基本物流服务及物业、停车、维修、加油等配套服务的基础上，进一步提供工商、税务、报关、报检等政务服务和供应链设计、管理咨询、金融、保险、贸易会展、法律等商务服务功能。

6. 集聚和培育物流企业

充分发挥物流园区的设施优势和集聚效应，引导物流企业向园区集中，实现园区内企业的功能互补和资源共享，提高物流组织效率。优化园区服务环境，培育物流企业，打造以园区物流企业为龙头的产业链，提升物流企业的核心竞争力。支持运输企业向综合物流服务商和全球物流经营人转变。按照提升重点行业物流企业专业配套能力的要求，有针对性地发展专业类物流园区，为农产品、钢铁、汽车、医药、冷链、快递、危货等物流企业集聚发展创造有利条件。

7. 建立适应物流园区发展的规范和标准体系

按照适用性强、涵盖面广、与国际接轨的要求，建立和完善物流园区标准体系。修订《物流园区分类与基本要求》国家标准，制定《物流园区服务规范及评估指标》国家标准，进一步明确园区概念内涵，规范物流园区功能定位，防止盲目发展。按照既要保障物流园区发展，又要节约利用土地的原则，建立物流园区规划设计、建设和服务规范，明确园区内部各功能区的建设标准和要求，促进物流园区规范化发展。

8. 完善物流园区经营管理体制

根据各地物流园区发展实际，借鉴国内外物流园区管理经验，建立完善政府规划协调、市场化运作的物流园区开发建设模式和经营管理体制。在政府规划指导下，成立物流园区管理机构，开展物流园区基础设施建设，并选择具有物流园区经营管理经验的企业参与管理运营。鼓励园区研究开发物流与商贸和金融协同发展的新型业态，创新物流园区发展模式。通过企业化运作，提高管理水平，形成良性发展机制，为园区物流企业提供优质服务，实现可持续发展。

（五）保障措施

1. 做好综合协调

国家发展和改革委员会、国土资源部、住房城乡建设部要同交通运输部、商务部、海关总署、科技部、工业和信息化部、铁路局、民航局、邮政局、国家标准委员会等部门，加强对全国物流园区发展的指导和管理。各省级人民政府有关部门也要协调配合，统筹推进规划实施工作。

2. 加强规范管理

各地有关部门要加强对物流园区的规范和管理，提出本地区物流园区布局规划，严格控制园区数量和规模，防止盲目建设或以物流园区名义圈占土地。布局城市要按照城乡规划和相关行业规划，加强和加快现有物流设施的整合和清理，因地制宜，合理新建物流园区，做到既符合城市和产业发展实际、满足物流发展需求，又防止出现重复建设。

3. 开展示范工程

各地要结合实际，选择一批发展条件好、带动作用大的园区，作为省级示范物流园区加以扶持推广，具体由各省有关部门研究制定管理办法并组织评定。在此基础上，开展国家级物流园区示范工程，由国家发展和改革委员会、国土资源部、住房城乡建设部会同交通运输部、商务部、工业和信息化部、海关总署、科技部等有关部门和行业协会组织国家级示范物流园区评定工作。对于列入国家级示范的物流园区，有关部门可给予土地、资金等政策扶持。国家级物流园区示范工程的具体管理办法另行制定。

4. 完善配套设施

支持连接物流园区的铁路专用线、码头岸线和园区周边道路等交通配套设施的建设和改造，进一步发挥物流园区的中转服务功能，提高运输服务水平。支持物流园区信息平台建设，鼓励企业建设立体仓库，提高园区物流设施信息化和智能化水平。

5. 落实用地政策

研究制定物流园区规划设计规范，科学指导物流园区规划建设。各地应及时将物流园区纳入所在城市的各类城市规划和土地利用总体规划，统筹规划和建设，涉及新增建设用地的，合理安排土地利用计划指标。对于示范物流园区新增建设用地，优先列入国家和地方建设用地供应计划。

6. 改善投融资环境

鼓励物流园区运营主体通过银行贷款、股票上市、发行债券、增资扩股、合资合作、吸引外资和民间投资等多种途径筹集建设资金，支持物流园区及入驻企业与金融机构联合打造物流金融服务平台，形成多渠道、多层次的投融资环境。各地要适当放宽对物流园区投资强度和税收强度的要求，鼓励物流企业入驻物流园区。对于国家级和省级示范物流园区，有关部门可根据项目情况予以投融资支持。

7. 优化通关环境

优化口岸通关作业流程,适应国际中转、国际采购、国际配送、国际转口贸易等业务的要求,研究适应口岸服务型物流园区发展的通关便利化政策,提高通关效率。

8. 发挥行业协会作用

物流及相关行业协会应认真履行行业服务、自律、协调和引导职能,及时向政府有关部门反映物流园区发展中存在的问题和企业诉求,积极配合相关部门做好物流园区相关标准制修订、建立实施统计制度、总结推广先进经验、引导推动科技创新等相关工作,促进物流园区健康有序发展。

二、宁波空港物流园区规划

(一)项目背景

宁波空港物流园区是《宁波市现代物流发展规划》的重点项目,是宁波"一主六副"物流规划的重要一环。它的建设和发展对于把宁波建设成为浙江省的综合物流中心城市、长江三角洲南翼的国际物流中心枢纽具有重要作用。

宁波空港物流园区发挥毗邻栎社国际机场、北仑港和周边便捷的交通网络优势,作为北仑港后方延伸基地,"服务(宁波)双港",完美实现"海、陆、空"立体交通物流架构。依托信息技术与现代物流技术,着力"打造双台",建设衔接紧密的多式联运运输平台和有效共享的公共物流信息平台。致力于"推动双转",以空港物流园区为实际载体,积极推动宁波传统物流业向现代物流业转型,推动区域经济由制造型经济向服务型经济转变,最终将宁波空港物流园区建设成为具有航空口岸功能,保税物流与非保税物流相结合,国际物流、国内物流和区域物流相结合,市域配送和国际货运相结合的航空物流中心、公路运输枢纽、多式联运节点、第三方物流企业的集聚区,具有较强可持续发展能力的浙江省重要的综合物流园区。

(二)园区功能规划

1. 航空口岸和航空货站区

该区将建有保证航空货物在机场快速运转,完成航空货物报关、三检等作业流程的航空通关中心。同时将设定进出口海关监管区,主要为货运代理企业的航空货物提供监管仓储服务及出口拼装、查验等服务。建设集暂存、分拣、信息反馈及航空公司地面代理为一体的航空快件中心,最大限度地满足航空快递的时效性要求。航空货站区由国际货区和国内货区组成,是连接航空货物与飞机的必经通道,为进出货站的货物提供安检、计重、打板装箱、拆板拆箱、货物存放、吨控、装卸飞机、分拨等服务,主要面向航空公司和货运代理公司。贵重物品及鲜活品处理中心和危险品库也设置在货站区内。

2. 保税物流中心

保税物流中心将建有仓库区提供货物在保税物流中心(B 型)内暂存的业务,解决出口退税问题。中心内设立的简单加工区提供简单的保税加工服务(如产品测试、分拣、包装与再包装、分类标注等)。另外,保税物流中心(B 型)还可为生产型企业提供高效的保税物流配送服务,帮助企业真正实现 JIT 生产和零库存。今后,随着国际航线的扩展,可进行多式联运、国际中转业务。

3. 多式联运中转区

该区域以实现多式联运功能为主，包括堆场、转运作业区和停车场等。可实现与北仑港、宁波各汽车场站及周边邻近机场之间的海、陆、空货物相互快速转运，形成优势互补；也可为在物流园区内开展多式联运的物流企业提供便利的口岸条件。

4. 第三方物流服务区

(1)城市和区域快速配送区。该区域主要提供城市消费品配送服务，货物的特点是品种多、批次多、批量小等，企业运用专门配送车辆开展市域配送。

(2)仓储服务区。主要吸引物流企业和周边工业园区企业，为客户提供商业和生产性配送、仓储等服务。

5. 国际贸易与展示区

以纺织业、电子产业和零配件制造业等相关优势产业为基础，在园区内设置国际贸易与展示区，有助于优势产业的集聚发展和中小企业扩大市场、整合资源。

6. 会展仓储配送中心

设置会展仓储配送中心，通过其双向传递作用，保障会展物流链条的通畅。其运营需满足货种多、规格各异、小批量、多批次、时间集中度高、周期性不强、应急状况频繁、配送目的地单一等会展物流的要求。

7. 强大的物流信息服务功能

宁波空港物流园区信息平台作为浙江省交通物流公共信息系统和宁波网上运输市场的重要组成部分，首先要满足入驻空港物流园区企业的物流信息化需求，整合物流信息资源；其次要加强园区企业与省市二级物流信息系统和电子口岸的信息共享与数据交换；最后要加强与区外企业、国内外其他物流园区的信息交换与共享，形成物流协同平台，扩大空港物流园区的影响。

8. 综合配套服务区

本区主要设置物流园区管理服务机构，如园区管委会、国际国内货代、各专业项目公司、银行、保险、邮政服务、商业网点、餐饮、商务住宿和休闲设施等，实现物流信息服务、综合配套服务、物流咨询与培训功能及完善配套的中心管理服务功能。同时，还设有加油站、汽修管理和停车场等辅助设施。

(三)项目选址及交通区位

项目一期选址于宁波望春工业园区内、宁波栎社国际机场的北侧，南新塘河以北、杉立路以南、杉杉路以东、聚才路以西，地块南侧与鄞县大道毗邻。项目二期及三期选址于鄞州区古林镇，毗邻望春工业园，东临宁波栎社国际机场，北靠鄞县大道，甬金高速鄞州连接线从西侧经过，规划中的东西向的轻轨及机场路西进线从地块中间穿过。宁波空港物流中心与宁波栎社国际机场可实现无缝连接，并靠近鄞县大道、甬金高速公路、宁波绕城高速公路、杭甬高速公路，通过宁波绕城高速可畅达宁波周边高速公路及进港道路。项目距离宁波市中心约5km，距离北仑港约45km，交通条件十分便利。

(四) 园区建设计划

园区建设将根据市场需求和供地条件，进行分期开发建设。园区初步规划总用地面积约 2143 亩 (1 亩＝666.7m²)，分为三期建设，总投资约 50 亿元，所需资金由企业自筹解决，建设周期为 2006 年至 2015 年。

1. 一期建设 (2006~2009 年)

空港物流园区一期 (约 247 亩)，投资为 2.7 亿元，工程已于 2006 年动工，2008 年试运行，2009 年全面投入使用。区内建有九个钢结构仓库，总计库区面积 10 万 m²；一栋建筑面积为 1.2 万 m² 的物流商务楼，提供口岸单位办公、入驻企业办公生活配套设施；专用的查验仓和查验场地；近 1 万 m² 的停车场和完善的安保设施。

空港物流园区一期先期作为保税物流中心，将依托于政策优势和宁波市进出口贸易的快速发展，也依托于北仑港及保税物流园区等海关特殊监管区域的进出口货物往来的便捷性，采用先进的物流管理技术和装备，以保税仓储为基础，具备国际物流配送、简单加工和增值服务、深加工结转、进出口及转口贸易、国际采购等功能，提供保税、航空、海运货物一体化通关、物流信息处理等全程服务，促进宁波市保税物流业和外向型经济的发展。待空港物流园区二期建设完成后，适时将保税物流中心整体迁移到空港物流园区二期。同时空港物流园区一期定位为：以宁波市及周边经济发展为依托，以国内外著名的物流企业为目标，建成综合型的第三方物流企业区；以宁波市商业经济为依托，以重点公路零担运输企业为目标，建成宁波市重要的省级货运集散区。

2. 二期建设 (2009~2012 年)

空港物流园区二期 (约 860 亩) 已通过立项、可行性研究、初步设计等审批工作，正在开展土地相关的报批工作。区内设计总建筑面积近 40 万 m²，总投资预计将达到 21 亿元。空港物流园区二期依托信息技术与现代物流技术，成为集国内国际货代、货运、仓储、分拨、配送等服务为一体的现代化、开放型、高标准的航空物流和港口物流相结合的综合物流服务基地，长江三角洲地区重要的保税物流中心。主要建设空港货运村、空港保税物流中心、3PL 货运仓储区、多式联运区和综合配套区。

3. 三期建设 (2012~2015 年)

空港物流园区三期 (约 1036 亩) 已完成控制性详细规划编制并获得批复。要建成为国内货运代理企业、专业物流企业提供国内货物进出港交接、理货、仓储、分拨、安检、打板服务的华东地区重要的国内航空货运中心；依托航空运输的优势，成为国际国内快件进行分拣、分拨、整理、配送、运输等业务的快件中心；依托便利的交通，辐射周边城市，成为为海运、空运、陆运等不同运输方式提供分拨、中转服务的多式联运配送区；成为依托航空运输的高科技产品和高附加值产品的流通加工中心；适度发展临空工业和临空服务业。

思 考 题

1. 什么是物流节点？物流节点有哪些类型？
2. 编制物流节点规划要遵循哪些原则？

3. 简述物流节点规划的主要内容。
4. 简述物流园区选址规划的程序和步骤。
5. 影响物流园区选址的因素有哪些？
6. 简述物流节点内部的业务与流程设计思路。

第七章　物流通道规划

第一节　物流通道概述

一、物流通道的定义

物流通道是指连接在物流园区、物流基地、物流中心等之间及它们和外部交通基础设施(包括铁路、公路、水运、航空等货运站场)之间的物流运输路径系统。物流通道主要是构建快速畅通的货运道路体系,保证物流中心与物流园区、物流节点等各节点之间的各项物流功能顺利实施,达到货畅其流的目的。

从狭义上讲,物流通道是指进行物流营运的路线与航线。广义上的物流通道则指的是所有可以行驶或航行的陆路、水路、空中路线。物流通道是商品实现空间转移的路径及方式,是整个物流活动的主要组成部分,是物流的核心环节,无论是企业的输入物流还是输出物流,或是流通领域的销售物流,都是依靠各种交通运输来实现商品的空间转移。可以说,没有运输通道就没有物流。

通俗地说,物流通道是指区域间货物运输方式、运输路径及相关物流配套基础设施和服务体系的总和。物流通道是物流产业发展的重要基础条件,是制约和决定区域间物流发展水平的决定性因素之一。从宏观的角度看,物流通道的发达与通畅,是保证地方整体物流产业发展的先决条件;从微观的企业层面看,迅速、便捷、低成本、信誉度高的物流通道,是企业赢得市场的重要因素。

物流通道的规划与建设,与区域经济的发展关系密切。区域间资源流动、生产制造、贸易金融等各个产业的发展,都与物流通道的布局建设存在互动互融的密切协作关系。这其中既包括交通行业作为经济的先导和前瞻性行业,对经济的支撑和带动;也包括现代物流业与生产制造产业的两业互动、相互促进。

随着我国经济的不断发展,特别是现代物流业的快速崛起,物流通道的研究越来越受到研究机构及物流投资商的重视。确保物流通道的功能发挥,成为促进物流业健康快速发展的重要举措,受到政府和物流投资商的高度重视,同时也是改善地区投资环境的重要内容。

尽管学术界对物流通道的定义尚未统一,但一条完整的物流通道应包括三个方面的含义:一是物理通道,包括由航空、铁路、公路、水运和管道线路及其物流节点设施组成的系统;二是服务通道,包括由航班、车次、班列、班轮组成的系统,它是完成物流服务的实物载体;三是信息通道,通过数据库、互联网及卫星通信等技术,掌握与通道中各物流活动相关的信息,为物流活动的管理与决策提供支持。

二、物流通道的特性

(一)物流通道的空间特性

早在 20 世纪 90 年代,我国交通经济地理学家就开始研究空间运输联系,并将这种联系归纳为四个方面,即空间运输联系以不同的地域空间为基础,设计货物的生成规律、增长规律、分布规律和交通规律。

黄承峰在总结前人研究成果的基础上,将空间运输联系的四个规律与物流通道的供给特点对接找到物流通道系统主要的时空特性,并将其归纳为空间方位结构、空间能力结构和时间结构。目前对物流空间特性的研究,多表现在对国际物流通道等大范围内物流通道的分析。在空间方位结构上,物流通道与运输通道有着基本一致的特性。物流通道的空间方位结构主要取决于区域地理区位、交通线路走向、自然地理条件、社会经济环境等因素。物流通道的空间能力结构是指已确定空间方位的通道所具有的物流供给能力和构成。

汤银英将场论方法引入物流研究中,提出了物流场理论,认为物流通道(或物流经济带)由“点”和“线”构成,物流通道(或物流经济带)产生的效应场是“点”和“线”效应场共同作用的结果,并在此基础上构建物流效应场的“点-线-面”效应场及空间结构模型。

(二)物流通道的时间特性

根据物流通道发展中呈现出的阶段性,孔月红将物流通道的时间结构划分为运输通道主导时期、物流节点主导时期、物流通道协调发展时期,并分析了物流通道的时空特性及其影响因素。肖红等在上海港国际物流通道时效性研究中提出,对于城际国际物流通道的时效性,其时间主要由通关时间和运输时间组成,其中运输时间又分为交接运输时间、转运运输时间和干线运输时间三部分。干线运输时间主要由干线长度和运行车速决定。

(三)物流通道经济特性

早期的西方生产力布局学者就运输对产业区位的影响作出过研究,美国空间经济学家胡佛于 1948 年在出版的《经济活动的区位》著作中对转运点作出了分析,他提出了新的运输费用结构理论,将运输费用划分为装卸费用和线路运费两部分。胡佛更为细致地分析、拓展了交通与经济空间关系的研究,他暗示交通线路的空间特征将影响企业的选址,进而形成经济活动的集聚,他的研究是交通网络优势经济区位研究的开端。经济势模型被应用于运输通道影响范围的确定,王殿海、汪志涛等构建了经济势理论模型。物流通道作为物流网络中的大动脉,必然在沿线区域产生强烈的经济势。经济势理论及模型还被应用于分析物流通道对空间布局的影响。我国经济地理学家陆大道指出产业的聚集与扩散往往是沿着“阻力”最小的方向——轴线(如动力线、水源线、运输线)展开的。

三、物流通道的类型

一般来讲,“物流通道”的概念就是从“运输通道”的概念引申发展而来的,这与物流产业发展的最初业态——“货物运输”相一致。通道的原始概念就是对物理路径的总括,包括公路、铁路、航道等能满足运输工具通行的基础设施,这是物流产业发展的重要前提和保障。这一类研究更强调主干道的通过能力,突出了交通运输对经济的拉动作用，也提出了路网建设系统性与科学性的内在需求。进行物流通道的分类是为了更好地把握物流通道结构与功能。对于物流通道比较典型的分类方法有如下几种。

（一）根据物流通道的空间层次和交流性质划分

按照物流通道的空间层次和交流性质，可以将物流通道分为国际性物流通道（国家间物流通道）、大经济区际间的区际物流通道、区内的物流通道和城市物流基地间的物流通道四类。其中，国际性物流通道是承担国与国之间的物流，是承担国际物流的基础。国际物流主要是通过海上通道完成的，铁路或公路等通道在一些内陆国家间也起到重要的作用；区际间物流通道连接一个国家的各大经济区，区域之间资源分布不均衡及存在着专业化分工，产生了区域间的物流运输联系；区内物流通道连接经济区内的不同物流中心城市，组织起更为紧密的分工协作来承担区内物流运输联系，区内联系主要是各物流中心城市之间的物流联系；城市主要物流基地之间的物流通道连接城市内不同功能布局的物流基地，根据城市用地布局不同进行具体布置，城市内部的物流通道主要联系城市内部主要物流需求点、城市对外主要需求地的物流配送运输，其主要运输方式为公路运输和铁路运输。

（二）根据物流通道的运输方式划分

根据物流通道的运输方式划分，可以将物流通道分为陆路通道、水路通道、航空通道、管道、过境通道、多式联运通道几类。其中前四种分别是借助各自运输方式形成的物流通道。过境通道指国际贸易的双方借助他国的物流线路（主要指公路、铁路）实现贸易交易而形成的物流通道。多式联运通道指综合运用水运、陆运、航空等多种通道完成国际贸易而形成的通道。

（三）根据物流通道的结构方式划分

（1）串联结构。这种结构是指货物从出发地到目的地要经过多种功能类型通道，其在城市物流通道系统内属于相互依存、相互合作的关系。

（2）并联结构。这种结构中各种类型道路在物流通道内属于相互竞争的关系，任何一种类型物流通道均可单独完成运输任务。

（3）混联结构。如图7-1所示，这种结构中各种类型物流通道并不是单纯的串联或并联结构，而是两者的混合，即各种通道之间既有相互竞争，又有相互合作的关系。

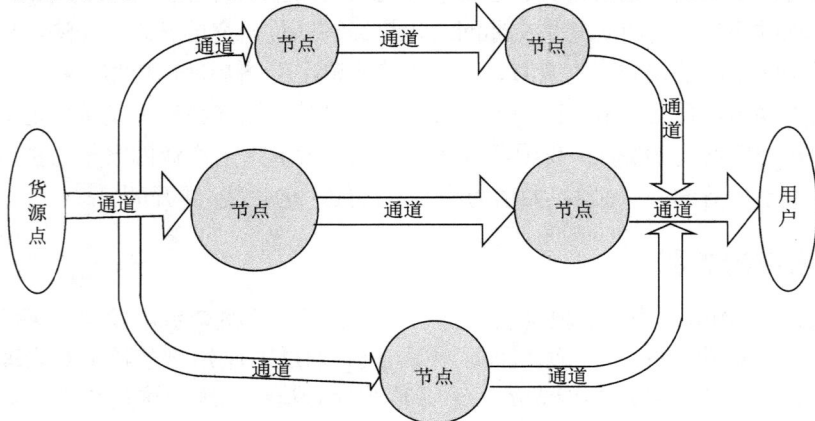

图7-1　混联结构示意图

第二节 物流通道规划的原则和内容

一、物流通道规划的原则

要制定科学的物流通道发展规划，应该遵循以下原则。

（一）系统性原则

系统性原则是指在进行物流通道规划时，必须对物流通道规划中的各种因素进行系统思考、系统设计。首先，因为物流通道是一个由各种物流构成要素（运输、储存、装卸、包装、流通加工、物流信息等）构成的物流系统，而物流系统的各个构成要素之间不仅是相互制约、相互促进的，而且有时是相互矛盾的。因此，物流本身的系统性特点，就要求进行物流通道规划时，必须对物流通道的各种（物流）构成要素进行系统思考、整体设计。其次，物流通道还是区域经济、社会系统的构成要素之一，是区域经济、社会系统的子系统。由于物流通道子系统与区域经济社会系统之间存在着相互制约、相互促进，不可避免地也存在着相互矛盾，因此，在进行物流通道规划时，必须将物流通道规划置于区域经济与社会发展规划之中，同时，必须系统思考物流通道规划与其他区域经济和社会发展规划的相互关系。另外，物流通道规划，特别是跨越若干行政区域的物流通道规划，往往涉及多个不同的行政区域与行政管理主体及大量的物流事业主体的管理职能、业务开展与经济利益，必须全面、综合地考虑各地区、各部门的职能分工、管理权限与既得利益，以减少物流通道规划的实施障碍。

（二）战略性原则

战略性原则是指在进行物流通道规划时，必须对物流通道规划中的各种要素进行长期的、战略性的思考与设计。战略性原则也称长期性原则或前瞻性原则。在进行物流通道规划时之所以要坚持战略性原则，是由规划的性质决定的，也就是说，规划不是短期的、具体的工作计划或业务计划，而是长期的、全局性的发展"蓝图"。同样，物流通道规划也不是短期的、具体的物流通道工作计划，而是长期的、全局性的计划，即物流通道规划主要不是解决短期的局部问题，而是要解决长期的全局性问题。

物流通道规划的战略性原则主要体现在三个方面，一是在进行物流通道规划时，对规划要素的评价、取舍要有战略视角，即从长期发展的角度进行评价并决定取舍，如对物流通道基础设施与重要物流网点的空间布局、功能结构、作业能力、建设标准等要从长期的角度进行评价与决策；二是在进行物流通道规划时，对规划要素要有全局意识，要考虑规划要素的长期而不是短期的全局效果；三是战略性原则还要求在进行物流通道规划时，要充分考虑各种环境因素可能发生的变化，从而使物流通道规划具有一定的灵活性，以适应环境的变化，减少适应与调整成本。

（三）科学性原则

科学性原则是指在进行物流通道规划时，必须对各种规划要素进行科学的调查、分析、定位，并利用科学的方法与程序进行规划。物流通道规划的科学性原则主要体现在三个方面。首先，对规划要素的现状与问题进行科学的调查，包括对规划要素的现状、比较优势、现存问题、竞争对手的现状与战略等要进行详细客观的调查。其次，对规划要素的现状与问题要进行科学的分析。调查是分析的基础，但调查替代不了分析，只有对调查的资料、数据等各种信息进行科学的数据处理与分析，才能得出科学的结论。最后，要有科学的规划方法与程序。总之，只有做到科学调查、科学分析，并采用科学的方法与程序，才能保证物流通道规划的科学性。

（四）可行性原则

可行性原则是指在进行物流通道规划时，必须使各种规划要素的定位、目标、措施适合本地区的实际情况，具有可操作性。物流通道规划虽然是着眼于中长期的，但是也不能脱离国情或区情，规划要素的定位与目标必须具有可实现性，即经过一定的努力可以达到或实现这些定位或目标，否则，就会使物流通道规划变成"纸上谈兵"的空想。

为了保证物流通道规划具有可行性，在进行物流通道规划时，要注意以下几个问题：首先，规划要素的定位、目标、措施，要与国内外可比区域的总体物流发展水平相适应，即物流通道规划的"前瞻性"、"发展性"、"先进性"，不能过分超越国内外可比先进区域的"前瞻性"、"发展性"、"先进性"。其次，规划要素的定位、目标与措施要与本区域经济与社会发展的总体水平相适应，例如，虽然对有些区域来说，物流具有优先发展或超速增长的可能性与必要性，但是也不能超越该区域经济与社会发展的整体承受能力。这不仅因为一个区域的物流规模与物流需求在根本上要取决于该区域的经济规模，还因为物流通道规模与物流需求的扩张往往会对区域经济与社会发展产生很大的外部不经济性。最后，物流通道规划要素的定位、目标与措施，还要考虑区域内一些弱势地区或部门的"落后性"与"跟随能力"，特别是较大区域的物流规划更是如此。这种情况类似于经济学中"木桶理论"所揭示的现象。因此，物流通道规划要素的定位、目标与措施不能超越弱势地区或部门的实现可能性。

二、物流通道的构成要素

物流通道由所连接的物流区域、以提供运输功能为主的运输通道和以提供其他物流功能为主的物流节点及节点设施设备共同构成。

（一）相互联系的起讫区域

物流通道连接的这两个区域，也就是物流活动的发生点与吸引点（O/D）。随着区域经济专门化的发展，促进区域间的货流不断增加，区域间的物流联系不断增大，需要运输通道来实现两区域之间的物流活动。运输通道是连接物流活动发生点与吸引点的密集地带。物流活动的发生点与吸引点即相互联系的起讫区域是通道的构成要素之一。物流活动的发生区域和吸引区域往往发展成为物流通道中重要的枢纽节点，在这里，实现较强的货物集散功能，往往伴随着运输组织与管理、中转换装、装卸储存、多式联运、信息流通和辅助服务等功能，在物流通道中承担着综合交通枢纽的重要作用。

（二）联系区域的运输通道

构成物流通道的物理运输通道，严格来讲应该称为"运输地带"，而非单一的交通线路本身。这种运输地带的构成有多种形式，可以是平行的多种运输方式线路构成，可以是复合运输方式的运输线路构成，也可以是联合运输方式线路构成。不同的线路构成和配置比例对通道的效益和效率有很大影响。

（三）物流节点及节点设施设备

物流节点主要包括仓库、货运场站、大型机场、物流中心、配送中心、物流园区、大型制造企业、商贸集中区等；设施设备主要包括各类交通基础设施、各类运输工具及各类物流设备等。

（四）物流通道要素间作用机理

在物流通道构成要素中，运输通道是物流通道的主体，物流节点及设施设备为运输通道服务，使其能够快速、高效、低成本地实现货物的流动，从而带动物流区域发展。

1. 物流区域与运输通道、物流节点间的循环因果作用

物流区域、运输通道、物流节点间是循环的作用与反馈关系。物流区域内物流活动的增加要求运输条件和物流服务水平的改善，这就要求大能力的运输通道和多功能的物流节点逐步形成；反之，运输条件和物流服务水平改善以后，区域专业化程度会进一步提高，也会促进生产力布局的进一步调整，又引发区域间物流活动再次增长。在一定时期内，这种循环关系是不断发展的，正是在这种不断发展的过程中，物流通道逐步形成，并逐步完善物流服务功能。

2. 运输通道与物流节点间的关系分析

在物流通道中，运输通道主要完成货物运输功能，随着区域间物流活动的增加，运输通道逐步发展以满足新的物流需求。这时，原有的物流节点无论在服务能力还是在服务范围上都无法满足新的需求，因此，物流节点也会不断地扩大规模并扩充服务范围。但是，在发展中，由于各个节点的空间环境不同，各节点的经济势能不同，因此其辐射范围也有所不同。

（五）物流通道要素间的协调

如上所述物流通道主要由物流区域、运输通道、物流节点三大要素组成，其中每一要素中又存在着诸多要素。在通道建设和功能完善过程中，有以下几个问题需要说明。

第一，各要素的配置和发展要以保证物流过程的连续性为原则。物流通道作为物流系统的一部分，也是以系统最优为目标，为了增强个别要素而损失整个通道系统效益是不合理的，如为了充分发挥运输通道的运输规模效益而忽视了物流节点处理能力造成的效益背反现象。

第二，在考察"物流节点"这一要素对物流通道的影响时，除了关注节点的结构和规模外，还有两点需要注意：一是强调物流节点的物流服务功能，物流节点不同于一般的运输节点，除了完成集装、转运等运输功能，还要配备一定的物流服务能力，如进行简单流通加工、包装，并越来越多地体现信息神经中枢职能等；二是除考察物流节点对物流通道的影响，还要考察其对经济腹地的影响，因为物流节点不同于通道上的其他点，节点处在完成除运输、配送外的其他物流功能的同时，也对经济腹地产生较强的集聚影响。

第三，物流节点内各种运输设备的通过能力、输送能力彼此相适应，表现在换装的不同运输方式之间接运和运输量与所需的运输工具能力及数量的相适应上，当两种运输方式间需设置中间库场及换装机具时，应保证这些设备的能力与相邻接运输方式的通过能力相适应。例如，铁路与海运集装箱不同而导致的"倒箱问题"广泛存在，严重影响通道效率。

第四，必要的组织、制度保障。为确保物流节点内各种运输方式协调，各种交通线路合理充分利用，应设置相对应的不同等级管理组织，并制定相互配套、切实可行的制度作为保障。

三、物流通道规划的内容

物流通道规划的内容主要包括物流通道发展的战略定位、目标和措施。

（一）物流通道发展的战略定位

物流通道发展的战略定位主要包括两个层次，一是物流通道在区域、全国、跨国区域乃至全球物流中的战略定位；二是物流通道在该区域经济与社会发展中的战略定位。

1. 第一层次的战略定位

主要有三个层次，一是在国内某一区域中的战略定位，即在国内某一区域中，该物流通道应该处于何种地位；二是在全国的战略定位，即在全国范围内，该物流通道应该处于何种地位；三是在跨国区域或全球物流中的战略定位，即在跨国区域或全球物流中处于何种地位。显然，有些物流通道可能以物流通道中心作为自己的战略定位，有些物流通道则以全国性物流中心作为自己的战略定位，还有的物流通道则可能以跨国区域甚至全球物流中心作为自己的战略定位。

究竟如何进行战略定位，要根据物流通道及国内其他物流通道、全国物流及跨国物流通道甚至全球物流的历史、现状、发展趋势、比较优势来确定。既要进行定性分析，也要进行定量分析。同时该层次的战略定位包括物流规模的战略定位与物流方式的战略定位，即在规划期间内要实现多大的物流规模及其占有率，以及在铁路、公路、水上(海运与内河)、航空、管道及各种组合型物流方式中，以哪种物流方式为本区域的核心物流方式，等等。

2. 第二层次的战略定位

主要根据本物流通道及本区域经济、社会发展的历史、现状、趋势，确定本物流通道发展，特别是物流产业发展在本区域经济、社会发展中的地位，即确定本区域的物流产业是一般性产业还是支柱产业或战略产业。同样，在确定物流通道发展在区域经济、社会发展中的战略定位时，特别是确定物流产业是否为本区域的支柱或战略产业时，不仅要进行定性分析，也要进行定量分析，从而保证战略定位的准确性和科学性。

（二）物流通道发展的目标

除物流通道发展的战略定位外，物流通道发展目标也是物流通道规划的重要内容，而且是物流通道规划的核心内容。物流通道发展目标既是物流通道发展战略定位的体现，也是物流通道发展的具体方向，因此，物流通道发展目标的制定必须全面、系统，并符合物流通道发展的战略定位。应该指出的是，物流通道发展的目标不仅体现在一系列的数量指标上，而且要体现在质量指标上，如在规划物流基础设施、物流网点时，不仅涉及物流基础设施、物流网点的数量问题，还涉及它们的功能设计与空间布局问题，因此，还需要一些功能性指标或区位指标。从物流通道发展的目标属性与作用来看，物流通道发展目标主要包括资源类目标与产出类目标。

1. 资源类目标

资源类目标包括物流通道基础设施发展目标、物流网点发展目标、物流设施与工具发展目标、物流信息化发展目标、物流科技发展目标、物流人才培养目标等。

物流基础设施发展目标又可进一步分解为铁路、公路、海运或内河航道、管道等各种物流线路的长度、等级（如铁路的复线率与电气化比率、高等级公路尤其是高速公路比率等）、空间布局目标及车站、港口、机场的数量、吞吐能力、功能结构、空间布局目标；物流网点发展目标包括大型仓库、物流中心、配送中心或流通加工中心等的数量、作业能力、空间布局等目标；物流设备与工具发展目标包括大型物流设备与工具（如机车、车辆、船舶、集装箱、货运汽车、装卸搬运设备与工具、包装设备与工具、仓库设备或工具等）的技术水平、标准化程度、作业效率、更新速度等目标；物流信息化发展目标包括物流信息平台的规模、功能、效率及计算机应用与普及率、电子数据交换系统的建设与应用、企业物流信息系统的开发与应用等目标；物流科技发展目标包括物流科技开发机构、人员、科技开发成果及其应用目标；物流人才培养目标包括人才培养的规模、结构及人才培养体系等目标。

2. 产出类目标

产出类目标主要包括物流量目标、物流产值目标、物流就业目标、物流成本目标、物流产业化目标、物流环境目标等。物流量目标可以进一步分解为各种物流方式的货运量与货物周转量及其内部构成、增长率，以及物流通道量在区域、全国乃至跨国区域或全球物流中的占有率目标等；物流产值目标包括物流通道产值规模、增长率、占 GDP 的比例及物流通道产值占有率等；物流就业目标包括物流通道就业总规模、增长率、占全部就业量的比例及物流通道就业量占有率等；物流成本目标包括物流通道总成本与下降率、占 GDP 的比例等；物流产业化目标包括区域内专业化物流企业的发展规模、结构及物流通道的专业化与市场化比率等；物流环境目标包括物流废弃物（如废气、废水、废物等）的排放量及其回收处理率等。

（三）物流通道发展的措施

物流通道发展措施是实现物流通道发展目标的保证，因此，必须针对物流通道发展的目标，制定切实可行的各种措施。物流通道发展的措施大体可分为三类：一是强制性措施；二是诱导性措施；三是服务性措施。

1. 强制性措施

强制性措施指各微观物流主体必须执行的措施，这类措施主要是各种法律；诱导性措施也称激励性措施，主要是指促进或激励微观物流主体为实现物流通道发展目标而进行积极努力的各种经济政策；服务性措施是指物流通道管理当局为实现物流通道发展目标而向区域内微观物流主体提供的各种服务与支持。由于物流通道发展目标的性质与特点不同，因此，各种措施的适用目标及其有效性也不同，这就要求不同的发展目标要采取不同的措施。总的来说，对具有正外部性效果的目标或涉及物流通道发展全局的发展目标，又或容易增加执行主体成本的发展目标，则要更多地依赖强制性措施。例如，在物流通道发展目标中如物流通道基础设施发展目标、大型物流网点的空间布局目标、物流标准化目标、物流环境目标等必须采取强制性措施，否则，这些发展目标就无法实现或很难达到预期的实现率。为此，就要制定相应的适合区情的地方性法规，如物流基础设施建设法、大型物流网点布局法、物流标准化法及物流环境法等。

2. 诱导性措施

而对一些与个别物流主体的努力程度相关的物流通道发展目标则可以采取诱导性措施。例如，在物流通道发展目标中，如物流通道设备与工具发展目标、物流信息化发展目标、物流科技发展目标、物流人才培养目标中的大多数子目标，以及大多数产出类发展目标如物流量目标、物流产值目标、物流就业目标、物流成本目标等，应更多地依赖诱导性措施。为此，应该制定各种鼓励或奖励政策，以诱导微观主体为实现上述发展目标而进行积极的努力。

3. 服务性措施

对一些具有正外部性效果的发展目标或个别物流主体想为而不能为的一些发展目标，除采取强制性措施外，还应更多地依赖服务性措施，如区域政府直接投资建设关键性的物流基础设施、物流信息平台；区域政府向微观物流主体提供物流领域的科技、金融、信息、人才培养与中介等各种咨询与服务等。

第三节　物流通道规划的步骤与流程

一、组建物流通道规划小组或委员会

这是进行物流通道规划的第一步。物流通道规划小组既可以由区域自组织而成，也可以委托外部专业机构。不论是自组织还是委托外部专业机构，规划小组的成员必须包括各方面的专家及实际工作者，在规划人员中至少要有交通、城市规划、物流或流通、金融(财务)等方面的专家与具有实际工作经验者。

二、收集相关基础资料，进行实地调查

基础资料包括区域及其相关区域(全国或有关国家与地区)经济与社会发展的统计资料、城市规划资料及物流与其相关方面的统计资料。同时，要对区域内大型物流的基础设施、物流网点、典型企业(生产企业、流通企业与专业化物流企业)进行实地调查，以

获得第一手资料。

三、进行数据的处理与分析

使用统计分析方法与数据处理方法，对获取的各种数据进行分类、统计与分析，从而得出初步的数据结论。

四、物流通道发展的战略定位

通过对数据的动态分析，可以发现各种规划要素的变动趋势，据此预测未来的走向；横向比较即将各种规划要素的数据与可比区域的相关数据进行比较。根据动态分析与横向比较的结果，确定物流通道发展的战略定位，并使之具体化。

五、制定发展目标并提出措施

根据战略定位及前述的数据分析结果，制定具体的物流通道发展目标，包括目标实现的阶段或时间期限。根据物流通道发展目标，提出相应的实现目标的各种措施，措施与目标最好一一对应。

六、整理、归纳规划内容，形成规划草案

规划草案要做到概念准确、结构严谨、言简意赅、图文并茂、论据充分、结论科学。

七、召开各种形式的研讨会，征求各方意见

规划草案必须广泛听取各方面意见，特别是较大的物流通道发展规划，更要反复征求意见，以使规划更加完善、科学。

八、完成规划方案

在充分听取并借鉴各方面意见的基础上，对规划草案进行最终调整与修改，完成规划方案或报告。

第四节　物流通道规划案例

一、中国西部物流通道现状分析

我国西部各省（直辖市、自治区）的物流通道网规模达到 40 万 km(不含航空)，占全国的 30%，其中铁路 1.5 万 km，占全国的 23.3%，公路通车里程 38 万 km，占全国的 31%，内河航道 1.3 万 km，占全国的 13%，物流通道网密度 7.4 公里/百平方公里，占全国物流通道网密度的 51%。自"八五"开始规划建设的国道主干线"五纵七横"的 12 条线路中有 8 条连通西部；全国 68 条国道中有 30 条通往西部。西部拥有民航机场数 20 个，且基本以中小型机场为主。长江沿岸主要港口有重庆和宜宾。但目前我国西部运网

规模和运网密度与西部大开发和入世后国际经济联系日益紧密的要求，与加强中部、东部社会经济联系及西部各省各经济带间社会经济联系的要求相差甚远，主要存在以下问题：

第一，从扩大对外开放的角度分析，西部与12个国家相邻，涉及中亚、南亚、东南亚，经济联系越来越密切，然而国际陆上通道却很少，仅有一条和哈萨克斯坦相通的单轨铁路和通往巴基斯坦和越南等国的几条一般公路，不能适应西部大开发和入世后的经济合作和商品交换增长的需要。

第二，从与中部、东部的社会经济联系分析，我国西部与中部、东部的运输干线不多、不强，影响与中部、东部的经济交流。

第三，从西部内部的物流通道联系分析，①西北与西南两大经济片区之间的交通联系不够，通道不多；②西部各省、各经济带之间的交通联系不够，如成渝经济带和贵昆经济带之间、兰西经济带和成渝经济带之间的运输方式单一；③铁路网密度低、干线少、不成网，西部山区铁路干线多为单轨、标准低、通过能力小；④西部公路等级低，无路面、低级路面的公路里程占公路总里程的48%，高速公路里程占比小；⑤西部内河航道绝大部分在西南五省（直辖市、自治区），西北五省（区）不多，而西南航道大多是山区河流，在15257km的航道中，经常通航的不足20%，80%以上的航道处于自然状态，未加整治和渠化；⑥国际民用航空线路不多，只与少数周边国家联系，随着与周边国家的经济联系加强，应大力加强航空运输。

二、中国西部物流通道网络规划原则

（一）非均衡布局原则

西部各省（直辖市、自治区）无论在地形地貌上，还是在经济、交通基础上，条件差别都很大，因此西部物流通道网络构建不可能采取均衡原则，只能走一条由不同地区非均衡发展逐步过渡到所有地区大体均衡发展的道路。对具体的某一个省（直辖市、自治区）来说，也应该从本省（直辖市、自治区）的实际出发，进行物流通道网络的合理布局。

（二）通道-网络结合原则

物流通道是由不同运输方式的众多线路组成，这些线路只有形成网络，才能构成四通八达的物流通道网，才有可能提高物流系统的机动性、灵活性、可通达性，扩大物流服务范围。

（三）运输结构合理

通道有国际、国家、区际、区内等层次，网络又有铁路网、公路网、水运网和航空网等，只有解决一定层次上若干运输通道的运输结构问题，充分发挥每种运输方式的优势，合理分工，协调运输，建立合适的运输结构，才能提高物流通道的整体优化功能。

（四）内外一致原则

西部物流通道网布局应与国家物流通道网总体布局一致。与中部、东部地区的区际物流通道、周边国家的国际物流通道及内部各省（直辖市、自治区）的物流通道布局一致。

三、中国西部物流通道网络规划

西部物流通道网络包括四种运输方式，其内在联系表现在输入、输出的联运形式。每种运输方式都有自身的运输优势和不足，建立联运物流通道网络能充分发挥各种运输方式的长处，提高物流的安全性、快捷性、准时性。

（一）物流通道结构规划

通道结构是指西部不同交通方式及其交通工具、交通设施的构成比例。即使出行需求相同，不同地区的交通结构所产生的交通设施、交通工具、交通资源的需求也是不一样的。进行西部物流通道结构的合理规划，可最大限度地利用有限的各种交通设施，充分发挥各种交通方式的优势，互相补充，从而形成有序的物流通道体系。

铁路作为西部区域物流网的骨干，担任长途运输和大宗货物运输任务。在西部各个区域经济中心城市都应有通畅、大运能的铁路线路连接，特别是高速铁路。同时，也要修建与大铁路相连的地方支线铁路，以减少短途运输的压力和费用。

大河航运担负长途干线运输任务，即使是中小河流有时航运也能起到大宗廉价集散物资的作用，同时还能减轻铁路、公路的运输压力。因此，可通航的河道，在可能的条件下都要争取通航。天然河流通过工程措施逐渐完善，达到较高标准，逐步向河网化过渡。河网化后可使水运系统四通八达，减少货物的中途倒转。

公路在区域物流网中担负着为铁路、水运干线集散物资和承担区际间和城市间运输任务，是中短途运输最主要的运输方式。建立省区(高级、一级公路)、地县(二、三级公路)、乡村(三、四级公路)三级路网，解决好公路运输结构。

航空物流通道组成以成都、西安、重庆三大西部区域经济城市为中心的航空网，在三地建设大型机场的同时，在其他城市建设中、小型机场，满足不同层次的需要。

（二）物流通道层次规划

西部物流通道网划分为三个层次，即区内通道、区际通道、国际通道。

区内通道，指建成西部各省（直辖市、自治区）之间，各经济带（圈）之间的物流通道，是西部物流通道网的基本组成部分，主要服务区域物流。如兰西经济带和成渝经济带之间的宝成铁路和108国道，成渝经济带和贵昆经济带之间的成昆铁路、川黔铁路和213、210国道，兰西经济带和乌鲁木齐经济带之间的兰新铁路和连云港—乌鲁木齐国道主骨架。

区际通道，指建成西部与中部、东部之间的物流通道。如陇海铁路、湘渝铁路、湘黔铁路、包兰铁路及长江航道、320国道、318国道、316国道，丹东—拉萨、上海—成都、上海—昆明等国道主骨架。

国际通道，指建成与西部周边12邻国间的物流通道。如中国乌鲁木齐与哈萨克斯坦之间的铁路、中国喀什与巴基斯坦之间的公路等。

(三) 物流通道布局规划

西部物流通道规划东向物流主通道以西安、重庆、贵阳为支点，打通和强化通向中部、东部和沿海内地的物流主通道；西向物流主通道以乌鲁木齐、昆明为支点，构架西部物流国际主通道，营造欧亚大陆桥，打通通向中亚、南亚、东南亚的门户和大通道；西部物流通道网内部以成都、兰州为支点，担负承东启西，合理安排西部物流的流量和流向，选择合理的东西向物流通道。

1. 铁路布局

(1) 区内铁路干线。兰新线、兰青线、西康线、包兰线(兰州银川段)、宝成线、成昆线、达成线、成渝线、川黔线、贵昆线、内昆线。

(2) 区际铁路干线。包兰线、陇海线、宁西线、襄渝线、湘黔线、南昆线、渝怀线。

(3) 国际铁路干线。亚欧大陆桥、中国喀什—吉尔吉斯斯坦奥什铁路(经乌兹别克斯坦与西亚各国联系)、中国大理—缅甸曼德勒—新加坡铁路(缅甸境内腊戍接轨)、中国昆明—泰国清迈铁路(经过缅甸老挝边境至清迈)。

2. 公路布局

(1) 四纵四横公路大通道。四纵：A 线，包头—北海线，整合 G210，途经鄂尔多斯、榆林、延安、铜川、西安、达州、重庆、遵义、贵阳、南宁、钦州 11 个城市；B 线，银川—武汉线，整合 G211、G210、G316，途经吴忠、西安、安康、襄阳、随州、孝感 6 个城市；C 线，兰州—景洪线，整合 G213，途经临夏、合作、成都、眉山、乐山、昭通、昆明、玉溪、思茅 9 个城市；D 线，阿勒泰—红其拉甫线，整合 G217、G312、G314，途经克拉玛依、昌吉、库尔勒、阿克苏、阿图什、喀什 6 个城市；四横：E 线，库尔勒—西宁线，整合 G314、G312、G227，途经吐鲁番、哈密、嘉峪关、酒泉、张掖 5 个城市；F 线，西安—合肥线，整合 G312，途经商洛、南阳、信阳、六安 4 个城市；G 线，樟木—成都线，整合 G318，途经日喀则、拉萨、八一镇、康定、雅安 5 个城市；H 线，重庆—长沙线，整合 G319，途经吉首、常德、益阳 3 个城市。

(2) 构筑"五节蜈蚣型"公路网。北以包头为头，衔接华北铁路网、公路网，打通东西部之间的北面物流大通道；中部西向以成都、兰州为支点，衔接四纵四横中"一纵两横"公路大通道，延伸物流通道在西部的通达里程和覆盖范围，东向以西安、重庆为支点，衔接四纵四横中"三横"公路大通道，打通东西部物流大通道；南以昆明、贵阳为支点，衔接东南亚国际大通道和西南出海通道。

(3) 在"五节蜈蚣型"公路网"躯体"内重点建设由西安—重庆、成都—重庆、西安—成都的高等级公路构成西部公路网的三角核心区，北连兰州、西宁、乌鲁木齐、银川、武汉、太原，东可由重庆直达上海、贵阳、湛江，南可由成都直达昆明、拉萨。构筑以西安、成都、重庆为三角的西部核心经济区域。

3. 航空港布局

西部航空港由成都、昆明、西安、重庆、乌鲁木齐、兰州、贵阳、银川、西宁、拉萨 10 个主要大中型机场组成。其中重点建设成都双流机场、西安咸阳机场、重庆江北机场。西部航空网络的建设主要依托于 10 个省（直辖市、自治区）首府城市之间的航线进行建设。突出重点地发展成都航空港、西安航空港、重庆航空港，依托其较大的航空港吞吐能力，将其培育成为西部航空港支柱，以最快的速度适应西部大开发和入世以后激烈的市场竞争。

4. 内河航运布局

充分利用长江黄金水道，形成长江上游内河航运网，含沱江、岷江、嘉陵江、渠江、涪江、乌江、綦江等，在上述航道中，主要渠化和整治长江、嘉陵江和乌江。结合三峡工程建设，大力改善长江中上游所属西部航道条件，长江上游按千吨级航道标准整治，使千吨级驳船直达宜宾。

黄河航运应积极推进闸坝复航，逐步实现兰州以上分段通航、兰州以下航道全线贯通。大力整治澜沧江，使之成为国际河流通道，成为我国联系东南亚各国的水运通道。在西部物流通道网络中，水运体系主要依托于重庆港口。以重庆为依托，借助长江三峡大坝工程完工所建成的大坝上游延伸的水运系统所建立的以水公、水铁联运为主的并且沟通河、海的联运大通道水运体系。

思 考 题

1. 简述物流通道的概念与特征。
2. 物流通道可以分为哪几种类型？
3. 如何理解物流通道规划的原则？
4. 物流通道规划包括哪些内容？
5. 简述物流通道规划的步骤与程序。

第八章　物流网络规划

第一节　物流网络概述

一、物流网络的基本概念

（一）物流网络的含义

物流网络的概念可以从不同的角度去理解。从物流服务功能的角度看，包括运输网络、仓储网络、配送网络等；从网络服务范围看，有企业内部物流网络、企业外部物流网络和综合物流网络；从运作形态来看，有物流基础设施网络、物流信息网络和物流组织网络。

我国国标《物流术语》（GB/T 18354—2006）中将"物流网络"定义为"物流过程中相互联系的组织与设施的集合"。朱道立从企业角度出发，认为物流网络指产品从供应地向销售地移动的流通渠道。王之泰从实体的线路和节点这两个基本因素出发，认为线路和节点的相互关系、相互配置及其结构、组成、联系方式不同，形成了不同的物流网络；缪立新从网络角度提出物流网络是指实现物流系统各项功能要素之间所形成的网络，包括物理层面上的网络和信息网络。徐杰等认为物流网络的内涵应该是建立在物流基础设施网络之上，以信息网络为支撑，按网络组织模式运作的综合服务网络体系。因此物流网络是指在网络经济和信息技术的条件下，适应物流系统化和社会化的要求而发展起来的，由物流组织网络、物流基础设施网络和物流信息网络三者有机结合而形成的物流服务网络体系的总称。

（二）物流网络要素

物流网络构成要素有两个主要组成部分，即线路和节点。物流网络服务水平高低、功能强弱取决于网络中这两个基本要素的配置。全部物流活动都是在节点与通道上进行的，物流节点上的活动离不开物流通道的连接，物流线路上的活动需要节点的组织和联系。物流网络结构是指由执行物流运动使命的线路和执行物流停顿使命的节点两种基本元素所组成的网络结构。

1. 物流节点

物流节点是物流网络中连接物流线路的结节之处。物流节点的种类很多，在铁路运输领域，有货运站、专用线货站、货场、转运站、编组站等；在公路运输领域，有货场、车站、转运站、枢纽等；在航空运输领域，有货运机场、航空港等；在商贸领域，有流通仓库、储备仓库、转运仓库、配送中心、分货中心等。物流节点还可以分为专业设施和功能设施，专业设施包括物流园区、物流中心和配送中心，功能设施包括货运站场、各类仓库和港口码头等。

1)物流节点功能

(1)物流处理功能。物流节点是物流系统的重要组成部分,也是物流网络的基本要素之一。它是仓储保管、物流集疏、流通加工、配送包装等活动的基地和载体,是完成各种物流功能、提供物流服务的重要场所。

(2)衔接功能。物流节点不仅将各个物流线路连接成一个网络系统,而且将各种活动有效联系起来,使各种物流活动通过物流节点的整合实现物流作业一体化。

(3)信息功能。物流节点是整个物流系统信息收集、处理、传递的集中地,每一个节点都可以看作物流信息的一个节点,若干个这种类型的信息点和物流信息中心结合起来,便形成了指挥、管理、调度整个物流系统的信息网络。

(4)管理功能。物流系统的管理设施和机构基本集中设置于物流节点之中,物流节点是集管理、调度、信息和物流处理为一体的物流综合设施。整个物流系统运转的有序化、合理化、效率化取决于节点的管理水平。

2)物流节点的种类

不同类型的物流节点在物流活动过程中产生不同作用,按照物流节点主要功能的不同可分为以下三类。

(1)转运型物流节点。以连接不同运输方式或相同运输方式为主要功能的节点。一般来说,由于这种节点处于运输线路上,以转换不同运输或同一运输方式为主,因此,货物在此类节点上停留时间较短。具体包括公路货运站、铁路货运站、公铁联运站、港口、水陆联运站、空运转运站、综合转运站等。

(2)储存型物流节点。以存放货物为主要职能的节点,货物停滞时间较长。在物流系统中,储备仓库、营业仓库、中转仓库、货栈等都属于此种类型的节点。

(3)流通型物流节点。流通型物流节点是以组织物流快速流转的物流节点,包括流通仓库、集货中心、分货中心、加工中心、配送中心、物流园区等。

2. 物流通道

物流通道是物流活动得以运行和实现所必需的空间载体,指由交通、通信、信息等基础设施组成的线状路径,是连接各个物流节点的通道,交通线路、通信线路都是物流通道的组成内容。在一个物流网络系统中,不同层级的物流中心与配送中心的连接也需要通过运输来实现,提高不同节点之间运输的有效性是物流网络规划中运输线路选择的目标。

物流线路广义指所有可以行使和航行的陆上、水上、空中路线,狭义仅指已经开辟的、可以按规定进行物流经营的路线和航线。狭义的物流通道则是指铁路线路、公路线路、海运线路、空运线路等实体基础设施,这些实体干道可以根据服务的范围、数量、密度、质量及重要性等划分出不同等级,且具有一定长度、方向和起始点,由此决定了它们的所在位置(表8-1)。

表 8-1 物流网络构成要素

物流网络构成要素		形式	功能
实体网络	物流节点	物流园区、物流中心、配送中心、港口、机场、火车站、汽车站、堆场、仓库等	仓储、装卸、包装、配货等
	物流通道	公路线路、铁路线路、航空线路、水运线路、管道线路等	运输

续表

物流网络构成要素		形式	功能
虚拟网络	物流节点	数据中心、调度中心、服务终端等	数据储存、数据管理、数据处理等
	物流通道	Internet、VLAN等	信息传输

（三）物流网络结构

结构也称系统结构，是系统内部各组成要素之间相对稳定的联系方式、组织秩序及其时空关系的内在表现形式。结构取决于系统中的要素，物流网络结构反映了物流网络各要素之间的内部关系，是系统要素的有机联系，也是物流网络运行的基本框架。

1. 从物流网络节点来看

在物流网络系统中，物流中心和配送中心往往影响核心节点构建和布局的合理性，决定物流网络的效率。物流网络结构可以分为单核心节点结构、双核心节点单向结构、双核心节点交互结构、多核心节点结构等类型。

1）单核心节点结构

单核心节点结构是指该物流网络中只有一个核心节点存在，该节点同时承担网络中心与配送中心的职能，物流中心也承担着信息中心的角色，对物流信息进行传递和处理。这种模式存在于较小的经济区域或小规模企业中，但是随着物流客户导向意识的发展，这种物流网络结构将会出现不适应。

2）双核心节点单向结构

双核心节点单向结构是指物流网络体系中存在两个核心节点，即物流中心和配送中心，物流中心侧重于为供应链上游厂商提供服务，而配送中心侧重于为供应链下游客户提供服务。在该结构模式中，主体的物流活动发生在两个核心节点之间，这类结构模式广泛存在于范围较大的经济区域内，一些大型企业的物流活动往往也通过这种模式实现。

3）双核心节点交互结构

双核心节点交互结构是指物流网络中的每个节点同时承担物流中心和配送中心的双重功能，物流和信息流均是双向流动的，随着环境的变化，这两个核心节点的功能会发生调换。

4）多核心节点结构

在现实物流网络中，特别是在范围较大的经济区域或大型、超大型企业内，更可能存在的是多个核心节点同时配合运作的模式以完成大量、繁杂的物流活动。多核心节点物流结构是上述几种物流网络模式的放大或叠加。

2. 从物流网络发展模式来看

物流网络又可分为增长极网络结构、点轴网络结构、多中心多层次网络结构和复合型网络结构。

1）增长极网络结构

增长极是指经济社会集中在一点形成的经济增长点，也是经济集聚与扩散相互协同形成的一种地域经济社会结构。一般而言，增长极网络结构必须以优越的内外物流联系为条件，由于物流基础设施为其在空间上的高度集聚提供了条件，充分利用周围地区资源，使之与市场紧密联系，保证优良的外部联系环境。在这种情况下，物流网络空间结构大多表现为以一点为核心，呈放射状分布。

2）点轴网络结构

点轴网络结构是消费者大多产生和集聚于一点，形成大小不等的市场，而相邻节点间的相互作用力并不是各个方面平衡辐射，而是以交通线、动力供应线、水源供应线等进行，成为产业带和发展轴。以点轴为核心的经济社会系统呈现以沿干线带状布局为主，物流网络在沿线重要交通站点及枢纽呈放射状分布。沿重要基础设施形成的点轴系统，是一种物流网络系统发展类型，重要交通干线作为物流通道是点轴系统网络结构的一个基本特征。

3）多中心多层次网络结构

多中心多层次网络结构是由不同地域之间相互联系、密切合作所构成的一种物流空间结构形式，是生产社会化和社会分工协作发展的必然结果，也是物流经济发展的客观趋势。经济社会分工合作最主要的是分工协作产生新的社会生产力，物流网络的空间结构特征表现为不同地域范围内形成多中心多层次的物流网络结构。

4）复合型网络结构

复合型网络结构是由两种或两种以上的物流网络形态综合而成的物流网络空间结构形式。当经济发展到一定程度，物流基础设施提供更为充分的关联环境，多极相互作用，物流活动在空间上以地域为单元而分异——协同趋势已经是客观要求。因此物流网络与社会经济在地域上相互作用产生的复合型网络结构是空间经济形态的必然结果。

3. 从货物运输的形式来看

从货物运输形式来看，可以将物流网络结构分为直送模式和中转模式。

1）直送模式

如图 8-1（a）所示，从一个供应地直送到多个需求点；图 8-1（b）则是多个供应地直送到多个需求点。直送方式的特点是环节少，效率较高，减少物流节点建设运营成本。但是随着企业业务范围扩大，"一对多"直送模式就会变为"多对多"直送模式，直送方式效率将下降，无法满足增长的需求。另外，"一对多"或"多对多"的直送模式辐射范围非常有限，不适合在范围大的区域物流网络中使用。

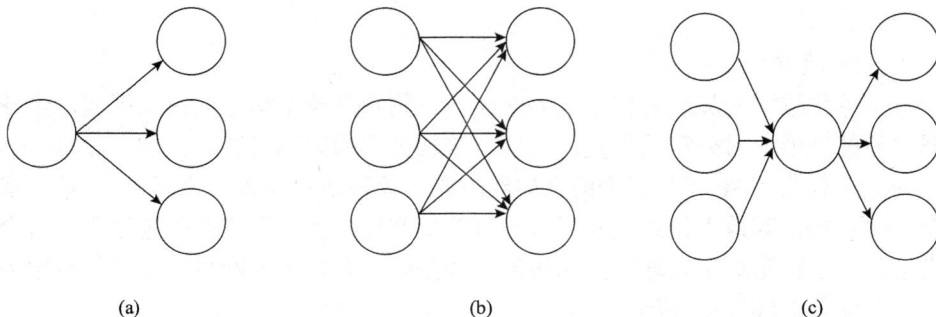

(a)　　　　　　　　(b)　　　　　　　　(c)

图 8-1 物流网络结构

2）中转模式

如图 8-1（c）所示是多个供应地通过物流节点处理后配送到多个需求点。这是一种可以普遍应用于大范围经济活动的集成模式。这种模式的核心集中表现于收集、交换和发送三种活动。

（四）物流网络特征

1. 物流网络的服务性

物流网络运作的目标是将物品以最低成本在有效时间内完好地从供给方送达需求方，逐步实现按需送达、零库存、在途时间短、无间歇传送的理想物流业务运作状态，使物流并行于信息流、资金流而能够以低廉的成本及时完成。

2. 物流网络的开放性

物流网络的运作应建立在开放的网络基础上，每个节点可以与其他任意节点发生联系，快速交换信息，协同处理业务。基于互联网的开放性决定了节点的数量可以无限多，单个节点的变动不会影响其他节点。

3. 物流网络信息的先导性

信息流在物流网络运作过程中起引导和整合作用。通过物流信息网络的构建，真正实现每个节点回答其他节点的询问，向其他节点发出业务请求，根据其他节点的请求和反馈提前安排物流作业。信息流在物流过程中起到事前测算流通路径、即时监控输送过程、事后反馈分析的作用，引导并整合整个物流过程。

4. 物流网络的外部性和规模效应

网络经济的基本特征是连接到一个网络的价值取决于已经连接到该网络的其他人的数量，称为网络效应或网络的外部性。网络将各个分散的节点连接为一个有机整体，系统不再以单个节点为中心，系统功能分散到多个节点处理，各节点间交叉联系，形成网状结构。大规模联合作业降低了系统的整体运行成本，提高了工作效率，也降低了系统对单个节点的依赖性，抗风险能力明显增强。

二、物流网络的类型

（一）根据空间尺度划分物流网络类型

从覆盖的空间尺度上看，物流网络可以分为全球物流网络、区域物流网络、城市物流网络等（图 8-2）。

1. 全球物流网络

经济全球化进程的加快对整个世界的经济结构和产业结构造成巨大影响。全球生产和全球贸易的发展、对外直接投资的增加、跨国公司的国际渗透，再加上 20 世纪 60 年代以来的金融创新和 80 年代以来的全球经济自由化浪潮等因素的协同作用，最终形成了经济全球化格局，其最大特点就是越来越多的生产经营活动和资源配置过程在整个世界范围内进行，这就形成了全球物流网络的重要基础。全球物流网络的发展具有服务化、信息化、智能化、环保化等趋势。

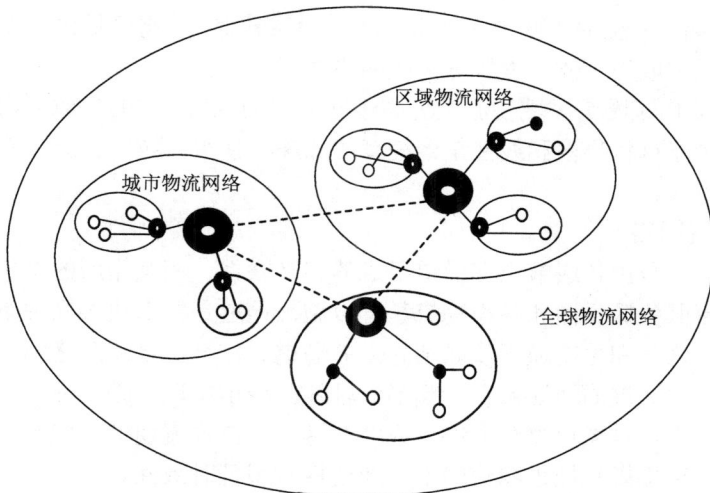

图 8-2 物流网络空间尺度类型

全球物流网络的基本特征包括如下几个方面：

(1)物流信息全球化。信息全球化是国际联运最重要的手段。通过各国海关的公共信息系统联网，及时掌握有关各个港口、机场和联运线路、站场的实际情况，建立全球网络信息系统，为供应和销售物流提供决策支持。

(2)全球物流网络标准化。要使全球各地区物流畅通联结，统一标准非常重要。目前美国、欧洲基本实现了物流工具和设施的统一标准，大大减少了网络费用，降低了运转难度，整体提高了物流效率。

(3)以远洋运输为主、多种运输方式灵活组合。全球物流网络中，以远洋运输为主，铁路、航空、公路运输等多种方式相支持，组合成国际复合运输方式。运输方式选择和组合的多样性也成为全球物流网络的显著特征，特别是远洋运输更是国际物流中最普遍的手段。

(4)物流网络的地区差异性。世界各国各地区的网络环境差异是全球物流网络的最大前提与最重要特征之一。不同国家地区的物流适用法律不同、基础设施条件不同、经济水平不同，使得全球物流网络的复杂性远远高于一个国家的物流网络。

2. 区域物流网络

从物流组织的网络来看，区域物流是区域之间和区域内部运输、仓储、包装、装卸、流通加工、配送及相关信息传递等要素之间存在有机联系的整体。区域物流网络能够对周边地区的物流经济发展产生强烈的物流辐射和带动效用。其中心城市是区域物流网络的极点，区域物流网络系统以城市物流系统为核心。

区域物流网络的空间层次包括以下几种。

(1)物流通道。由于地域经济发展的非均衡性，物流经济要素在空间集聚运行，物流资源及其带动的相关产业沿着物流资源流动路线进行集聚，形成线性通道特征。

(2)物流经济带。在物流点和线性集聚的基础上，结合其他经济要素的集聚，依托于物流中心城市及其经济腹地，形成以物流为特色的区域经济有机整体。

(3)物流网络。物流中心城市和网络经济带联系紧密，使得区域内物流资源集聚通过点、线之间的联结成为一体，最终进化成网络体系。

(4)物流圈。物流圈是区域物流经济高级同质化的表现，它的形成以物流网络的完善为基础，通过物流点状集聚和线性集聚程度的加深，使得区域内物流经济要素运动趋于多方向扩散和辐射。

3. 城市物流网络

城市物流网络是由各级节点和通道组成的相互联系、相互作用的系统结构形式。节点包括各类物流服务提供商和各类物流基础设施，通道是指形成协同关系的物流服务提供商之间的有效联系和由交通干线联结起来的通道。在城市物流网络中，社会经济要素在节点上集聚，并通过通道连接在一起形成轴线。城市中以各综合性、专业性物流中心为代表的物流节点，是城市物流网络形成的关键，城市物流通道是城市物流节点对内、外联系的途径，直接影响城市物流网络的通达性和服务时效性。

城市物流网络的特点包括以下几方面。

(1)运输距离短，以公路运输为主。相对于全球物流网络和区域物流网络而言，城市物流网络的运输距离较短，主要以公路运输为主，部分涉及管道和内河运输。运输方式以直线、零担、联合及中转运输为主。

(2)节点多、批量小、品种多。城市物流很大一部分是为最终消费者服务，小批量、多品种和高频次是城市物流网络的一大特点。

(3)受城市规划制约较多。在仓储设施和配送中心等的选址布局上，均受到城市总体规划中土地利用和城市功能分区的约束；在运输方面，也受到城市交通管制的限制，如大型车辆的行驶要道与通行时间等。

（二）根据空间形态划分物流网络类型

不同的地理条件、区位基础与经济社会发展特点，形成内在动力、形式、等级、规模、空间形态都不同的物流网络类型，包括走廊型网络、极核型网络、多中心网络、扇形网络、环形网络等(图8-3)。

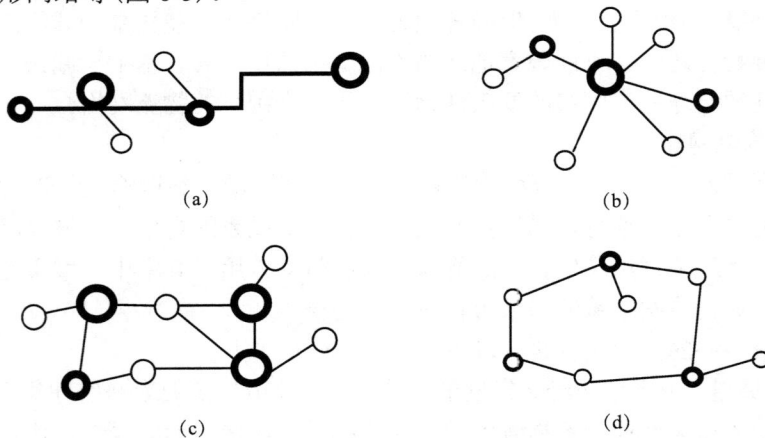

图 8-3　物流网络空间形态类型

(a)走廊型网络；(b)极核型网络；(c)多中心网络；(d)环形网络

1. 走廊型网络

走廊型网络又称带状网络，这一类型是沿着一条连续的交通走廊或经济发展轴线形成物流网络，适合于国土辽阔、交通输送网主要在海岸线、内陆输送网尚不发达的国家或地区。

2. 极核型网络

极核型网络又称星形网络，是物流网络效率极高的一种类型，拥有富有活力的、密集的交通网络体系，从中心区辐射出数条主要交通线，次中心设在沿线并具有一定距离。

3. 多中心网络

多中心网络又称网格型网络，这一模式是区域经济互补性较强、区域之间运输条件等同、彼此共同合作而组成的物流网络，适合于国土辽阔、经济发达、拥有纵横交叉现代交通运输体系的地区。

4. 环形网络

这一模式是枢纽节点分布在海岸线，主要工商业经济区集中在沿海地区、内陆经济欠发达的物流网络。适合于四周环海、输送网围绕海岸线的地区。

（三）根据网络功能划分物流网络类型

根据物流网络各个组成部分的特点和相关性，可以将物流网络分为物流基础设施网络、物流组织网络和物流信息网络三大部分。物流组织网络是物流网络运行的组织保障；物流基础设施网络是物流网络高效运作的基本前提和条件；物流信息网络是物流网络运行的重要技术支撑。

1. 物流基础设施网络

物流基础设施除了包括物流专门设施和物流功能设施之外，还包括交通设施和通信设施。物流基础设施网络是物流的基础设施节点通过运输方式和路线连接，构建成点-线-网结构。因此，物流基础设施包括物流中心、配送中心、仓储中心、港口、货运站等物流节点及由不同运输方式如公路、铁路、海运、管道、空运等形成的物流通道。

2. 物流组织网络

物流组织网络是由各经营主体通过战略联盟、动态联盟形成的业务经营、资源整合等具有经营伙伴关系的网络组织体系。通过物流组织网络可以沟通协调物流关系、整合物流资源、相互协同，为客户提供一体化的物流服务。未来物流组织发展的方向主要在于协同方面，协同化趋势要求打破单个物流企业的界线，通过相互协调和统一，创造出最适宜的物流运行组织结构。

3. 物流信息网络

物流信息网络是基于互联网连接的组织网络、运输物流、仓储物流的信息通道和技术手段构成的网络体系。物流信息网络包括企业内部物流信息网和企业外部物流信息网。企业内部物流信息网是企业引进适合自己的管理软件，使内部物流信息能够在企业内部得到共享，通过网络传输信息可以在提高工作效率的同时，降低营运成本。企业外部物流信息网可以使企业加强与外界的连接，通过互联网加强与合作伙伴间的数据共享和业务上的沟通，及时在互联网上发布信息，积极利用外部网络开拓市场。

也有学者依据功能将物流网络分为运输物流、仓储物流、组织网络、信息网络，其实质与上述划分类型的原理相同。

（四）根据依托对象划分物流网络类型

按照物流依托对象，可以将物流网络划分为产品型、市场型、工艺型等。

1. 产品型设施网络

产品型设施网络是指以企业某一种或某一系列产品为中心，分别建立不同的设施体系，如家电公司的冰箱厂、电视机厂等，又如日化用品公司的化妆品厂、洗涤用品厂等。这类设施的主要目的是能够进行大批量生产，各个厂分别面向所有的市场区域，这一类型设施在选址时较注重接近原材料产地或供应商。

2. 市场型设施网络

市场型设施网络是企业产品面向各个市场区域销售的设施体系。这种设置方法主要考虑的是运输问题，常用于体积、质量较大的产品。对于一些规模较大的企业而言，往往以区域需要为中心来设置不同的生产设施，为了以"快速交货"为主要竞争点，有时也采用这种方式布置设施。

3. 工艺型设施网络

工艺型设施网络是指以企业整个生产工艺过程环节中的某一或某些环节为中心，分别建立不同的设施。每个设施点有各自的生产工艺和技术，分别负责整个生产过程的某几个阶段，然后把其产品供应给装配总厂。

第二节　物流网络规划的原则和内容

一、物流网络规划的原则

物流网络规划就是确定产品从供货点到需求点流动的结构，包括使用何种物流节点、节点数量与位置、分派给各节点的产品和客户、节点之间的运输服务方式、服务类型等。物流网络规划应遵循如下原则。

1. 按经济区域建立网络

物流网络系统构建必须既要考虑经济效益，也要考虑社会效益。考虑经济效益就是要通过建立物流网络降低综合物流成本，考虑社会效益是指物流网络系统要有利于资源的节约。

2. 以城市为中心布局网络

城市作为厂商和客户的集聚点，其基础节点建设和相关配套支持比较完备，作为物流网络布局的重点，可以有效发挥节省投资和提高效益的作用。因此在宏观上进行物流网络布局时，要考虑物流网络覆盖经济区域的城市，把它们作为重要的物流节点；在微观上考虑物流网络布局时，要考虑把中心城市作为依托，充分发挥中心城市现有的物流功能。

3. 以厂商集聚形成网络

集聚经济是现代经济发展的重要特征，厂房集聚不仅降低运营成本，而且将形成巨大的物流市场。物流作为一种实体经济活动，显然与商流存在明显区别，物流活动对地域、基础节点等依赖性强，因此很多企业把其生产基地设立在物流网络的中心。在进行物流网络构建时，需要在厂商物流集聚地形成物流网络的重点节点。

4. 建设信息化的物流网络

物流信息系统作为物流网络的一个重要组成部分，发挥着非常重要的作用。物流网络的要素不仅是物流中心、仓库、节点、公路等有形的硬件，还需要应用先进的计算机和网络技术，打造信息化平台，建设信息化的物流网络体系。

二、物流网络规划的内容

（一）物流网络规划的维度

物流网络规划就是确定产品从供货点到需求点流动的结构，包括决定使用何种物流设施、设施数量、设施位置、分派给各设施的产品和客户，设施之间应使用什么样的运输服务、如何进行访问等。这种网络规划包括空间和时间两个维度。

1. 空间/地理规划维度

即决定各种设施的平面地理位置，确定各种设施的数量、规模和位置时，要在地理特征表示的客户服务要求和成本之间寻求平衡，这些成本包括生产/采购成本、库存持有成本、设施成本和运输成本。

2. 时间/时期规划维度

即为满足客户服务目标而如何保持产品可得率。通过缩短生产/采购订单的反应时间或通过在接近客户的地方设有库存可以保证一定水平的产品可得率。首要考虑的因素是客户得到产品的时间，在满足客户服务目标的同时，平衡资金成本、订单处理成本和运输成本将决定产品流经物流网络的方式，以时间为基础的决策也会影响设施的选择。

（二）物流网络规划模块

1. 物流基础设施网络

物流基础设施是支撑和推动经济发展的基础，是企业提高物流能力、降低物流成本和改善物流服务的保障。物流基础设施是由物流线路（通道）和物流节点两部分有机结合配置而成的、具备物流相关功能和提供物流服务的场所或设施，包括物流园区、物流中心、配送中心及分布在生产制造、商贸流通和交通运输领域的货场、仓库、码头、编组站、空港等，也包括为物流服务的部分交通和通信基础设施。物流基础设施网络是物流网络的一个子网络，是一个由许多不同类型的物流节点及节点间的连接通道构成的集合，集合中的构成元素之间存在相互制约、相互联系的关系。

1）物流节点的规划

根据不同物流节点的功能和规模，确定合适的物流节点配置，为物流网络功能的实施提供支撑，物流园区、物流中心和配送中心是物流网络的重要节点。

2）物流通道的规划

物流通道的规划设计从宏观层面来说，就是对各种运输方式的网络配置，从微观层面来说是充分利用企业已有网络，制定满足一定物流服务需求的物流线路方案。

2. 物流信息网络

物流信息是指围绕各类物流活动，是外界输入或内部反馈的数据、资料、图像、文件、知识等的总称。物流信息表现为与物流活动有关的各类数据、信息和知识，其内容和形式多种多样。物流信息的网络化是指在物流领域综合应用现代计算机和通信技术，实现物流信息的电子化、数字化，并能完成其在多媒体化及综合网络上的自动采集、处理、存储、运输和交换，最终达到物流信息资源的充分开发和普遍共享，以降低物流成本、提高物流效率的过程，主要包括物流信息资源网络化、物流信息通信网络化和计算机网络化三个内容。物流信息网络就是物流信息网络化的产物，它是以网络形态出现的物流信息内容、载体及组织方式，包括物流信息需求网络与物流信息服务网络。

3. 物流组织网络

在网络经济的大背景下，研究从企业中分离出来的专业网络资源在网络技术的支持下，以合作关系为基础，形成物流组织网络。物流组织网络是一个资源充分共享的、可动态重组的、开放的多边网络，在物流组织网络平台上，各节点通过互动整合资源实现对用户的最优服务。

（三）物流网络规划的具体内容

对应上述物流网络规划的三大模块，可针对不同模块规划不同具体内容。

1. 物流节点规划

根据不同物流节点功能和规划，确定合理的物流节点配置，为物流网络功能的实施提供支持，其中，物流中心和配送中心是物流节点规划的重要内容。在对物流节点进行规划时，具体包括物流节点数量和种类、物流节点空间布局、物流节点功能配置、物流节点规模等。

2. 物流通道规划

物流通道规划就是对各种运输进行协调配置，需要考虑运输对象的特殊性，如液态物品、易碎物品、危险物品、超重物品等，此外，还需要考虑运输工具的选择与调度、运输时间安排和运输线路规划等。

3. 物流信息网络规划

物流网络各节点之间不仅存在产品实体流动，还存在大量的信息在各节点之间传递。在物流网络内，信息的及时传递、共享及处理都会对整个物流网络的效率产生重要影响。因此，在物流网络规划过程中，既要考虑有形的基础设施建设，也要注重无形的信息网络系统建设。

4. 物流组织网络规划

物流网络的运行需要组织管理。在进行物流网络规划时，要考虑人力资源配置和整个物流网络的组织管理，建立一套有序的物流网络组织管理和运行机制，才能使物流网络实现持续良性运转。

三、物流网络规划的影响因素

(一)外部宏观因素

1. 自然环境因素

自然环境因素一般包括地理因素和气候因素。地形对仓库基建投资的影响很大,在外形上选择长方形,不宜选择狭长或不规则形状;库区设置在地形高的地段,保证物资干燥。有的地方靠近水体则湿度比较大,靠近海边则盐分较高,这些都会影响商品的储存。在物流网络规划设计时还要注意台风、地震等灾害性事件的影响。

2. 政策环境因素

随着经济的发展,土地资源日益紧缺,取得大规模物流用地日益困难,政策环境因素成为物流网络规划设计的重要因素之一。政策环境因素包括企业优惠措施、城市规划、地区产业政策等。我国多个城市都建立了现代物流园区,其中除了提供物流用地之外,也有关于税收方面的减免,有助于降低物流运营成本。

3. 城市扩张与发展

物流节点尤其是在城市内部物流节点的选址,既要考虑城市扩张的速度和方向,又要考虑节省分拨费用和建设装卸次数。目前国内物流节点多在城市的工业区、住宅区、商业区、农业区、仓储区或物流专业园区等集中布置,大部分的物流节点在工业区中设置,也有部分选址在住宅区、商业区和农业区,其中以经销商最为常见。物流用地价格因素是影响物流成本的重要因素之一,物流节点选址规划既要符合降低成本的经济学要求,又要符合交通便利性的条件。

4. 人力资源条件

物流运作需要大量劳动力,人力资源条件也是物流网络规划设计所考虑的主要因素之一,人力资源条件通常包括人口、上班交通条件、薪水等。

(二)物流网络自身因素

1. 物流量与流向

物流网络规划与设计时,需要综合考虑物流量的大小和流向,特别是产品数量、种类,不同区域对不同产品的需求量等。这样才能保证物流线路和节点的容量、位置、规模规划设计的合理性和物流设施高效运行。

2. 物流活动主体的分布

物流网络规划必须考虑供应地和需求地客户的地理分布,从而进行物流节点位置和规模的设计。如果物流的服务客户主要是流通的零售店,大部分分布在人口密集的地区,那么为了提高服务水准、降低服务成本,物流节点应该在客户分布地区附近选址;如果物流的商品全部由供应商提供,那么物流节点越接近供应商,则越不需要商品安全库存。

3. 交通运输条件

交通运输条件是影响物流运输成本及效率的重要因素之一,在选择物流节点位置时必须考虑道路交通运输条件。一般物流网络节点应尽量选择在交通方便的高速公路、国道及快速道路附近。

4. 物流成本及服务水平

物流成本和服务水平具有相互制约的关系，要想压缩物流成本，都会在一定程度上影响物流服务水平；而要达到最优的服务水平，其成本必定会被拉高。因此，衡量好物流成本和物流服务是物流网络规划，特别是企业物流中最需要考虑的。物流成本包括运输成本和费率、仓储成本、采购或制造成本、订单处理成本等，物流服务水平包括订单满足率、顾客服务水平及在服务能力限制范围内设备和设施的可用性等。

第三节　物流网络规划的方法与步骤

一、物流网络规划方法概述

物流网络既是一种新的物流理论，也是一种新的研究思路和方法。网络分析方法为物流网络研究提供了重要工具。物流网络的规划，基本上都是以追求最低物流总成本与最大顾客满意度为出发点，同时兼顾成本与服务水平，从整合物流角度来规划整体的物流设施网络。与此相应，物流网络规划的方法是根据物流设施、存货、运输与服务水平之间的相互关系，找出彼此之间的约束与联系，采用数学的方法与原理，求得最优解。因此，物流网络规划首先要考虑企业本身的能力与资源状况，利用多目标规划方法产生各种不同组合的解；其次，利用多准则评估方法，加入相关的量化考虑因素，在上述多目标规划所产生的多组可行解中找出最佳可行方案。

二、物流网络研究的认识论

（一）物流网络研究的独特性

物流网络研究方法具有独特性。网络分析在经济和管理领域是一种新的研究范式，网络分析遵循其独特的方法论原则。网络分析者把重点放在网络整体、网络结构和节点间关系上。物流网络分析和研究的基础是物流节点之间是相互信赖和相互作用的关系，而不是独立的，因此物流网络分析研究的重要问题是各个物流节点之间的关系模式怎样影响及在多大程度上影响网络成员的行为，物流网络整体发展对单个物流节点的限制和制约等。当代网络分析技术，特别是网络模型分析取得了重大进展，它可以揭示网络的结构，分析网络结构对节点的影响，研究网络整体运作及对网络整体进行模拟等。这些都为物流网络的研究提供了重要工具。

（二）物流网络研究的认识论

物流网络研究是物流科学中的独特研究视角，之所以说其独特，是因为物流网络研究是建立在如下假设基础之上的：在互动的网络节点间存在的相互关系是非常重要的，通过节点间的资源共享和业务协作，可以大大提高资源的使用效率和服务质量，并最终降低全社会的物流服务成本。现代物流网络理论、模型和应用是各节点之间的关系及网络整体，而不是将重点放在单一的网络节点上。

以下几个认识论观点对于物流网络研究来说非常重要：

(1)物流节点之间是相互依赖的，而非完全独立。

(2)物流节点之间的关系是组织协作、资源传递、信息流动的渠道。

(3)物流网络的大环境可以为个体的行动提供机会，个体的行动会影响和改变网络整体。

(4)物流节点只有在网络组织的观念指导下，才能作出最优决策。

三、物流网络规划的研究方法

(一)以多学科理论为支撑

物流网络研究需要以经济学、管理学、系统科学、计算机与信息科学和地理信息科学为支撑，在具体研究过程中，用经济学的方法去研究物流网络中基础设施总体规模与经济发展的关系、物流基础设施合理规模的确定方法、物流组织节点之间的相互作用关系等；用管理学方法去研究物流组织间的运作模式、管理问题，以及物流网络及其子网络的效果评价等；用现代系统科学理论特别是复杂性科学中的自组织理论、复杂网络等研究物流网络的形成、演化、运作和优化问题；用计算机与信息科学特别是 Web 技术、网络技术等研究物流信息网络的构建、演化、模拟等问题。

(二)理论研究和实证分析相结合

物流网络的研究既是一种前沿性的研究课题，又是与物流管理时间密切相关的研究课题。为了使现代物流网络理论能够对物流实践的发展起到指导作用，改变目前物流理论落后于实践的状况，理论的研究就要超前于实践。为此对物流网络的研究应采取理论和实践相结合的研究方法，同时辅以一定的计算机仿真模拟。

(三)归纳推理和演绎推理相结合，定性与定量相结合

在物流网络的结构、现状分析及理论体系研究等方面，主要采取定性分析方法，进行演绎和归纳；在物流信息网络构建和合理性高效性分析、物流组织网络的资源整合机理、物流基础设施的合理规模确定方法等研究中，引入定量分析，通过研究模型和参数变化对物流网络性能的影响，揭示物流网络的内部机制和运行规律；在物流网络的管理控制及效果评价的研究中，管理理论的定性分析将结合网络技术和复杂科学的定量分析得到真实可靠的结论。

四、物流网络规划的分析步骤

(一)审计顾客服务水平

物流网络规划的第一步是进行顾客服务审计。顾客服务审计可以确定企业当前的顾客服务水平及顾客对服务水平的实际期望，顾客服务水平对企业的物流成本与物流网络的收益能力影响很大；在网络设计中，顾客服务水平通常被看做一个重要的约束条件，网络设计必须兼顾顾客服务水平与相应的物流成本。

（二）组织和开展研究

网络设计第一阶段的工作通常包括定义项目的范围和目标，研究队伍的组建，确定所需信息的可得性和收集信息的步骤；目的是确定在特定情况下开展战略性研究的可能性，确定研究队伍的人员构成及得到有价值的研究结果的可能性。初期阶段研究工作主要内容如下：①物流审计，即考察物流运作的现状以确定成本、顾客服务水平和物流管理绩效，为物流系统的评估提供基础数据；②与关键部门的管理人员及项目小组的所有成员进行访谈，明确管理层的目标，为研究工作缔造适宜的环境；③列出初步的清单，内容包括研究工作的关键前提条件、物流运作和市场营销政策及其他准则，这些前提和准则对收集数据和评估物流系统备选方案至关重要；④明确物流系统备选方案的评价准则，确定以物流成本和顾客服务水平为主要参数的物流系统评价指标；⑤选择恰当的分析模型，要保证方案评价的可操作性和方便性、模型输入数据的可得性，并充分估计相关的费用与所需的时间；⑥明确对数据的特定要求，提出数据收集的步骤；⑦确定必要的手工分析，作为对计算机模型分析的补充；⑧举行一次项目小组工作会议，审查研究结果与模型选择标准及初步的项目工作计划；⑨预测研究工作可能带来的成效与收益（物流成本的降低或顾客服务水平的提高）；⑩提供能立即降低物流成本或改进顾客服务水平的合理化建议。

（三）确定目标基准

以企业当前的管理政策、物流运作模式与绩效作为参照，即确定目标基准。典型的基准是企业当前物流系统的成本与顾客服务水平。建模分析是解决网络设计问题的流行方法，很多分析工作不可能放到实际运作中进行，只能借助于适当的模型。

（四）构建网络构架

网络构架的主要目标有以下三个：①在一定的顾客服务水平约束下求得最低的物流总成本；②在一定的物流总成本约束下实现最优的顾客服务水平；③通过尽可能地扩大特定的顾客服务水平所创造的收益与相对应的物流总成本之间的差距，获得最大的利润贡献。其中第三个目标与企业的经济目标最为接近，但由于难以对产品销售与顾客服务水平之间的关系精确定义，绝大多数模型都围绕第一个目标而设计，即在满足特定的顾客服务水平及工厂生产能力与仓库容量约束的情况下，对发生在生产、采购、仓储、运输等环节的物流成本进行权衡与平衡，实现最低的物流总成本。

（五）渠道设计

渠道设计主要确定设施的选址，与之相关的各节点的库存与节点之间的运输问题均从总量上进行考虑。此外，还需要考虑各种产品如何在物流网络中流动，直至到达消费者手中。需要思考和回答以下五类问题：①每种产品在渠道中各个层次和各存储点应当设置多少库存？②各级节点之间应提供什么样的运输服务？③在需求配送计划中应当采用拉动式还是推动式库存控制战略？④信息传递的最佳方式是什么？⑤最佳的预测方式是什么？

第四节 物流网络规划案例分析

一、案例1：基于轴-辐式物流网络理论的珠江三角洲区域物流网络分析

（一）轴-辐式物流网络模式

"轴-辐式"（hub-and-spoke）物流网络最早由O'Kelly于1987年提出，它是以点-轴开发理论为依据，是增长极理论的延伸，其中心思想是运用网络分析方法，将交通运输线路看作是由点、轴组成的空间组织形式。轴-辐式物流网络以主要物流节点（轴），如物流枢纽城市、枢纽港口、车站、空港等为轴心，以次要物流节点（辐）为附属，形成具有密切联系和多层次的空间网络系统。它是一个节点-路径系统，货物要从不同的出发地（spoke）到达不同的目的地（spoke）必须先到达一个中间地点（hub），通过中转，享受优惠的直达式运输服务。轴-辐式物流网络中存在多个中间节点，中间节点间为支柱链路，其他链路为分支链路。该网络最大特征是交通流量在支柱链路上高度集聚，导致交通流单位距离运输成本降低，提升物流运输规模效益（图8-4）。

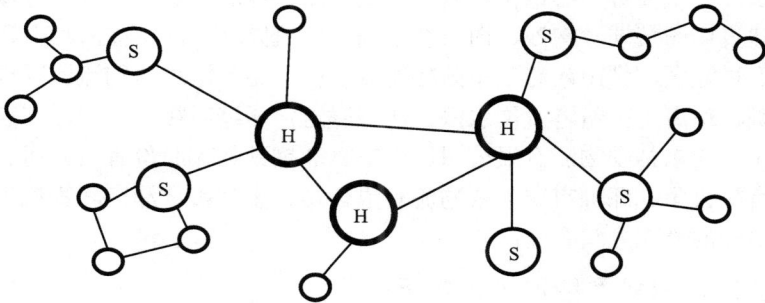

图8-4 轴-辐式网络原理图

（二）珠江三角洲区域物流网络发展基础

1. 环境区位

珠江三角洲地区位于我国东南沿海、广东省内，包括广州、深圳、珠海、佛山、江门、东莞、中山、惠州、肇庆等九个地级市。珠江三角洲区域毗邻港澳，与东南亚地区隔海相望，是南方地区的对外开放门户，被称为中国南大门。拥有绵长的海岸线，包括多个岛屿、众多优良港口，是中国大陆通向东南亚、太平洋地区和非洲的重要出海口。

2. 产业经济

珠江三角洲地区是具有全球影响力的制造业基地和现代服务业基地，也是全国科技创新与技术研发基地。改革开放以来，利用毗邻港澳、华侨众多的地缘、人缘和政策优势，引进技术设备，三资企业和三来一补业务得到迅猛发展。近年来积极进行产业升级和城市转型，对华南地区起着示范和带头作用，持续保持全国经济发展引擎地位，也是我国人口集聚、创新能力、综合实力最强的三大区域之一。

3. 珠江三角洲区域物流发展现状

从珠江三角洲物流基础设施来看，公路及高速公路里程分别达到 55848km 和 2116km，处于全国领先水平，公路路网密度达 85.95 公里/百平方公里。航空运输方面，现有四个空港。截至 2012 年 7 月，广东省共有 A 级物流企业 118 家，其中，珠江三角洲地区 A 级物流企业有 111 家，占全区 A 级物流企业的 94%，广州市的物流企业占到珠江三角洲地区物流企业总量的 55%，其次为深圳市，占比为 23%。

4. 珠江三角洲区域物流发展规划

根据《广东省物流业调整和振兴规划》对珠江三角洲地区及各城市的物流业发展规划要求是支持珠江三角洲地区依托先进制造业基地，建设物流服务社会化，大力发展汽车、电子、家电、医药、装备制造等领域的第三方物流；优化物流业发展区域布局，要求广州、深圳等中心城市，作为全国性物流节点城市，建设空港、海港、公路、铁路、邮政等复合型现代物流集聚高端基地。尤其是合理规划具有专业性或综合性的电子信息、家电、家具、服装、装备制造、玩具、陶瓷和金属加工等区域物流中心，打造为联合国采购基地，建设区域性资源枢纽和交易中心，建造南方物流信息交换中枢，确立珠江三角洲地区的国际电子商务中心地位；重点推进广州、深圳、佛山、东莞等城市配送中心项目；重点建设广州黄埔、南沙、白云空港国际物流园区、深圳前海湾保税物流园区、珠海高栏港保税港区、佛山南海三山国际物流港区、惠州港港口物流园区等项目。重点在广州、深圳、珠海主枢纽港发展水铁、江海联运，无缝对接。其中，广东省邮政速递物流有限公司、广东林安物流有限公司、广东欧浦钢铁物流股份有限公司、广州宝供物流企业集团有限公司、深圳市宝鼎威物流有限公司、惠州市金泽国际物流有限公司等是广东省重点培养的物流龙头企业。

(三)基于轴-辐式网络理论的实证分析

1. 物流节点指标体系的建立

根据珠江三角洲地区的地理区位、社会经济和物流发展现状，影响城市物流网络节点选址布局的主要因素包括经济水平、物流需求、物流基础设施和物流绩效四个方面，对这四个方面进行细分，得到物流节点综合评价指标体系(表 8-2)。并根据二级指标的原始数据，利用主成分分析法测算珠江三角洲城市群各城市的主成分及其总得分，得到排名(表 8-3)。

表 8-2　物流节点等级划分指标体系

一级指标	二级指标		得分	
			成分 1	成分 2
经济水平	地区生产总值	X1	0.172	−0.0107
	第三产业总值	X2	0.153	−0.062
	固定资产投资	X3	0.065	0.100
	规模以上工业总产值	X4	−0.078	−0.142
物流需求	人口总量	X5	−0.023	0.218
	工业企业个数	X6	0.178	0.03

续表

一级指标	二级指标		得分	
			成分1	成分2
物流需求	工业增加值	X7	0.176	−0.318
	社会消费品零售总额	X8	0.132	−0.018
物流基础设施	公路里程	X9	−0.071	0.268
	港口吞吐量	X10	0.120	0.006
	公路货运量	X11	0.067	0.097
	水运货运量	X12	0.094	0.053
	民用航空货运量	X13	0.182	−0.137
	铁路货运量	X14	0.032	0.149

表8-3 珠江三角洲地区物流节点主成分分析得分

城市	第一主成分	第二主成分	总得分	排名
广州	12658	5536	10051	1
深圳	8264	113	8703	2
佛山	3972	1425	3021	3
东莞	2427	1097	2217	4
中山	2535	671	2145	5
惠州	1891	2363	2064	6
江门	1097	2740	1698	7
珠海	2217	636	1638	8
肇庆	−26	2990	1078	9

2. 物流网络节点分析

总体上，珠江三角洲区域物流网络节点可分为三个层次。

广州、深圳为第一层次。广州作为广东省省会、华南地区枢纽城市，在经济、物流基础设施建设上占据绝对优势；而深圳是经济特区，在珠江三角洲地区产业升级的背景下，借鉴香港经验，打造金融中心、供应链的信息中心和国际转运中心，成为珠江三角洲地区物流枢纽之一。

佛山、东莞、中山、惠州为第二层次。珠江三角洲东岸以电子信息及基础工业为主，而西岸则是集中以小五金、小家电、建材为主的专业镇形式的产业集群，佛山、东莞和中山区位优势明显，自身市场需求较强，能够为上一级城市提供稳定货源，成为二级物流枢纽；而惠州是通往粤东乃至福建等地的东大门，其特殊的地理优势使得惠州成为二级物流枢纽之一。

江门、珠海、肇庆为第三层次，这三个城市的制造业相对不够发达，江门、肇庆区位优势不明显，珠海虽然有良好的地理条件，但由于城市自身的发展定位，工业基础相对薄弱，对物流的需求与供给都不明显，第三层次的城市作为支撑节点，通过枢纽点与外界进行连接。即广州、深圳为一级枢纽(hub)，佛山、东莞、中山、惠州为二级枢纽(sub-hub)，江门、珠海、肇庆为支撑节点(spoke)。

3. 物流网络通道分析

在物流通道方面，第一级与第二级节点之间的通道为主干线，其中，广州与深圳之间的通道就是轴-辐网络中的核心部分，主干线具有高运输密度、大规模运输量、长距离运输等特点，主干线除了包括干线始发地和目的地的物流源，还包括支线物流的货源补给，通过轴衔接的支线网络，吸引大量支线货源。支线通道即轴-辐通道，是物流中心节点与网络节点之间的通道。在珠江三角洲区域物流网络中，是一、二级枢纽与支撑节点之间的通道。

二、案例 2：TCL 物流网络

（一）TCL 企业概况

TCL 集团股份有限公司创办于 1981 年，总部位于中国南部的广东省惠州市，在深圳和香港上市。进入 20 世纪 90 年代以来，TCL 集团连续十二年以年均 42.65%的速度增长，是中国增长最快的工业制造企业之一。目前 TCL 集团主要从事彩电、手机、电话机、个人电脑、空调、冰箱、洗衣机、开关、插座、照明灯具等产品的研发、生产、销售和服务业务，其中彩电、手机、电话机、个人电脑等产品在国内市场具有领先优势。

（二）TCL 销售链物流网络概况

企业从成立开始，TCL 公司就采用各种方式拓展销售渠道，已建立起遍布全国各地的 200 多家销售经营部、千余家专卖店。在惠州、无锡、呼和浩特和新乡有四个工厂，同时将全国分为华北、西北、西南、东北、中原、华东、华南 7 个销售大区，每个大区有一个中转仓，面积在 2000~5000m²。中转仓库一般选在区域的经济中心，如北京、上海、武汉、广州、成都、西安等，向区内的经营部配送。各大区内人口密度超过 400 人/km² 的省份，每个省有 10 家以上的经营部，每个经营部的覆盖半径约为100km，如山东、江苏、河南等省；人口密度在 200~400 人/km² 的省份有 5~10 家经营部，覆盖半径在 200km 左右；人口密度在 200 人/km² 以下的省份，经营部一般不超过 5 家，如新疆全省只有 3 家经营部，这样的省份销量也较小。一般来说，华北、华东、华南和中原省份的人口密度较高，西北、东北和西南省份的人口密度较低。全部经营部数量为 208 个，并且还在不断增长之中。每个经营部至少有一间仓库，面积为 500~3000m²。

TCL 销售公司一直强调"受控网络"的概念，即销售网络中的任何一个环节都能够按照统一的步调来运作。对于网络末端的节点，必须通过增值服务的方式才能真正控制起来，物流运作就是这样的手段之一。每个网络节点上都驻留库存，充足的货源供应，及时的配送，正是这些措施吸引了经销商，确保经营部能够维持一定的利润水平。在人口密度较高、零售比较发达的省份，一般每个经营部会面对 30~50 家的经销商，还有像国美、苏宁、三联这样一些不通过经销商直接向经营部要货的零售大客户。在人口密度较低的省份，每个经营部面对的经销商数量在 10~20 个。经销商和大客户一般拥有

15~45 天的账期，他们的平均库存为 10~30 天。随着市场竞争日趋激烈，竞争对手们同样在全力拓展渠道，价格战导致家电行业整体利润变薄，能够留给渠道的费用已经越来越少。

(三)企业物流网络运作模式

1. 现有模式

对于占公司销量近 85%的 TV 产品，从工厂下线后经过工厂仓库、中转仓、经营部仓库、经销商或大客户仓库、零售商仓库送到消费者手中，平均需要 58 天；其中货权从属于 TCL 的，也就是产品从经营部仓库出货之前，需要 41 天。在这条库存链中，经营部库存占 60%以上，工厂的库存约占 30%，中转仓的库存不到 10%。

2. 存在问题

虽然直接面对客户的经营部拥有较高的库存，但平均缺货率依然在 5%以上，个别畅销 SKU 的缺货率甚至达到 20%，考虑到 TV 产品之间有一定的替代性，实际的缺货情况比这个数字可能还要高。

当前物流网络总成本中所占比率最高的是库存持有成本，主要包括资金占用成本和调价损失两部分，占总成本的 48%。对资金占用成本采用相对保守的计算方法，每年约8%，略高于银行的贷款利息；由于当前国内 TV 产品市场竞争越演越烈，产品生命周期变短，降价促销非常普遍。按照保守估计，根据每年 120 亿元的销售额和 41 天的平均库存，整个 TCL 销售公司 TV 产品的库存持有成本就达到了 2 亿元，远高于 8000 万元的运输费用。

(四)订单流程

TCL 集团物流部门一直通过电话、传真的方式在各个环节之间交换销售、要货和库存等信息。销售环节发生在经销商、大客户和 TCL 销售公司经营部之间。经销商通过电话或传真向本地区的经营部下订单，经营部销售人员接到订单后首先根据库存记录确认是否有货，如果库存满足要求，就向物流服务商发出送货通知。物流服务商一般负责经营部仓库的运作管理和配送工作，每天都会根据出入库记录向经营部提供一份 Excel 格式的库存记录。接到送货通知后，物流服务供应商根据车辆的情况安排运输，发货时向经销商提交发货通知，货物送达后为经营部带回经销商签收的托运单。在库存满足要求的情况下，经销商下订单到收货可以在 24h 内完成。对于偏远山区和边疆地区的经营部，一般会在第 2 天或第 3 天送到经销商手中，这些地区的销量在 10%以下。

如果库存不满足要求，销售人员首先和经销商协商能否调换为另外一种库存满足需求的型号或其他产品，如果经销商不同意或没有可以替代的产品，那么销售人员就要向上一级部门即大区的中转仓提出要货申请，同时和经销商确认可接受的最晚送货时间。由于是干线运输，中转仓要求在凑够整车以后向经营部发货，有时也直接发到经销商手中。运输后第 2 天就有可能送到，长的时候可能要等 1 个星期。出于节省装卸成本的考虑，中转仓只保有少量畅销 SKU 的库存，因此有些时候无法满足经营部提交的经销商紧急要货需求。此时中转仓需要向上一级的工厂仓库要货，而经销商往往要等待 1 个星期以上才能收到货。

(五)物流网络重组

改变工厂-中转仓-经营部-客户这样一种物流网络结构,压缩占总数 2/3 的经营部库存来达到降低总体库存水平的目的。208 个经营部每家每个 SKU 都有 14 天的安全库存,这是问题的关键。只要托运单能够及时提交,保证一定的利润,500km 以内的客户都可以在 24h 内送达。而当前大部分经营部的配送范围仅是 100～150km。因此,在保证服务水平不变的前提下,没有必要保留这么多的经营部仓库。按照 500km 的范围,以销量高的中心城市为圆心,差不多 25 个圈就可以覆盖 TCL 销售公司的整个网络,这 25 个圆心基本上就是各个省的省会,可以作为区域配送中心。把这些圈内经营部的库存整合到中心城市,整合后的销售波动比每个经营部的销售波动之和要小得多,因此相应的安全库存也会小,而有了这 25 个区域配送中心,中转仓就没有存在的必要了。由此确定了"工厂-区域配送中心-客户"的新模式。

思 考 题

1. 简述物流网络的概念与特征。
2. 物流网络可以分为哪几种类型?
3. 物流网络规划应该遵循哪些原则?
4. 简述物流网络规划的主要内容。
5. 简述物流网络规划的步骤与程序。

第九章 城市物流系统规划

第一节 城市物流系统概述

一、城市物流概述

(一)城市物流的概念

不同学科和学者对城市物流的概念有不同的界定,有学者认为城市物流是以城市为主体,围绕城市需求所发生的物流活动,无论城市地域范围的大小,物流活动都有共同的属性;有些学者指出城市物流是在一定的行政规划条件下,为满足城市经济发展要求和城市特点而组织的区域性物流;也有学者认为城市物流是在一定的时间和空间范围内,由某城市的物流企业、物流工作者、物流设施、物流对象和物流信息等要素构成的具有组织城市物流功能的有机整体。本书将城市物流定义为物品在城市内的实体流动、城市与外部区域的货物集散及城市废弃物的清理等活动。

(二)城市物流的特点

城市物流是中观物流,城市物流的重点是如何保障整个城市的物流活动,使其满足人们生活、生产的需要,考虑的是货物在城市内的流动及与城市外界的交换,以城市配送为主。与平常提到的物流相比,城市物流在物流涉及的诸多方面上增加了地域的限制和城市的属性。城市物流具有如下特点:

第一,物流活动涉及领域广。从物流活动所涉及的领域看,城市物流不仅包括生产领域、流通领域,还包括消费领域,涉及社会再生产全过程的每一个环节。

第二,物流对象复杂。从物流对象来看,既有生产消费所需要的各种原材料、机器设备等生产资料,又有人们生活消费的各种消费品,还包括城市废弃物品。

第三,物流量大。从物流的规模和流量来看,城市物流的规模和流量比企业物流大得多,其物流规模和流量不仅与城市自身的经济社会发展水平有关,还受到周边城市或地区,乃至其他国家的影响。

二、城市物流系统的概念及特征

(一)城市物流系统的概念

城市物流系统指在一定的时空范围内,由城市的物流企业、物流设施、物流对象和物流信息等要素构成的具有组织城市物流功能的有机整体。

城市物流系统由三大子系统构成,即城市物流基础设施子系统、城市物流信息子系统和城市物流政策法规子系统,它们共同支持城市物流系统中的制造、商贸、物流、信息服务等企业运作，完成存储、运输、配送等功能，实现提高城市整体效益和竞争力的目标。

（二）城市物流系统的特征

1. 物流密度大

物流密度指单位面积内所拥有的物流业务、物流设施、物流设备、物流组织的数量。人口多、产业集聚是城市的主要特点，因此，城市物流与其他物流形式相比，城市物流密度大是其主要特征。物流密度越高，对城市物流的组织、管理和规划也提出了更多的要求。

2. 制约因素多

与企业物流相比，城市物流要受到地域限制和城市属性的影响。城市空间内高密度分布的各种商业旅游设施、文化体育设施、教育医疗设施、工业、居住等建筑物及其他生产和生活设施，都会影响和制约物流网点的布局和路线的选择。此外，物流发展的滞后性，即城市建设一般要先于城市物流的建设，也加剧了城市物流的复杂性。

3. 实行城市配送

城市物流包括城市输入物流、城市输出物流和城市内部物流。显然，城市输入和输出物流的具体形式主要是车站物流、港口物流、机场物流及其他物流网点物流。而城市内部物流是发生在城市内部的各物流网点之间、物流网点与用户之间及用户与用户之间的同城物流。城市内部物流配送半径较小且以配送为主。城市配送是城市物流的主要特征。

4. 与企业物流关系密切

城市物流与企业物流存在着密切的集散关系，企业输出的产品必须通过城市物流才能汇集并输出城市，而外部物流也只有通过城市这个节点的再分配，才能到达各个企业。企业是城市物流系统存在的条件，城市物流系统是连接企业与外部的纽带，是企业通向外界的通道。

三、城市物流系统的功能

（一）集约功能

城市物流系统的集约功能主要体现在四个方面。第一，量的集约。将过去的许多个货站、货场的货物集约在一起。第二，货物处理的集约。将过去多处分散的货物处理集约在一起。第三，技术的集约。城市物流系统采用类似生产流程式的流程和大规模处理设备。第四，信息集约。把各自为政的企业信息收集、加工、传输、处理和指令集中在城市物流信息中心统一进行，达到信息的共享和集成。

（二）衔接功能

城市物流系统实现了不同运输方式的有效衔接，实现了不同节点、不同用户终端运输的有效衔接。通过物流节点与线路的有效衔接，构建物流网络，保障城市物流运行。

(三)对联合运输的支撑和扩展功能

城市物流系统的支撑功能主要体现在对集装、散装等联合运输形式,通过城市物流中心使这种联合运输形式获得更大的发展。城市物流系统的扩展功能主要表现在通过城市中心之间的干线运输和与之衔接的配送、集货运输,扩展联合运输的对象。

(四)提高效率,降低成本,改善环境

城市物流系统能够提高物流水平,集中体现在可以缩短物流时间、提高物流速度、减少多次搬装卸和存储环节、减少物流损失、降低物流费用。同时,减少线路、货站、货场及相关设施在城市内占用的土地,减少车辆出行次数,减少噪声、尾气和货物对城市环境的污染。

第二节　城市物流系统规划的内涵与原则

一、城市物流系统规划的内涵

(一)城市物流系统规划的概念

城市物流系统规划是指在一个城市及其周边地区范围内,根据现有物流状况及未来的物流发展需要,从社会的整体利益角度出发,综合考虑城市经济、交通、环境等各个方面,合理配置城市物流资源,以最小的社会消耗完成城市物流。城市物流系统规划是一项庞杂的系统工程,涉及众多的部门,与社会经济的方方面面有着密不可分的联系。

(二)城市物流规划与城市规划的关系

1. 城市物流系统规划是城市规划的重要组成部分

城市规划是确定城市性质、规模、发展方向和空间布局,统筹安排城市各项建设用地,合理配置城市各项基础设施,处理好远期发展与近期建设的关系,指导城市合理发展的整体、全局和长远性的安排和部署。物流系统规划是城市总体规划的一个子系统。

2. 城市物流规划必须符合城市规划的总体要求

城市总体规划是依据当地的自然环境、资源条件、历史情况、现状特征,统筹兼顾、综合部署安排城市的规模、发展方向,实现城市的经济和社会发展目标,合理利用城市土地,协调城市空间布局等所做的一定期限内的总体部署和具体安排。城市物流规划作为城市规划的一部分,是城市总体规划的一项重要内容。城市物流规划受城市建设规划用地等的限制,同时,城市物流系统规划影响其所在区域内城市道路的网络平衡。因此,城市物流系统规划要与城市总体规划相协调,符合城市用地规划、环境规划等的要求。

3. 城市规划时要充分考虑城市物流规划

城市物流系统规划会涉及物流节点和物流通道的选址布局和建设,涉及城市的土地利用规划和生态环境,对整个城市规划具有重要影响。因此在作城市规划时要充分考虑

物流规划，如鉴于我国目前城市化进程加速、城市土地日益紧张，占地规模大的城市物流节点选址宜放在城市边缘地区。此外，城市物流作为货物集散中转作业场所，其衔接不同地区和城市内外，应将物流节点布置在交通枢纽地带。

二、城市物流系统规划的编制原则

(一)微观规划与宏观规划相结合

城市物流宏观规划指的是城市所在的经济区域乃至全国、全世界大范围、大物流系统的发展规划。城市物流微观规划主要指城市内的物流规划，相对于它所处的大经济区域来说是微观的。城市内部物流规划包括交通主干道、交通基础设施、主要物流中心、仓储基地、物流园区等的规划和布局，都需要与经济区域大环境的规划相协调，要根据城市在大经济区域中的地位和作用来定位本城市物流的功能、作用、规模和特色等并制定城市物流规划。

(二)与城市总体规划相协调

我国城市正进入快速发展期，每个城市都在制定其整体发展规划，而城市物流规划是城市总体规划的有机组成部分，应该从城市的总体规划出发，与城市的整体规划相互协调，实现功能互补、整合发展。同时，在进行城市规划时也要考虑城市物流系统规划要求，使城市总体规划和物流规划在功能和生产布局等方面保持一致，建立起多渠道、多层次的协调机制。

(三)以市场需求为导向

在城市物流产业发展过程中，政府要准确把握自身定位与作用，更新观念与思路，坚持以市场为导向，尽量减少不必要的干预。政府主要制定政策、规划和标准，以市场需求为导向，从政策上引导产业发展，努力营造一个公平有序的市场竞争环境。

(四)整合各种物流资源

物流产业的特点是通过对各种物流要素的优化组合和合理配置，实现物流活动效率的提高和社会物流总成本的降低。当物流资源分散在不同企业或不同部门时，各种物流要素很难充分发挥其应有的作用。随着物流活动从生产和流通领域中分化出来，各种物流要素逐渐成为市场资源，可以根据各种物流活动的要求，在全社会范围内对各种物流要素进行整体的优化组合和合理配置，从而最大限度地发挥各种物流要素的作用，提高全社会的物流效率。

(五)重点推进，循序渐进

城市物流系统建设是一项长期任务，规模大，内容繁杂。因此必须遵循重点推进、循序渐进的实施原则。规划阶段的工作关键是选择好作为城市物流系统建设突破口的启动建设项目，使其对全局推进有重要的示范性影响，并以此形成城市现代物流体系的基础框架，为今后的持续发展积累经验。

第三节　城市物流系统规划的流程与内容

一、城市物流系统规划的流程

（一）规划前期准备

1. 提出规划需求

政府、物流协会、企业或其他团体应根据当地的城市特点及物流现状，向有关部门提出规划需求。经过有关部门初步研究，认为有必要对城市物流规划提出初步的规划设想。

2. 成立规划小组

政府委托相应的职能部门组织召集物流专家、其他相关政府部门、企业代表、物流协会等人员组成城市物流规划小组。小组的成员应该具有广泛的代表性，必须包括各方面的专家及实际工作者。在规划人员中至少要有交通、城市规划、物流或流通、金融（财务）等方面的专家与实际经验者。

（二）规划工作流程

1. 现状调查和资料收集

主要对城市经济水平、区位条件、物流运行现状等因素进行实地调查，并对未来的物流需求和供给情况进行预测。

2. 数据处理与分析

使用必要的统计分析方法与数据处理方法，对各种数据进行分类、统计与分析，从而得出初步的数据结论。

3. 进行城市物流发展战略定位

通过对数据的动态分析可以发现各种规划要素的变动趋势，据此预测未来的走向；横向比较即将各种规划要素的数据与可比区域的相关数据进行比较。根据动态分析与横向比较的结果确定城市物流发展的战略定位，并将其具体化。

4. 制定各种发展目标和具体方案

根据战略定位及前述的数据分析结果，制定具体的区域物流发展目标，包括目标实现的阶段和时间期限。根据城市物流规划目标，充分考虑影响城市物流固化的政策因素、区位因素、物流现状、未来需求、经济水平等，明确城市物流规划的主要内容，并按照规划内容进行方案的制订。

5. 方案评估与修订

根据一定的评价方法对方案进行评估，看其是否可行、是否能达到预定的目标。若方案不能达到预定的目标，则对方案进行重新修订。若认为原目标不科学，则应重新确定目标，重新制定规划方案，直到得到满意的规划方案为止。

6. 方案确定与实施

对方案进行评估和修订后，若认为可行，则最终确定方案，并按照此方案实施。在实施规划方案的过程中，要经常检查规划的可行性和实际效益，根据新发现的情况和问题，对原方案作出必要的调整、补充或修改，使之适应新形势和环境的变化。

二、城市物流规划的主要内容

（一）城市物流系统规划框架

根据规划的一般理论和目前中心城市物流规划的经验，城市物流规划大致可以分为五个阶段。

第一阶段：规划准备阶段。

第二阶段：调查研究阶段。

第三阶段：城市物流发展战略规划阶段，又称物流发展概念性规划。

第四阶段：总体规划制定阶段。

第五阶段：各项专项物流规划详细设计阶段。

城市物流总体规划主要包括城市物流基础设施平台规划、城市物流信息平台规划、城市物流政策平台规划、城市物流企业发展战略规划等。从政府角度来看，最主要的是进行"三大平台"的规划工作。

（二）城市物流系统总体规划的内容

1. 城市物流系统定位

城市物流系统的定位要解决的问题是勾画系统的蓝图，也就是建立一个什么样的物流系统。城市物流系统的定位必须要与城市的总体功能符合，大体可以分为区域性物流中心城市、全国性物流中心城市和国际性物流中心城市等。

2. 城市物流业现状分析与物流发展预测

物流需求预测是物流规划的前提，合理的规划是建立在科学预测基础上的。城市物流系统的需求预测，是对一个宏观系统的预测，以整个经济区域为研究对象，比企业和行业的物流需求预测更复杂。城市物流预测包括综合物流量、分空间的物流量、分运输方式的物流量、分货种的物流量等。物流量是一个矢量，在预测数量的同时，也需要预测物流流向。

分析中心城市物流的发展水平、物流基础设施建设中存在的瓶颈、产业发展环境中存在的问题、信息系统建设的现状和需求等方面，也是规划所要重点解决的问题。

3. 城市物流基础设施平台规划

城市物流基础设施平台规划是城市物流系统规划的重要组成部分，它以城市物流系统概念设计为指导，以各相关部门的现有规划为基础。需要注意的是，部分交通基础设施的建设，不仅是为了满足物流系统的需要，而且需要满足客运交通的要求，是更大系统的组成内容。构筑城市物流基础设施平台的过程，也是城市物流在现有基础设施的基础上调整完善的过程。其中，首先要控制物流节点的定位及规模，其次是保证物流节点的对外联系条件、相关交通基础设施规划及协调城市交通系统关系的要求，确定货运通道，最后分析满足时效性要求的货运配送道路体系的建立。

4. 城市物流信息平台规划

城市物流信息平台规划就是通过对政府相关部门现有物流相关信息系统建设、物流企业信息化建设、交通邮电基础设施现状及发展规划、在建或已建相关物流信息基础设施项目进行分析，根据物流业的发展战略目标和城市定位，在分析各种物流模式下功能与需求的基础上，提出城市物流信息平台发展的战略目标及假设策略、城市物流信息系统的体系结构、城市物流信息系统的建设项目等。

5. 城市物流政策规划

城市物流政策规划的目标是为现代物流业的发展创造一个良好的软环境，包括良好的市场运营环境、良好的政府协调管理机制，切实保障中心城市现代物流系统发展目标的实现。城市物流政策规划内容包括市场准入管制、鼓励现代物流业发展的产业政策及政府物流业管理协调机制的建立等。

6. 城市物流规划结果评价

对城市物流规划结果的评价是指对规划的物流系统进行效率评价，在方法上主要通过评价指标体系的综合加权来确定系统的有效性。目前一般可以采用的指标主要有物流成本在 GDP 中所占的比例、第三方物流所占的比例、产业集中度等。在物流信息系统和基础设施的规划中还包括其他更加细化的评价指标。

第四节　城市物流系统规划案例

一、衢州市物流空间发展布局规划的背景、范围和期限

（一）规划背景

浙江省作为全国经济最发达省份之一，物流市场发展迅速，加快发展现代物流已成为省委、省政府的一项重大举措。衢州市现代物流业正在起步，衢州市委、市政府非常重视现代物流业的发展，明确提出要把衢州打造成四省边际物流中心。在衢州市物流发展的初级阶段，特别要加强对物流空间布局和节点建设的规划，全面统筹，整体安排，以避免造成重复建设及资源配置的极大浪费。为此，衢州市政府专门成立了衢州市物流空间发展布局规划课题组，在市政府统一领导下，由衢州市发展和改革委员会具体负责，委托杭州通创物流咨询有限公司组成课题组，对衢州市物流空间发展布局进行专题研究。

衢州市完全可以通过物流功能的完善来拉动衢州经济的发展，依托现代物流中心的建设来提升衢州市在四省边际这一区域经济中的地位，充分显示出与周边地区的比较优势，从而打造四省边际物流中心，实现衢州经济的跨越式发展。

（二）规划范围和期限

本规划的范围为衢州市整个市域，包括市区、龙游县、常山县、江山市、开化县，重点为市区（包括柯城区、衢江区）。

规划期限为 15 年，规划年度 2006～2020 年，分近期（2006～2010 年）和中远期（2011～2020 年）两个阶段规划。

二、衢州市物流业发展战略规划

（一）指导思想

坚持"政府引导，开放带动，市场驱动，企业运作，稳步推进"的方针，充分利用衢州市四省边际的区位条件，发挥交通便捷的优势，从衢州市四省边际物流中心的目标出发，以建设大市场、搞活大流通、发展大物流、创建具有衢州特色的现代物流体系为主线，统筹衢州市现有物流需求和未来发展趋势，紧紧围绕物流需求源，对衢州市物流空间进行合理、科学的布局规划，构筑与衢州市城市、产业空间布局相适应的现代物流网络；突出发展重点，对物流中心、配送中心等节点进行优化配置，形成层次分明、功能齐全、覆盖面广、辐射力强的高效便捷的现代物流空间布局体系；依靠现代物流技术和组织方式，坚持高起点规划、高标准建设，完善基础设施，提升服务功能，合理整合现有物流资源，大力引进先进的物流企业，加快传统物流向现代物流转变，努力构造社会化、专业化、信息化的高效便捷的现代物流服务体系，从而推动衢州市现代物流业的发展和四省边际物流中心城市的形成，实现对衢州市整个国民经济的有力支撑，使现代物流业成为衢州市未来经济发展的重要产业和新的经济增长点。

（二）战略定位

按照把衢州培育成为全省新的经济增长点和与全省同步基本实现现代化的目标要求，适应衢州市的城市发展总体定位，根据衢州市"五城联创"的发展思路，依托衢州市"四省通衢"的优越区位条件、日益完善的综合交通运输体系和日渐显现的快速增长的产业优势，通过大力培育物流市场主体，积极构筑物流网络平台和区域物流信息平台两大平台，坚持"整合资源"和"创造物流"相结合，选择内陆口岸型国际物流体系、大宗物资区域集散型物流体系和特色产业基地型物流体系三个突破口，适当发展都市商业配送服务体系，把衢州市打造成为立足浙西，接轨长江三角洲、珠江三角洲两个经济带，辐射浙赣闽皖四省经济腹地的浙西物流枢纽和四省边际物流中心。

（三）发展目标

1. 近期目标（2010 年）

加强对衢州市物流资源的整合与物流节点的规划，合力打造浙西物流中心，重点建设市本级衢州综合物流中心，初步完成衢州综合物流中心第一阶段的国际物流功能区、以浙西粮油交易中心为核心的农产品物流功能区、大宗物资集散功能区等的建设并投入运作；开始规划建设衢州氟硅五金物流中心、货物配载中心，投入运行并联网全国；同时，其他几个县市的物流基地、物流中心开始规划，并进入动工建设阶段。初步建立现代物流服务体系框架，基本形成快速、便捷的交通网络；培育 5～7 家有实力、有辐射能力的物流企业；引进 3～5 家国外物流企业或全国有影响力的物流企业入驻衢州。

加强信息技术在物流领域的应用，基本完成衢州市现代物流信息公共平台建设，启动以"一主四副"为代表的物流中心和物流基地信息化建设工程。

2. 中远期目标（2020 年）

衢州综合物流中心进入全面运作期，其功能逐步完善。衢州市现代物流发展格局全面形成，市域内各物流中心、物流基地进入全面运作期，其功能逐步完善，基本形成与市域国民经济发展相适应的现代物流网络。辐射浙赣闽皖四省经济腹地的"四省边际区域性物流中心"的地位基本确定，并逐步被周边区域所认同。

物流产业政策体系比较完备，物流需求市场具有一定规模。专业骨干物流服务企业主导现代物流业发展的格局基本形成，现代物流服务内容与服务水平在量和质上均有显著提高。

以衢州市现代物流公共信息平台为核心，各物流中心物流信息管理系统为重要的组成部分，第三方物流企业信息管理系统、工商企业物流信息系统和相关政府服务机构信息系统为终端延伸的现代物流信息网络基本形成。

三、衢州市物流空间发展总体布局

（一）空间规划布局原则

1. 符合城市总体规划原则

城市总体规划对城市的性质、形态、结构、用地布局、综合交通、基础设施规划都作了明确的规定，可以说是一个城市未来发展的蓝图和纲要。而物流空间布局从属于城市总体规划，因此，在制定衢州市物流空间发展布局规划时必须在符合城市总体规划的前提下，做到科学、合理的布局。

2. 靠近物流需求源原则

物流源的需求直接决定了物流节点的类型、数量、规模和布局，因此，应通过对物流源的需求进行层次和结构分析，在物流需求源附近确定相应类别和规模的物流节点设施，以使物流节点所提供的物流服务能尽量与需求源相一致。衢州市目前的物流需求源主要集中在化工、建材（水泥）、机械、造纸等相对偏重的制造业中的大宗物资，以及衢州市及浙西南地区丰富的农副产品资源，因此衢州物流空间布局系统主要为浙西的化工业、建材业和制造加工业及农业经济提供全方位高质量的物流服务。

3. 交通便利原则

物流节点是连接物流线路的地点，因此，物流节点必须设在交通便利之处，最好能实现两种及两种以上运输方式的对接。目前衢州市融合高速公路、铁路、水运、航空等运输方式的综合立体网络已初现雏形，其他交通基础建设正在进行之中，因此，衢州市在进行物流空间布局时，应该充分利用现有及未来的交通基础设施，在高速公路出入口、铁路货运站、内河码头附近设置物流节点，一方面降低物流节点的建设成本；另一方面使得物流节点和物流线路的衔接更为通畅从而保证货畅其流。

4. 经济合理原则

物流节点虽然具有一定的社会公益性，但同时也具有赢利性。因此，物流空间的布局必须符合经济合理原则，包括较低的地价、充足且素质较高的劳动力等，从而为物流节点中的企业获得必要利益创造条件。由于衢州市地广人稀、经济发展相对滞后，因此相对省内其他发达城市而言衢州市整体地价较为低廉，同时衢州市劳动力成本较低，这些都为物流节点的低成本建设和营运奠定了一定的基础。因此，衢州市物流空间发展布局应该利用现有的优势，本着"经济合理"的原则，尽量降低物流节点的建设成本和运营成本，从而为今后企业进驻物流节点创造更大的赢利空间。

5. 适度超前原则

随着国民经济的快速发展和社会总产出的不断增加，物流需求也会猛增，但一定时期内地区物流节点所提供的服务量是基本固定的，而且物流节点等物流基础设施一旦建成就很难进行变动，若重新变动则需要花费很大代价。因此，物流空间布局规划应当具有适度超前性，以便协调经济不断发展对物流需求的猛增与一定时期内物流设施提供服务量的稳定性之间的矛盾。对于衢州市而言，应该说目前的物流总量并不是很大，而且衢州市不少企业习惯自办物流，物流外包比例还不是很高。但是，随着浙江东部产业向浙西延伸和转移、衢州市货物运输需求量的持续上升和企业物流外包比例的增加，衢州市各个物流节点的物流市场量（通过物流节点调配的物流量）也会大幅度增加，因此物流空间布局必须充分考虑未来物流的发展趋势，遵循适度超前的原则，以满足不断增加的外协物流的需求。

6. 环境保护和可持续发展原则

缓解城市交通压力、减轻物流对环境的污染是物流空间布局的一个重要目的，也是"以人为本"规划思想的重要体现。使车流量密集、占地规模较大、噪声污染严重的物流节点远离交通拥挤、人口密集和人类生活比较集中的城市中心区，从而为人们创造良好的工作生活环境，这既是物流节点产生的重要原因，也是城市可持续发展的必然要求。衢州市是国家优秀旅游城市，衢州市的城市性质也被定位为"国家历史文化名城、生态园林城市"，在此背景下，衢州市物流空间布局应该尽量避免对周围历史文化景观和自然景观的破坏，从而真正体现可持续发展的原则。

（二）空间布局总体要求

依托四省边际的区位优势，形成以服务衢州市域为基础，同时辐射周边区域和省份的完善的物流服务体系；充分利用衢州市综合运输网络体系，形成以公路运输为主体，铁路、水路、航空等其他运输方式为补充的多式联运体系；选择"国际物流体系、物资集散物流体系和特色产业物流体系"三个突破口，建设高水平的现代化物流中心，构筑时效性货运通道运输网络，建立快速、准时、多样化配送道路体系；在规划期内形成总量平衡、布局合理、层次分明、配套完善、运作协同、具有网络化物流服务与运作功能的现代物流基础设施体系和空间发展布局体系。

（三）物流空间总体布局框架

物流涉及交通运输、仓储、批发零售、对外贸易等行业，既有经济区域内各个物流"点"的问题，又有经济区域内各物流点的连接"线"的问题，还有经济区域内整体物流"面"的问题，物流的空间结构即指这个"点-线-面"结构。衢州物流空间发展布局主要是着力构筑以"三大物流圈（面）、六条物流走廊带（线）、三个层次物流节点（点）"为主要内容的框架体系。

1. 三大物流圈

三大物流圈：即规划构筑以龙游、衢州、常山、江山、开化为物流核心圈；以丽水的全部、金华的西部、杭州的建德、江西上饶的大部为物流辐射圈；以四省九地其他地区为物流影响圈的紧密型和松散型相结合的物流圈层。

2. 六条物流走廊带

第一条是从衢州综合物流中心起始，经龙游物流基地，沿杭金衢、沪杭、杭千高速公路、320 国道和浙赣铁路为主的衢州-杭州-上海往北方向的物流走廊带。

第二条是从衢州综合物流中心起始，经龙游物流基地，沿杭金衢、甬金高速公路为主的衢州-龙游-金华-宁波往东北方向的物流走廊带。

第三条是从衢州综合物流中心起始，经龙游物流基地，沿龙丽、金台高速公路、金温铁路为主的衢州-龙游-丽水-台州-温州往东南方向的物流走廊带。

第四条是从衢州综合物流中心起始，经常山物流基地，沿杭金衢高速公路、浙赣铁路、金千黄铁路、衢景九铁路为主的衢州-常山-(江西)上饶(景德镇)以远的往西方向的物流走廊带。

第五条是从衢州综合物流中心起始，经常山物流基地、开化物流中心，沿黄衢南高速、205 国道为主的衢州-常山-开化-(安徽)黄山以远的往北方向的物流走廊带。

第六条是从衢州综合物流中心起始，经江山物流基地沿黄衢南高速、205 国道为主的衢州-江山-(福建)南平以远的往南方向的物流走廊带。

3. 三个层次物流节点

一个完善的物流体系应具备较好的层次结构，形成"主辅相成"的网络格局，才能提供高水平的物流服务。衢州物流空间发展规划的物流体系由"综合物流中心(一级节点)——专业物流中心(二级节点)——配送中心(三级节点)"三个层次构成，物流一级节点由衢州综合物流中心及下属县市物流基地组成，综合物流中心的规模大、功能全，物流一级节点之间还存在物流量的互相转移，即它们之间的运输通道是双向的；二级节点为各专业物流中心，规模较小，功能相对单一，主要开展行业、产业分拨、配送等相关的业务；三级及三级以下节点是配送中心或配送网点，主要开展片区内配送相关的业务，是物流末端，在本规划中不作重点。三个层次各物流节点之间，特别是一级节点之间通过运输通道和信息通道连接在一起，形成大的衢州物流系统网络。

(四)物流节点具体布局方案

1. 物流节点设置

未来衢州市物流节点设置将从衢州市所处区位条件、城市总体规划布局和产业发展布局出发，以城市圈经济理论、推进型产业理论和极化效应理论等先进理论为指导，适应衢州市"三六三"物流空间发展布局要求，分近期、远期两个阶段来规划和建设各物流节点。

1)近期方案(到 2010 年)："一主四副三心多点补充"

"一主"指一个主中心，即衢州综合物流中心；"四副"指以四个副物流基地为延伸，即龙游物流基地、常山物流基地、江山物流基地、开化物流基地；"三心"指三个专业的物流中心，即衢州氟硅五金物流中心、江山木材物流中心、衢州商业配送中心；"多点补充"指根据生产、生活需要，多点设置配送中心(站)，如卷烟配送中心、药品配送中心。

2)远期方案(到2020年)："二主四副五心多点补充"

"二主"指两个主物流中心，即衢州综合物流中心、浙西农产品物流中心；"四副"指以龙游物流基地、常山物流基地、江山物流基地、开化物流基地四个副物流基地为延伸；"五心"指五个专业的物流中心，即衢州氟硅五金物流中心、衢州商业物流中心、龙游商业物流中心、常山商业物流中心、江山木材物流中心；"多点补充"指根据生产、生活需要，多点设置配送中心。

2. 物流节点的选址

综合性物流中心、物流基地是一个大型的物流节点，它不能孤立地存在。其长远的发展目标在于和周围其他物流基础实现网络化连接，以追求更大范围、更具有实际意义的规模效益。因此，物流中心、物流基地之间必须建立地理上的联系和物流发展商之间组织上的联系。未来物流中心、基地间的联网，主要是指采用信息化的手段完成对物流基地间信息交换的整合，达到物流成本最低的目的，同时也是基地内部公司与其他基地公司在业务交流、组织上的客观要求。随着业务量的扩大和企业间的合作、兼并、壮大，进入物流中心和基地的企业也会不断提出对外交流的要求，地区经济的互补性及企业联盟的迫切需求，使得基地间的距离被拉得越来越近，组合成一个有机整体。

近期衢州市第一层次的物流节点由"一主四副"组成物流中心和基地体系，即以衢州综合物流中心为主中心，市属各县市一东三西的龙游物流基地、常山物流基地、江山物流基地、开化物流基地为分物流中心。

远期衢州市第一层次的物流节点由"二主四副"组成物流体系，即以衢州综合物流中心、浙西农产品物流中心为主中心，龙游物流基地、常山物流基地、江山物流基地、开化物流基地为分物流中心。

1)衢州综合物流中心

(1)初步选址。衢州物流中心初步选址在衢州市区东部的东港工业园内(跨越市经济开发区和沈家经济开发区)，北依浙赣铁路，320国道贯穿而过，东北接杭(金)衢高速公路，规划中的衢州铁路货场，离即将建设的衢州港不远，形成集铁路-公路-水运多种货运方式的交通枢纽型物流中心。

(2)服务范围。作为衢州市物流业的主中心，服务层次上属于区域性物流。服务范围立足"市域经济开发区及各工业园区"，面向衢州市，辐射浙西南、浙中、皖南、赣西和闽北等地区。衢州市的各类制造加工企业、衢州和周边地区的各类进出口贸易企业及其他分物流中心和二级物流节点为其主要服务对象。

(3)功能设计。衢州综合物流中心在功能上定位为综合物流节点，考虑到衢州市现阶段物流尚处于起步阶段，而工业原材料和工业产品发展现代物流条件较好，近期集中力量建设国际物流区、农产品(粮食)物流区、部分大宗物资物流区、物流科技城等主要为制造业企业服务的功能区块。另外，货运交易、配载功能区块，近期先在"衢州市汽运货运市场"实现，中远期并入衢州综合物流中心。

2)常山物流基地

(1)初步选址。在选址上依托常山城北建材工业园区已有的运输条件，发挥公铁联运的独特优势，在辉埠工业园附近择地，建设枢纽转运型物流基地。

(2)服务范围。作为衢州综合物流中心的分中心，常山物流基地在服务层次上为区域物流，其服务范围主要是常山县内光宇等大型建材企业及城北工业园等附近的工商企业。

(3)功能设计。除物流基地的一些基本功能以外，常山物流基地在功能上主要为水泥熟料基地和建材工业区两大生产基地提供物流配套支持。重点为水泥熟料、轴承等"体大、量重"外销产品和煤炭、钢材、粮食等调入常山的大宗物资提供仓储、运输、配载、装卸、中转等物流服务。

3)龙游物流基地

(1)初步选址。基地初步选址定在龙游城东浙赣铁路、环城东路和46省道夹间的三角地块。

(2)服务范围。作为主物流中心——衢州综合物流中心的分中心，服务层次为区域物流。服务范围主要是龙游县内及城北、城南工业区，同时作为衢州物流辐射浙西南、浙中的"桥头堡"。

(3)功能设计。龙游物流基地主要定位为以铁路、公路、水路多种运输完备的综合物流基地。近期重点引进城区内既有的联合托运企业，通过整合提升其物流服务水平，开展仓储、运输、流通加工、配送、货物信息交易等基本物流服务；远期根据市场需要，还可以开拓分拣、库存管理、企业物流方案设计及其他增值服务。

4)江山物流基地

(1)初步选址。规划用地初步选址设在江山市虎山街道。依托当地较为发达的公路和铁路优势，建设枢纽转运型物流基地。

(2)服务范围。作为主物流中心——衢州综合物流中心的分中心，服务层次为区域物流。服务范围主要是江山县内及城北、城南工业区，同时辐射江西、福建的部分地区。

(3)功能设计。主要功能是为江山市内工业、商业物流服务，功能定位在商品转运、仓储、物资集散、配送、商品展示、包装、流通加工、信息处理和增值服务等。近期立足于服务当地工商企业，远期成为浙江辐射江西地区和福建地区的一个重要物流节点。

5)开化物流基地

(1)初步选址。规划用地初步选址在开化县城关镇。

(2)服务范围。作为衢州综合物流中心的分中心，开化物流基地服务层次为本地物流，服务范围主要为开化县内的工业企业、商业企业、大中型超市及个体户，同时作为开化县与衢州市商业物流的连接点。

(3)功能设计。主要功能是为开化县内工业、商业物流服务，功能定位在仓储、运输、商品展示、分销分拨、包装、配送等。近期立足服务于当地工商企业，远期成为浙江连接安徽地区的一个重要物流节点。

6)衢州氟硅五金物流中心

(1)初步选址。氟硅五金物流中心选址应与市区相隔一定的距离，并要求具有运输方便等条件。为充分发挥公铁联运的独特优势，初步设想在浙赣铁路线巨化专用线附近、

320 国道以南、高新区靠近巨化与元立公司之间地块择地或在石室和大洲之间原 771 铀矿卸货点地块择地，建成存储配送型氟硅五金物流中心。

(2)服务范围。衢州氟硅五金物流中心主要依托全国十大化工基地之一的巨化集团公司，服务层次为区域型物流。服务范围主要是巨化集团及衢州市其他化工企业，同时辐射福建、江西等省。

(3)功能设计。在功能设计上，其主要为化工生产企业提供存储、运输等物流配套支持。因此，应该充分利用现有的公路、铁路优势，开展货物运输、储存保管、集疏中转、市场信息、货物配载等物流服务，从而在中心内形成一个高效的社会化物流服务系统。

7)江山木材物流中心

(1)初步选址。规划初步选址在江山市贺村镇。江山市位于浙江省的西南部，浙闽赣三省交界处，西接江西省，南临福建省，浙赣铁路复线和 205 国道穿境而过。华东地区最大的国产原木交易市场在衢州江山市的贺村，该市场已形成生产、加工、销售为一体的产业链。依托省竹木工业专业区的区位优势和资源集聚优势，目前，木业市场已汇聚了 40 多家业主，2004 年贺村木材交易量达到 150 万 m³。

(2)服务范围。江山木材物流中心服务层次为区域物流，服务范围主要为贺村镇原木交易市场集散服务，通过物流动能的完善，促使江山木材市场尽快改造、提升，由传统交易市场向新型的现代专业市场升级。

(3)功能设计。江山木材物流中心定位为以铁路、公运输为主的专业物流中心。重点引进原木交易市场既有的联托运企业，还可以引进外地综合物流企业，通过整合木材物流资源，开展以集货、分拨、运输为主，以仓储、流通加工、货物信息交易为辅的物流服务。

8)衢州商业配送中心

(1)初步选址。若近期需要，可依托上洋专业市场群物流配套区或在百家塘择地进行建设，远期可选址在市区物流预留发展区内。

(2)服务范围。商业物流中心服务层次为本地物流，服务范围是衢州市城市物流配送和日用品区域分销配送，主要为衢州市内的主要专业市场(如上洋专业市场群等)、大中型超市、商业企业，同时与下属县、市商业物流节点作分销连接。

(3)功能设计。主要定位于以服务本地及周边居民生活为主的商业配送，兼顾辐射周边地区。主要功能是为衢州市内商业物流服务，功能定位在商品分销、展示、仓储、运输、包装、配送等。

思 考 题

1. 简述城市物流的概念与特征。
2. 什么是城市物流系统？什么是城市物流系统规划？
3. 简述城市物流系统规划的原则。
4. 城市物流规划包括哪些内容？
5. 简述城市物流系统规划的步骤与程序。

第十章　区域物流系统规划

第一节　区域物流系统概述

一、区域物流系统的内涵

（一）区域物流的含义

不同学科从不同视角对区域物流及区域物流系统的含义进行了界定。靳伟认为区域物流是指一个地区范围或一个区域范围的货物运输、保管、包装、装卸及相关的信息传递活动，区域物流的主体是区域货物运输。海峰等认为，区域物流是指在一定的区域地理环境中，以大中型城市为中心，以区域经济规模和范围为基础，结合物流辐射的有效范围，将区域内外的各类物品从供应地向接受地进行有效的实体流动；根据区域物流基础设施条件，将公路、铁路、航空、水运及管道输送等多种运输方式及物流节点有机衔接，并将运输、储存、装卸搬运、包装、流通加工、配送及信息处理等物流基本活动有机集成，以服务本区域的经济发展，提高本区域物流活动的水平和效率，扩大物流活动的规模和范围，辐射其他区域，提高本区域的综合经济实力。王成金和韩增林指出区域物流属于宏观物流的范畴，是指以某行政区、经济区或特定地域为活动范围，以大中城市为中心，以区域经济为基础，结合物流辐射的有效范围，将区域间及区域内部的物流活动进行有效集成的组织形式和物流形态。姜华指出区域物流是指一个特定区域内及进、出该区域的货物运输、储存、装卸、包装、流通加工、配送及相关的信息传递活动。区域物流属于宏观物流范畴，是超出单一企业物流系统、在更大范围运作的社会物流表现。区域物流系统是区域经济大系统中的一个子系统。它是在一定的时间和空间（区域）内，由所需位移的物资、物流设施设备、人员和信息联系等多个相互制约的动态要素所构成的具有特定功能的有机整体。

（二）区域物流系统的内涵

在分析以上概念的基础上，结合前人的研究成果，本书认为区域物流系统是在一定经济区域范围内，以物流服务功能配置为目标，以大中型城市为中心，以区域经济为基础，结合物流辐射的有效服务范围，由所在区域内众多物流环节和物流运作的各组成要素，将区际间及区域内部的物流活动进行有效集成的有机整体。强调区域物流系统的运作机制，即区域物流各物流环节和物流运作的各组成要素不是简单的堆砌和累加，而是通过一定的运作机制，有序、有效、有力地集成优化区域物流资源，实现区域物流合理化。

　　构建区域物流系统的目的在于运用系统方法解决单一企业以外的各种物流问题，使区域内所有企业的物流活动和专业物流企业的物流运作能形成一个有机整体，以保证在社会再生产顺利进行的前提条件下，实现物流的空间效益、时间效益和各种物流环节的合理衔接，最大限度地发挥本地区物流设施的能力，实现区域或更大范围的物流合理化，促进区域经济的发展。

二、区域物流系统的构成

　　区域物流系统是一个复杂的社会经济系统，主要包括以下几个子系统。

（一）物流基础设施系统

　　物流基础设施系统是区域物流系统运行的平台，是区域物流系统中最重要的组成部分，也是区域物流系统规划的主要内容。物流基础设施系统主要包括两个方面，一是物流基础设施，包括线状设施和点状设施，其中线状设施主要指公路、铁路、航线等交通线路，点状设施指物流中心、物流园区、仓储设施、场站设施等；二是物流信息平台，主要解决各种物流信息系统间的信息共享、系统集成及各类信息通道间的互联问题，其建设是以移动通信、车辆跟踪定位、互联网和企业内联网等在内的计算机网络为基础，建立区域物流信息网络体系和 EDI（电子数据交换）系统，实现物流信息的共享，对区域内的商流、物流、信息流进行集成化应用，实现物流的数字化。

（二）物流运作系统

　　物流运作系统负责物流服务过程的具体实现，由工商企业、物流企业及物流市场构成。工商企业是区域物流系统的需求主体，它的要求就是物流企业的服务目标；物流企业是承担和组织物流活动的经济组织，它向工商企业提供综合性、专业化的物流服务，构成区域物流系统的供给主体；物流市场是区域物流系统供需交易的平台，在区域物流系统中占有重要的地位，其发展水平及规范性直接影响区域物流系统的运行。

（三）组织与管理系统

　　组织与管理系统负责区域物流系统的规划、建设及运行的组织实施与管理调控，包括政府、行业管理部门、相关管理部门及综合管理部门。政府通过制定物流各项规章制度、政策法规及相关标准，规划建设各种物流基础设施，引导区域物流系统的发展。运输管理、税务、金融、海关及综合管理等部门对区域物流系统的发展起到辅助支持作用；物流行业协会属于区域物流系统的中介机构。物流行业协会对物流规划、政策、法规等提出建设性的意见，并为企业提供信息交流平台，搭建企业与政府沟通的平台，使企业在把握政策和发展方向上得到更大的支持。

（四）知识支持系统

　　知识支持系统主要为区域物流系统提供决策支持、技术支持和人才支持，包括物流学会、咨询机构、科研院所及大专院校。知识支持系统中各组织能够防止部门利益的干扰，站在局外人的角度客观对待跨行政区域、多部门的区域物流系统的规划与建设问题，从区域经济系统的角度考虑物流系统的配置问题，对区域物流系统的规划与建设起到重要的支持作用。

三、区域物流系统的作用

区域经济是按照自然区域、经济联系、民族、文化传统及社会发展需要而形成的经济联合体，是社会经济活动专业化分工与协作在空间上的反映。区域经济是一种聚集经济，是人流、商流、资本流、信息流等各种生产要素聚集在一起的规模化生产，以生产的批量化和连续性为特征，但是聚集不是根本目的，要素的聚集是为了商品的扩散，如果没有发达的物流作保障，生产的大量产品就会堆积在狭小的空间里，商品的价值和使用价值都难以实现，区域经济的基本运转就会中断。因此，在区域经济的发展过程中，合理的物流系统起着基础性的作用。它对提高生产领域、流通领域的效率和经济效益，提高区域市场竞争能力，改变生产企业的布局和生产方式都发挥着积极的能动作用。

(一)服务于区域经济可持续发展

交通阻塞、环境污染和能源浪费是区域经济可持续发展的潜在威胁。区域物流系统通过合理的规划和组织，避免重复、倒流、迂回、单程运输和空驶，提高车辆的利用率，减少汽车在区域内的运行时间和数量，实现区域商品流通的通畅，减少环境污染和能源浪费。因此，区域物流可持续发展是区域物流系统发展的目标，它包括区域交通运输网络体系的资源如何进行优化配置、区域物流基础设施建设如何降低对环境的危害、区域物流发展在区域经济社会各成员之间如何协调等。

(二)集聚经济要素，调整优化区域经济结构

区域物流系统是区域协作分工和区域经济专业化的产物。区域物流系统将分散的物流进行集中处理，在现代化的物流设施、先进的信息网络及管理技术的支持下，量的集约必然会提高区域经济的运行效率。此外，现代物流业属于技术密集和高附加值的产业，具有资产结构高度化、技术结构高度化、劳动力高度化等特征。从这个角度来说，建立区域物流系统有利于区域经济结构向高度化方向发展。

(三)降低运行成本，改变区域经济增长方式，提升区域竞争力

从市场运行成本的角度分析，区域物流的突出作为是其在普遍降低社会交易成本方面的贡献，主要是因为区域物流系统的载体是由诸多节点和线路组成的网络体系。以点状松散存在的要素组成物流网络后，原来的点和点、要素和要素之间偶然、随机的关系随之变成网络成员之间稳定的、紧密的联系。一个结构稳定、高效运作的物流网络，不仅可以减少组成要素之间的磨损和交易成本，减少用户使用网络资源和要素的成本，还可以放大各要素的功能，提高要素和整个网络的效益，充分发挥区域优势，在经济一体

化的条件下，实现区域间的合理分工。

如何协调区域间物流、商流、信息流、资金流、技术流，是区域经济社会发展必须研究和解决的问题。区域大商业、大市场、大流遥，呼唤区域物流的发展,合理的区域物流系统能够优化区域资源配置、降低社会总成本、提高区域经济竞争力、促进区域可持续发展。区域物流与区域经济二者是相互促进、相辅相成的，区域经济的发展要求现代物流的发展，区域物流的现代化与优先化又加速和保障区域经济的增长与优化。

第二节　区域物流系统规划的原则及影响因素

一、区域物流系统规划的编制原则

（一）满足区域物流市场需求

区域物流业发展规划要从区域的物流需求市场空间着手，在充分客观地分析评价现实需求的前提下，合理估计所需的物流市场容量，以使服务提供与服务需求相适应，既要避免供给大于需求，出现资源的浪费，同时也要防止供给小于需求，制约经济正常的发展速度。

（二）促进区域整体经济发展

物流产业本身是涉及行业广、渗透行业深的产业，物流发展规划要充分利用物流的这一特性，考虑如何抓住物流发展的关键问题，提纲挈领，由点及面，在重点行业物流发展的基础上逐步带动各行业的物流发展，从而促进整体经济的发展。

（三）充分利用现有物流资源基础

物流产业强调资源的整合利用，更多的是利用原有资源，而并非过多地建设新的物流资源。物流业本身利润不高，但带动效益面广，过多的固定资产投入不仅不适合微利物流企业的发展，同时也会给社会带来更大的负担和浪费。物流规划对现有基础的调查研究是必要而实际的，要尽量依托现有的物流资源设施。

（四）物流节点间有机衔接、合理分工

区域物流节点的有机衔接、合理分工是规划得以实现的前提。因为物流节点布局不合理而带来物流的停滞，将直接导致企业物流成本上升、增加货物损耗风险等，而对社会将间接导致交通堵塞、环境污染和社会总成本的提高。

二、区域物流系统规划的影响因素

（一）区域物流规划要以经济区为依托

发达国家的经验表明，区域物流中心在地区经济发展中发挥极为重要的作用。日本的和平岛物流团地、荷兰的鹿特丹物流团地及遍布美国大城市群的物流中心都对当地的经济发展起到了重要作用，其中日本的东京、阪神和京都三大经济圈的物流总量占日本

全国比例长期保持在 44%以上，不仅对日本经济起到了支持作用，还优化了该地区的物流结构，繁荣和完善了市场体系，提高了城市经济档次，并带动运输业发展，提供就业机会增加税收。

观察中国商品流通可以发现，区域物流系统优势已经逐渐显现。例如，上海经济区（长江三角洲）、广东经济区（珠江三角洲）、环渤海地区和闽南三角洲等，这些区域流通市场可以使各区域获取、享受分工和流通的比较利益，促进产业、技术在空间的转移。以经济区域为依托建立区域物流中心既是经济区域发展的必然要求，又对经济区域的功能完善和经济发展产生推动作用。

（二）区域物流设施布局和交通体系相配合

物流需要市场，但是首先需要良好的综合交通条件。现代物流业发展的一个大趋势是物流企业、物流设施和物流活动高度集中于少数交通极为发达的大城市，形成辐射功能强大的国际性物流中心城市（如美国的纽约、日本的东京、荷兰的鹿特丹），并产生若干物流圈。在中国，一个已形成的明显的全局性战略就是分别以大连和青岛为中心、以上海为中心、以厦门为中心、以广州和深圳为中心建立四大经济辐射点，以滚动式、递进式的扇面辐射，带动中部和西部地区的发展。这种辐射功能包含巨大的物流辐射和集散功能，以激活和融通全国范围的物流、人流和信息流，并依托四大中心的海岸出口地位实现全国和全球的沟通。这几个城市除了具有较强的经济优势外，还都具有优越的交通优势和区位优势。因此，建设物流中心，特别是建设核心物流基地，要综合考虑交通运输是否发达和便利、是否具有优越的区位条件。

（三）物流基础设施布局

区域物流基础设施是区域物流系统发展的必要条件。物流系统必须依托物流基础设施才能正常运行，因此区域物流系统的结构在很大程度上受到物流基础设施布局的影响。成功的区域物流系统均是以合理的物流基础设施的规划与建设为先导。例如，日本政府在全国范围内开展高速道路网、流通聚集地、大都市圈物流中心等物流设施的建设，在全国形成了多渠道、多层次、多形式的现代化物流系统网络，使日本在较短的时间内成为物流先进国家。之所以将区域物流基础设施的状况和水平作为区域物流的必要条件，其主要原因：第一，物流基础设施的建设投资大、周期长，在短时间内难有很明显的变化。因此，物流基础设施的状况对物流的发展往往具有制约作用。第二，区域物流基础设施建设与区域经济发展和国家整体产业发展、产业政策和基础设施的布局紧密相关，地方政府对物流基础设施的建设必须在国家统一部署下进行，受到国家宏观经济建设的影响。就我国的现实情况看，大型物流基础设施建设由国家统一安排，地方政府往往围绕大型基础设施的建设而进行一些辅助性的建设。另外，各地方政府的财政状况不同，用于物流基础设施建设的资金状况差异也十分明显。

（四）市场机制

市场机制是区域物流系统运行的微观机理，是配置区域物流资源的基础力量。随着市场竞争的日益激烈，企业的竞争已是全方位的竞争，企业已经将目光从生产领域转向流通领域，从流通领域的物流活动中挖掘利润，进而提高企业的竞争力和盈利能力。因此，竞争促进区域物流向综合化、系统化的方向发展。另外，在利益机制的驱动下，生产企业、商业企业、物流企业为了共同的利益，往往要建立起相互合作、优势互补的战略联盟，以形成供应链物流的一体化运作。因此，利益机制使得物流企业与生产企业、商业企业的联系加强，进而促进物流市场的发展。

第三节　区域物流系统规划的理论基础与内容

一、区域物流规划的理论基础

在区域物流规划的实践探索中，国内有许多学者基于不同视角对其进行了研究，但至今尚未形成较为系统的区域物流规划理论。区域物流规划就是综合运用经济学、物流学、运筹学、战略分析学等理论和方法，对区域范围内的物流进行合理统筹，促进区域物流与经济共同发展。由于行业间和部门间存在一定的发展差距，往往难以实现均衡式的增长，现实中的经济增长通常具有很大的不平衡性。因此，研究区域物流规划理论通常以不平衡发展理论作为规划的重要理论基础。

(一)不平衡发展理论及其对区域物流规划的适用性

根据不平衡发展理论分析框架，一个区域内经济增长的过程一般可分解为各部门的成长过程，而经济增长的路径一般通过成员部门之间理想的连锁效应来实现。简言之，就是由成员部门之间的"互动式增长"转变为区域经济系统的不均衡增长。从这个意义上说，在区域经济发展的过程中，不平衡发展理论是战略选择的一个重要理论基础，为区域宏观经济的规划提供了基本、系统的理论依据。作为区域经济的一个重要组成部分，区域物流本身存在一定的综合性，它是许多产业部门的一种融合，但又依赖于不同关键要素的协作而不断发展。在实际发展过程中，区域之间的物流系统往往存在各自的特征，因而增长速度存在不平衡性。因此，合理的区域物流规划必须通过一定的统筹来实现区域物流系统内部各成员部门之间的有效互动，促进整个区域物流系统在不平衡基础上发展。根据这一点，不平衡发展理论适用于区域物流规划问题。

(二)不平衡发展理论应用于区域物流规划的原理

根据不平衡发展理论分析框架，其应用于区域物流规划的原理主要可分为三个方面，分别为增长极规划原理、梯度规划原理和点轴规划原理。

1. 增长极规划原理

以区域经济的不平衡增长为出发点，增长极规划原理着重指出它对经济增长的作用，即各种生产要素在经济增长区域内的空间集聚成为经济增长的极点，并以此极点不断扩散，不断吸引周边区域内具有优势的要素向极点集聚，因此增长极在区域经济增长中具有先导性作用。根据该理论，区域物流规划必须首先考虑区域间物流系统在各方面的空间差异，并不断向中心集聚。

2. 梯度规划原理

梯度规划原理指出，经济增长依赖于空间要素布局和阶梯式转移，从而不断缩小经济差距。由于区域物流发展具有不平衡性，因此区域物流规划必须充分考虑区域物流的梯度辐射作用。

3. 点轴规划原理

点轴规划意味着区域经济的发展依赖于交通和信息网络，随着梯度转移，各轴线形成增长轴，有利于增长点的结合。区域物流的发展也遵循点轴式增长，因此物流规划应立足于点轴式发展。

二、区域物流规划的主要内容

（一）区域物流空间布局规划

区域物流网络体系由物流枢纽城市、物流园区和专业物流中心构成。其中，物流枢纽城市是指在区域经济中有突出的经济地位、交通优势、信息网络与技术条件、物流量大、物流企业较为集中、有枢纽地位的中心城市。物流园区是指由多家物流企业或与物流相关的企业在空间上集中布局的场所，是具有多功能、高层次、集散功能强、辐射范围广、在区域内有突出地位等特性的社会化物流节点。专业物流中心是指在某专业领域内具有一定综合功能的物流节点。物流园区和专业物流中心可主要依托港口、交通枢纽、开发区和商贸市场等进行建设。

区域物流空间布局规划要在综合考虑区域的产业布局、产业关联程度、辐射集聚效应、交通运输条件及与周边区域相互关系等因素的基础上，合理配置资源，科学规划区域物流的空间布局，使其不仅能满足区域经济内部活动的物流需求，还能满足区域对外经济活动的物流要求，以形成能提供高效物流服务的网络体系。同时，根据区域物流服务体系的空间布局，围绕区域的产业优势，按照先导产业、支柱产业和战略产业三方面优先次序，重点对物流园区和专业物流中心的功能(基本功能、增值服务功能和配套服务功能)进行定位。

（二）区域物流基础设施平台规划

物流基础设施平台需要从以下三个方面进行统筹规划、协调发展。首先是基础设施类，包括区域内的机场、铁路、道路、航路及管道网络、仓库、物流中心、配送中心、站场、停车场、港口与码头等。其次是设备类，包括区域内的物流中心、配送中心内部的各种运输工具、装卸搬运机械、自动化作业设备、流通加工设备、信息处理设备及其他各种设备。最后是标准类，包括物流术语标准、托盘标准、包装标准、卡车标准、集装箱标准、货架标准、商品编码标准、商品质量标准、表格与单证标准、信息交换标准、仓库标准、作业标准等。需要注意的是，构筑物流基础设施平台的过程，是一个在现有交通、仓储等基础设施的基础上进一步调整完善的过程，所要解决的是既有资源对物流系统的适应性问题。因此，其主要目的之一是要增强现有各类基础设施之间的兼容性和协同性，追求系统的最优化。

（三）区域物流信息平台规划

物流信息平台是要解决各种物流信息系统之间的信息共享、系统集成及各类信息通道之间的互联互通问题。区域物流信息平台包括四层体系结构，即物流公共信息系统、物流信息交换系统、物流电子交易系统和物流信息标准化系统。其中，物流公共信息系统发挥着关键性的作用，对其他三个系统提供信息支持。物流信息平台涉及企业间物流、商流、信息流、资金流，牵涉多个物流枢纽、环节、企业和政府部门。

在货物流动过程中，信息的流动是跨企业、跨地区、跨行业进行的，物流信息平台必须实现大跨度的信息实时传输、远程数据访问、数据分布处理等功能。在物流信息平台规划中，必须处理好新信息平台和原有各种信息系统间的交互，统一标准和规范，对已有的功能单一的信息系统进行整合，避免重复建设；应充分考虑物流信息平台与其他相关行业的接口，保证平台的成长性和增容性；尽量使用模块化设计，使平台各分割部分有相对独立性和较强的移植能力，使不同企业可以根据自身要求选择、搭配、扩充各模块并深度开发。

（四）区域物流政策平台规划

现代物流业的发展涉及计划、经贸、财政、规划、工商、税务、城建、交通、铁道、航空、海关、公安和城管等十几个部门。由于经济体制原因，物流业的管理处于多元的管理状态，行政管理体制把横向的经济联系纵向切断。随着区域物流一体化的发展，物流管理一体化的要求也越来越迫切。物流政策平台建设就是在政府意志及物流规划下，制定有利于发展现代物流的政策法规。具体包括物流法规、市场管理（准入、运作、监管）、项目规划、协同制度、行业政策、行业标准、技术支持、财政政策、土地政策、税收政策、金融政策、交通管理政策和人才政策等。这种管理一体化并不是要求物流业的管理归于某一政府部门或重新成立一个新的管理部门，而是相关部门的管理职能的协调和理顺。物流政策平台规划的目标是为现代物流业的发展创造一个良好的软环境，切实保障现代物流系统发展目标的实现。

第四节　区域物流系统规划的程序与方法

一、区域物流规划的程序

制定区域物流规划一般遵循如下程序。

首先，对区域经济的现状进行调查分析，并结合国家经济发展总体目标、区域经济发展总体目标、区域经济的辐射区域及区域内各城市的功能定位，运用现状分析、实证分析和需求分析的方法，确定区域物流规划的目标。

其次，将区域物流规划目标的定性描述与区域物流需求量的定量预测相结合，运用系统优化理论和方法，在物流体系的建设中，理顺物流与区域各相关产业的关系，从政府、市场与需求、基础设施、工商企业与物流企业、物流技术与网络的角度全面考虑物流的布局，制定出包括区域物流空间布局规划、物流基础设施平台规划、物流信息平台规划、物流政策平台规划和物流产业主体发展规划等方面的具体规划方案。

最后，本着理论联系实际和实事求是的原则，通过向有关单位反复征求意见和进行专家论证的方法，检讨方案的合理性与现实可行性，完善总体规划，并形成最终规划方案。

二、区域物流规划的常用方法

区域物流系统规划通常采用定量计算和定性分析相结合的方法。首先，对区域物流系统的现状进行分析，找出其中存在的问题，并对区域物流需求进行预测；其次，根据规划区域的实际情况确定区域物流系统规划方法；再次，进行区域物流基础设施子系统规划和区域物流信息支持子系统规划，其中包括区域物流网络规划和中心城市物流园区规划等内容；最后，对规划方案进行评价。

(一)区域物流的产业环境定性分析

区域物流发展的环境分析是制定区域物流规划的前提和基础，对区域物流的产业环境进行定性分析可从以下两方面进行：一方面是区域物流发展的内部环境，即区域物流的体系环境，包括交通运输环境、商业环境、仓储环境、物流企业环境等；另一方面是区域物流发展的外部环境，即区域物流的市场环境，包括宏观环境、行业环境、竞争环境、政策环境、人才环境等。以 SWOT 分析为工具，对区域物流发展所具有的优势和劣势及未来发展所面临的机遇与挑战进行定性分析。

(二)区域物流的市场需求量定量分析

通过调查区域的产业分布和未来的投资项目，定量分析社会对物流服务的需求量。这种需求量表现在以下两个方面：一是在实物量方面，可以运用经济计量模型，对物流中的货运量进行趋势分析、相关分析、弹性分析和定量预测；二是在价值量方面，可以从社会物流成本占 GDP 的比例和物流在第三产业增长中的贡献率等方面进行定量分析，为政府对区域物流产业的科学定位提供决策依据。

1. 区域物流需求预测方法

区域物流需求预测是合理进行区域物流规划的基础，下面对各种预测方法在物流需求预测中的适用条件进行分析。

(1)增长率法。增长率法是根据物流需求的预计增长速度进行物流需求预测的方法，具体实施步骤如下：

a. 分析历史年份物流需求增长率的变化规律。

b. 对关联因素的发展变化进行分析，确定预测期的增长率。

c. 进行物流需求预测。

其一般表达式为

$$Q = q(1 + a)^t$$

式中，Q 是物流需求预测值；a 是预测期增长率；q 是基础年份物流需求量；t 是预测年限。

增长率法一般适合于物流需求增长率变化不大且增长趋势稳定的情况，其特点是计算简单，但预测结果粗略，适用于近期的物流需求预测。

(2)时间序列法。时间序列法是根据规划区域物流需求的统计资料，以时间 t 为自变量建立回归模型，对未来区域物流需求进行预测的方法。其中，指数平滑法是较常用的物流需求预测方法，适用于近期物流量参考价值大于远期物流量参考价值的情况。

(3)回归分析法。回归分析法是根据预测对象与相关事物的内在联系，确定预测对象未来发展的一种预测方法。因此，回归分析法的应用有两个前提：一是要了解预测对象与相关事物的内在联系；二是要了解相关事物的未来发展规律。就物流需求预测而言，回归分析法有两个应用前提：一是要了解物流需求与国民经济或物流量之间的内在联系；二是要了解国民经济或物流业的未来发展规律。

(4)弹性系数法。弹性系数法就是在充分研究区域经济发展状况的基础上，通过分析社会经济发展趋势，确定出区域内各目标年 GDP 的增长率，用物流量与 GDP 建立回归模型求出相应的弹性系数，然后根据目标年 GDP 的增长率与相应的弹性系数确定区域各目标年的增长率，从而可以求出预测年的物流需求量。弹性系数法适用于物流统计资料丰富而准确的情况，统计资料的完善程度对预测精度有很大影响。

(5)货运强度法。货运强度是指单位国内生产总值所产生的物流量。用货运强度法计算物流量的过程实际上是一种平均过程，它类似于统计技术的平滑过程，能起到削峰填谷、去伪存真和更好地显示事物原来发展规律的作用。这种方法适用于物流需求变化不大的情况，当物流需求变大很大时，预测结果会出现较大的偏差。

(6)灰色预测法。灰色预测法是充分利用物流量统计资料本身所隐含的信息，进行物流需求预测的方法。这种方法适用于物流量统计资料较少或不连续的情况，但预测精度较低。在进行区域物流需求预测时，可以根据各种预测方法的适用条件，结合物流统计资料的实际特点，合理选择上述预测方法进行物流需求预测。

2. 区域物流基础设施子系统规划方法

区域物流基础设施子系统规划分为两个层次：第一个层次是确定区域物流系统的网络结构，它是从区域物流规划的相关概念出发，选择与物流基础设施建设关系密切的因素进行分析和研究，通过这些指标的量化处理结果，对规划区域内各备选城市进行综合评判，计算出各备选城市的综合指数，并根据综合指数的大小对备选城市进行排序，从而确定出区域物流网络的中心城市和节点城市；第二个层次是在第一个层次的基础上，进一步确定区域物流网络中心城市物流园区的规划和布局。区域物流基础设施子系统规划流程如图10-1所示。

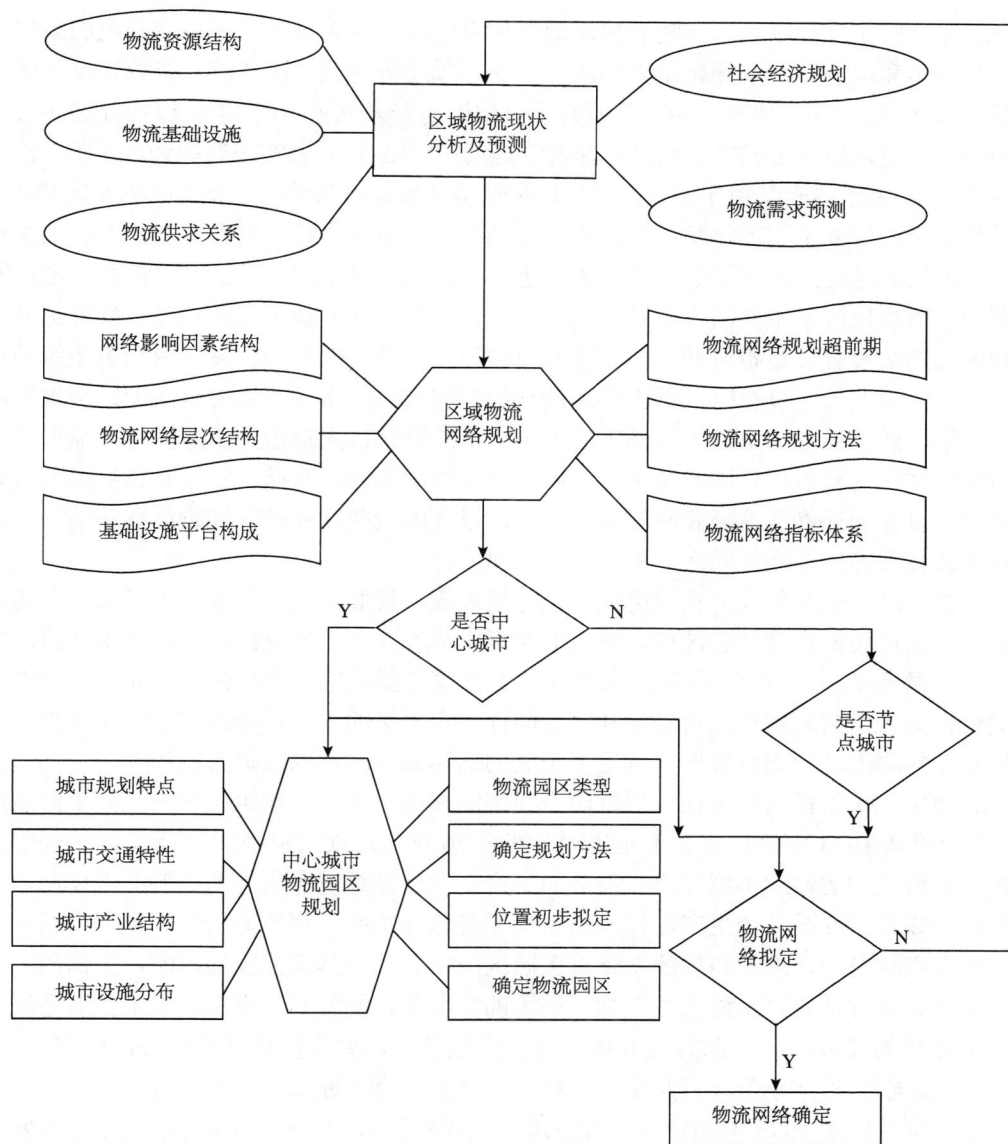

图 10-1 区域物流基础设施子系统规划流程

第五节 区域物流系统规划案例

一、国外区域物流系统的形成与发展案例

(一)美国区域物流系统的形成与发展

虽然早在 20 世纪 30 年代，经济较为发达的美国北部已经拥有完善的区域运输网络和仓储设施，但美国真正意义上的区域物流系统是在 20 世纪中期出现的。

20 世纪 50 年代以后，伴随着物流理论体系的形成和大规模区域经济开发的兴起，区域经济学和运输经济学开始重视物流系统的区域经济效益，将物流系统的建设与区域开发联系起来。美国政府于 1961 年颁布了《地区再开发法》，在全国范围内促进落后地区的经济发展，并依法成立了地区再开发管理局。1965 年，为实施约翰逊总统的"伟大社会计划"，美国政府又颁布了《公共工程和经济开发法》、《阿巴拉契亚区域开发法》等一系列法规，成立了阿巴拉契亚区域委员会及一些其他的州际开发委员会，并在地区再开发管理局的基础上成立了经济开发署，进一步加强了对困难地区的经济援助。经济开发署援助落后地区最主要的方式是兴建公共工程，其中交通基础设施是最主要的部分。这种做法的实质含义是希望通过物流基础设施建设投资，改善和提高区域物流系统的运作效率，进而改善区位优势，调节经济活动的空间布局，带动不发达地区的经济发展。这一时期，随着第二次世界大战结束后美国经济的繁荣，大批量的工业制成品需要源源不断地销往国内外市场，同时要求尽可能地将运输同库存、仓储、包装和销售等相关行业协调，以便加速物资流通和降低运销成本，以上因素共同促使区域物流网络的初步形成及物流相关部门之间协同运作机制的初步建立。

但是 20 世纪 60 年代的美国区域物流处境艰难，发展不快。原因是美国深陷于越南战火中，国内民权运动此起彼伏，政府对包括物流产业在内的经济运行控制很严格。例如，州际商务委员会（ICC）规定，未经许可不得建立营业性的卡车公司，而公路和铁路的运价也必须由它来规定，对海运和空运同样也有严格的规定。在这样的经营环境中，不但专业的物流公司难以发展，就连大企业的运输部门也难以发挥其积极性。

20 世纪 70 年代的美国比较注重国内经济的发展，但石油危机又使它受到了严重的打击。油价从 1973 年的每桶 2 美元陆续上涨至 70 年代后期的每桶 40 美元，使消耗能源较多的制造业和运输业不堪重负。美国的生产企业于是纷纷在国外的原料产地设厂，以降低运营成本，此时整个生产运作以原材料供应地为轴心，销售地为生产半径进行生产企业的布点和布局，产业布局的变化对美国区域物流系统具有重要的影响。美国的生产就近组装、就近销售，从而大大增加了地区的物流量。同时对物流运作效率及服务质量提出了更高的要求，一大批第三方物流企业应运而生，如美国联邦快递 FedEx（Federal Express）公司以 8 架小型飞机起家，在自己车队的配合下取得了良好的经营业绩。一方面促使美国政府从 1978 年起首先在航空运输业放松管制，另一方面也为多式联运的发展作出了榜样。宽松的经营环境和发达的多式联运，为区域物流系统的进一步发展提供了必要条件。此外，物流技术的进步促进了区域物流系统的发展。计算机得到了广泛的应用，MRP II 软件的开发和利用，为美国生产企业节约了大量的流动资金，使物流服务与物流成本的关系得以理顺，提高了区域物流系统的运作效率。

20 世纪 70 年代末，美国政府放松了运输管制，并不断完善各项法律法规、鼓励竞争。例如，1977～1978 年的《航空规制缓和条款》（Passage of the Airline Deregulation），1980 年《斯塔格斯铁路法》（Staggers Rail Act of 1980）出台，允许铁路公司同托运人协议运价，无利可图的铁路支线也可以停止营业，使铁路公司从 1980 年的 72 家逐步合并为 1997 年的 4 家。1980 年出台的《汽车业法》（Motor Carrier Act of 1980）允许自由经营汽车运输业务，并促使从事零担运输的汽车运输公司相互竞争兼并。1984 年出台的《航运条款》(Shipping Act of 1984)分别去除或修改了以往在航空、铁路、公路及远洋运输方面的经济法规中不利于市场竞争的因素,在市场准入、运价、运输路线等方面给运输企业以更大的自主权;而对于货主来讲,由于有更多的选择机会,其从承运方面的物流效率及服务水平都得到提高,这些都大大促进了运输业的发展。运输政策法规的调整明显地改善了各种运输方式的市场经营环境,促进了它们之间的相互渗透和整个物流产业的发展,加速了区域物流系统的发展,使美国经济及贸易受益匪浅。据统计,除了由于运输管制的解除在 1980 年和 1981 年出现了短暂的因市场过度竞争所造成的物流运作低效率(物流成本支出占当年名义 GDP 的比例分别为 16.1%和 16.2%)以外,以 1980 年为基数,美国 1980~2000 年物流成本支出占名义 GDP 的比例平均为 11.0%,下降了23.6%(1980 年以前的 20 年,以 1960 年为基数,美国物流成本支出占名义 GDP 的比例平均为 14.4%)。全社会生产率的提高是显而易见的。

20 世纪 90 年代末,美国运输部长斯拉特(Slater)提出了《美国运输部 1997~2002年财政制度战略规划》,成为美国物流现代化发展的指南之一。这个规划反映了克林顿政府长期持有的主张,即运输不再只是适应水泥、沥青和钢铁。最大的挑战是建立一个以国际为所及范围,以多种运输方式的联合运输为形式,以智能为特性,并将自然包含在内的运输系统。无疑这个规划是美国物流发展的又一个新的里程碑,也是区域系统发展的目标之一。

20 世纪 90 年代至今,美国的区域物流得到了高速发展,这主要得益于稳定的经济增长、宽松的法制环境和发达的信息技术。随着经济全球化、集团化和区域化的发展趋势,美国区域物流系统的界限渐渐模糊,服务范围逐渐扩大,跨国经营的物流企业和北美自由贸易区内的物流企业都有了长足发展,一些大规模的物流企业为了满足物流国际化的需求,已将物流网络扩张至全球。

(二)日本区域物流系统的形成与发展

日本区域物流系统的发展始于 20 世纪 60 年代。作为一个岛国,日本资源贫乏,为了迅速赶上英美发达国家,实行赶超战略,确定了重化工业化的产业结构模式,走贸易立国的发展途径,逐步形成了东京-横滨、大阪-神户、名古屋-东海道和福冈-北九州四大临海工业地带。该工业带仅占日本国土面积的 20%,工业总产值却在 70%以上。环太平洋重化工业带的形成和繁荣依赖于日本众多港口的建设和海运事业的发达。与此同时,主要城市经济的迅速增长和大量消费时代的到来遇到了物流瓶颈,因此政府在高速公路、铁路、港湾建设上的投资大幅度增长,各类物流中心和物流团地如配送中心、大型流通中心、物流基地、物流园区等纷纷涌现,各类基础设施如立体自动化仓库、冷冻仓库、集装箱运输船、管道输送、托盘联营、专用货物码头迅速增长;各类自动化物流机械和设备数量增多,信息化、自动化水平逐渐提高。日本在物流基础设施及设备的投资方面与不同区域物流发展特征相适应。例如,沿海地区注重港口的经营及海运,国际化大都市如东京则注重国际物流基础设施及配套服务的发展,枢纽型城市则注重发展仓储、中转与配送物流业务等。

随着赶超阶段的结束,日本走入科技立国的时代,产业投资方向由资本密集型向技术密集型发展。前一阶段为了赶超，日本政府对经济进行广泛的干预，使日本区域经济开发逐渐呈现"集中于一极现象"，即区域发展不平衡。以东京为首的东京圈和四大工业带经济发达，而其他地方则贫穷落后。为了平衡区域经济发展，日本政府加大了对基础设施尤其是交通设施的投入，通过区域物流活动的扩散作用和聚集作用，促进地方发展。同时，社会进入消费时代，多批次、小批量的物流运作模式得到发展。在科技立国背景下，日本的物流信息技术和物流管理技术得到长足发展，如共同运输、共同配送、协同组合、信息共享、跨国运作、条形码技术、托盘联营、单元化装载搬运、门到门配送等，系统化、智能化物流有了较大发展。

20 世纪 90 年代泡沫经济破灭后，日本经济进入低迷发展阶段，产业结构调整进入了新阶段。日本第三产业比例日趋增加，并且以信息产业为主导产业。物流产业作为服务产业的重要组成部分，被提升到战略地位。日本区域物流设施的建设处于发展平稳阶段，而发展重点落脚于经营水平、信息化水平、服务水平和绿色物流。区域物流的整体化发展成为推动区域经济发展、促进不同区域经济协调发展和国际化发展的重要力量，也是创造居民良好生活环境不可缺少的部分。

(三)欧洲区域物流系统的形成与发展

欧洲区域物流系统的发展始于 20 世纪 50 年代。20 世纪 50～60 年代，瑞士、法国、德国、荷兰等国掀起了高速公路的建设热潮，从而形成了沿莱茵河两岸的高速公路运输网络体系。与此同时，各国对铁路和内河航运进行改造。在铁路方面，通过改进机车、增加电气化铁路里程、提高运输效率，使其成为大宗货物的主要通道；在内河航运方面，通过整治河道、修建船闸、改进港口设施，使其进一步发挥莱茵河通航的水运优势。除此以外，德国的远程输油管道、输气管道及欧洲电力系统干线也沿莱茵河分别向南北延伸。与莱茵河内河航运、铁路、公路一起构成莱茵河经济区域的复合型发展轴，把北部荷兰境内河口密集产业区、作为"德国与欧洲心脏"的鲁尔工业区、中部的"莱茵-美茵工业区"和南部的"路德维希-曼海姆-海德堡"工业区连接起来。由此，形成公、铁、水、管道整体衔接和贯通的运输网络体系，这为区域物流系统的形成打下了坚实的物质基础。

20 世纪 60～70 年代是欧洲经济的快速发展时期，市场环境开始由卖方市场转向买方市场，企业通过与实物配送有关的一系列活动进行系统管理，注重以最低成本和最快方式管理和控制物流活动中的各个环节。70～80 年代，随着市场营销观念的普及，企业日益认识到物流管理与实物配送的结合可以提高企业效益。因此，企业在物流配送基础上广泛采取先进的物流管理技术，如及时服务(JIT)、全面质量管理(TQM)、全过程控制(TPC)等，从而使区域物流系统在运作层面上的效率得以大幅度提升。

20 世纪 80 年代，受美国放宽运输管制政策的影响，欧洲对运输业也逐渐放宽管制。确切地说，放宽管制政策是政府放宽对运输市场的经济性管制，而加强对运输活动的社会性管制，将重点从经济职能管理转向公共利益管理，主要涉及环境管制、运输安全管制等。对物流软件环境进行改进，从而建立一个完善的促进区域物流发展的市场环境。80 年代后期，随着物流市场环境的改善及供应链概念的普及，欧洲开始探索一种新的联盟型或合作式的物流新体系，即综合物流供应链管理。其目的是实现最终消费者和最初供应商之间的物流与信息流的整合，即在商品流通过程中加强企业间的合作，改变原先各企业分散的物流管理方式，通过合作形式来实现原来不可能达到的物流效率，创造的成果由参与的企业共同分享。欧洲区域物流系统内部协同化程度进一步提高，区域物流系统开始由要素成长阶段转变为内部运行机制改善阶段。

20 世纪 90 年代初，欧洲开始加强与欧洲自由贸易联盟(European Free Trade Association，EFTA)国家的关系，随着东欧市场开放，更加速了欧洲整合，带动以出口为主的国际化公司成长。虽然欧洲经由物流结构网络连接在一起，但是整个市场仍无法达到预期的一致性，而必须根据不同国家的需要，配合其物流结构和个别服务的要求，以达到整合的目的。随着欧盟的诞生和欧洲共同市场的形成，欧洲物流呈现出企业物流社会化、国际化的趋势，第三方物流的应用水平高于美国和日本。在大型物流企业规模扩张的趋势中，一个以市场需求为导向，以顾客需求为中心，供应商、制造商、中间商和相关服务商有机结合的先进区域物流系统正在欧洲形成。

（四）区域物流系统发展的一般规律

综上所述，虽然区域物流系统在以美国、日本和欧洲为首的发达国家呈现出不同的发展轨迹，但是仍然可以总结出其发展的一般规律。

1. 区域物流系统在区域经济发展过程中起基础性作用

从发达国家区域物流系统的演化历程可以发现，在区位优势较为明显的地区形成"增长极"，由于区域经济的发展，必然要求具有与之相匹配的区域物流系统。同时，为了平衡区域经济发展，政府通过物流基础设施建设投资，改善和提高区域物流系统的运转效率，进而改善区位优势，调节经济活动在空间上的分布，带动不发达地区的经济发展。

根据美国经济学者赫希曼在"核心-边缘"理论中提出的观点，经济进步并不会同时在每个地方出现，而是在一个或几个区域经济实力中心(增长极)首先发展。然而，经济进步一旦出现，其巨大的经济推动力将会使经济增长围绕最初的增长极而发生集中。因此，在发展过程中，增长极的出现意味着经济增长在区域间的不均衡，而这种不均衡会使增长地区对落后地区产生"涓滴效应"(trickling-down effect)和"极化效应"(polarized effect)。其中，"涓滴效应"主要是指通过增长地区对落后地区购买力与投资的增加，并向落后地区扩散，增加落后地区的生产，提高其技术水准，带动其经济增长。"极化效应"则是指由于增长地区生产效率较高，生产者可通过竞争使落后地区经济萎缩。在最初阶段，"极"的累积性集中增长会扩大核心增长区与边缘落后地区之间的差距。但就长期而言，一旦核心区域不断地扩大及厂商不断地集聚，将会产生"集聚不经济"，进而促使厂商分散，将经济增长的力量转到其他区域，促进落后区域的发展。

20 世纪 60 年代，美国发展经济学家弗里德曼于 1966 年从国家角度提出"中心-边缘"理论，对赫希曼的"核心-边缘"理论进行了补充和修正。他认为，随着政府干预、区际人口迁移、市场扩大、运输改善和城市等级扩散，中心和边缘的界限会逐渐消失，达到空间经济一体化。显然，无论是在赫希曼的"核心-边缘"理论，还是在弗里德曼的"中心-边缘"理论中都可以清楚地看到，在区域经济的发展进程中，区域物流起着基础性的作用。一般来说，区域中心城市是商品集散和加工的中心，第二、三产业的发展优势明显，而且物流基础设施条件较为优越，交通与通信业发达，商流、物流、信息流密集。在区域物流从属功能的作用下，区域内主要产业带动了区域物流系统的发展，推动了区域物流中心的形成，为生产要素在区域物流中心的聚集创造了条件，有利于其快速发展为区域经济的"增长极"。进而，在区域物流引导功能的作用下，区域物流中心将周边地域"极化"成为一个以其为核心枢纽的商品流通整体或经济区。在此过程中，各级政府往往也会扶持与推动区域物流中心的形成和发展，并作为刺激区域经济发展的重要政策工具。随着区域物流中心的不断发展完善和区域物流系统的建立，在"涓滴效应"和"极化效应"的共同作用下，达到区域经济平衡发展。

2. 区域物流系统以区域物流基础设施建设为先导

从发达国家区域物流系统的演化历程可以发现，区域物流系统的发展均是以大规模的区域物流基础设施建设为先导的。物流基础设施作为物流活动开展的平台和基础，对整个区域的物流活动起着非常大的影响作用。良好的物流基础设施平台可以提升物流活动的效率、降低物流活动的中转成本并显著改善物流服务的质量，这不仅对物流产业本身有益，而且对提升目标区域内所有其他产业的整体竞争力都是十分重要的。美国、日本、欧洲等国家或地区的经济之所以能取得今天的成就，在很大程度上也是得益于其拥有各种良好的物流基础设施平台、四通八达的交通基础设施网络和完善的现代物流服务体系，使其经济能很快地渗透到各个角落。

3. 系统资源的不断优化是区域物流系统演化的方向

从发达国家区域物流系统的演化历程可以发现，对各种物流功能、要素不断进行整合、优化是区域物流系统发展的主脉络。首先，企业内部物流资源整合和一体化，形成以企业为核心的物流系统，物流管理也随之成为企业内一个独立的职能部门。其次，物流资源整合和一体化扩展到企业之间相互联系、分工协作的整个产业链条，形成高关联度、以供应链管理为核心的物流系统，出现为工商企业和消费者提供专业化服务的"第三方物流企业"。最后，一个区域范围的物流企业和物流系统对资源重新整合，形成区域物流系统，将物流业务进行协同化、社会化运作。

4. 区域物流系统的发展切合经济区域的实际情况，充分发挥区位优势

从发达国家区域物流系统的演化历程可以发现，在制定区域的物流发展规划时，一方面要符合国家中央层面的统一规划和部署，另一方面各地区也要根据自身的实际情况，积极探索切合本区域实际、能充分反映本地区特色、发挥地区特有竞争优势的物流发展模式。例如，日本的区域物流发展便是全局性和区域性相结合的统一体。就整体性而言，日本区域物流发展服从全国战略发展需要整体布局，根据日本经济圈发展布局而进行物流基础设施建设。信息化、标准化、物流成本核算等方面达到了高度统一。不同物流区域之间服从整体规划发展，都市圈内部、地方圈内部及都市圈和地方圈之间，通过信息技术、通信技术和发达的现代化交通系统达到有效沟通和协调发展。就区域性而言，日本不同区域的城市功能不同，产业结构有所差异，地理环境有所区别，因而区域物流规划与发展各有特色。例如，沿海区域更加注重港口经营和海运，国际化大城市如东京等则更加注重国际物流基础设施的建设和国际物流业务的发展，重要枢纽型城市则更注重发展仓储、中转与配送物流。由于日本的人口密度大，特别是在大都市圈内，地价高、交通拥挤，物流园区和物流基地通常都趋向于设在城市周边地区环状道路附近和沿海地区，便于货物的集中与分散，实现效率和效益的最大化，如日本政府统一规划、集资，在东京近郊的东南西北部分别建设葛西、和平岛、阪桥和足立四个现代化的物流基地。

5. 政府对区域物流系统的发展具有重要影响

从发达国家区域物流系统的演化历程可以发现，政府作为区域发展规划、经济政策的制定者，在区域物流系统的发展中起着至关重要的作用。主要体现在以下两个方面：一是对于区域性物流基础设施的规划、建设，这是对于区域物流发展硬件环境的促进。政府通过直接投资或通过一定的政策倾斜，促进公路、港口、铁路、航空等运输基础设施网络的建立及与多种运输方式相互衔接的物流中心的规划和建设。例如，日本区域物流发展是在 20 世纪 60 年代中叶经济刚开始腾飞的背景下起步，当时交通运输的瓶颈制约十分突出，而城市化发展又受制于国土条件的限制，因此日本物流发展一开始便强调"系统"观念，重视组成物流系统的交通运输综合网络、物流活动集聚发展与城市规划的关系等，为此在东京规划了四大物流团地，成为世界大城市处理好物流功能与城市发展协调的典范，这是规划重要作用的集中体现。二是着力于建立一个完善的促进区域物流发展的市场环境，这是对区域物流软件环境的改进。纵观欧美发达国家的运输政策，20 多年来最具影响的一项政策是放宽管制政策。今天欧美的一些企业之所以能较快适应全球化的变化，原因之一就是长久以来的放宽管制和行业间竞争压力。

二、我国东北地区物流业发展规划案例

物流业是融合运输、仓储、货代和信息等多种行业为一体的复合型服务产业，是国民经济的重要组成部分。大力发展物流业，对于东北老工业基地转变发展方式、调整优化产业结构、扩大对外开放和提升区域竞争水平具有十分重要的促进作用。

为加快东北地区物流业发展，根据《国务院关于进一步实施东北地区等老工业基地振兴战略的若干意见》和全国《物流业调整和振兴规划》，编制《东北地区物流业发展规划》，规划范围是辽宁省、吉林省、黑龙江省和内蒙古自治区东部的呼伦贝尔市、兴安盟、通辽市、赤峰市和锡林郭勒盟。规划期限为 2011～2015 年。

（一）发展环境

1. 发展基础

"十一五"期间，东北地区物流业快速发展，对经济社会发展的支撑能力不断增强，产业规模快速壮大。2010 年，东北地区物流业实现增加值 2612 亿元，比 2005 年增长78.6%，占地区服务业增加值和生产总值的比例分别为 17.5%和 6.4%；完成货运量 31.3亿 t，比 2005 年增长 60%，沿海主要港口实现货物吞吐量 6.8 亿 t，其中集装箱吞吐量968.2 万标箱，分别比 2005 年增长 124.8%和 156.1%；一批国际知名物流企业、国内大型物流企业在东北地区开展业务，一批本地区物流企业迅速发展壮大，形成了多种所有制、多种服务模式、多层次的发展格局。

（1）发展水平逐步提高。物流业运行效益不断提升，对经济社会发展的支持作用不断增强。2010 年，东北地区全社会物流总费用与 GDP 的比率是 18.3%，较全国高 0.4%，

但总体呈下降趋势。信息技术得到广泛应用，部分行业性、区域性物流信息平台开始运营。服务模式不断创新，仓单质押、"粮食银行"等服务业快速发展。物流业对制造业的服务能力不断增强，出现了从采购到产品分销配送的供应链管理服务模式。

(2) 发展条件和环境加快完善。物流基础设施建设步伐加快，截至 2010 年年底，东北地区铁路营业里程达到 1.9 万 km，高速公路通车里程达到 7640km，沿海主要港口码头泊位 359 个，其中万吨级以上泊位 174 个，集装箱专用泊位 24 个，投入运营的民用机场 25 个。全国《物流业调整和振兴规划》出台后，各级政府更加重视物流业发展，加大了支持力度，改善了物流业发展环境，促进了各地物流基础设施建设和物流业发展。

(3) 国际化程度不断提升。国际物流规模持续扩大，2010 年，东北地区沿海主要港口实现外贸货物吞吐量 1.7 亿 t，主要边境口岸实现货物吞吐量 4340 万 t。保税物流快速发展，大连大窑湾保税港区、绥芬河综合保税区、沈阳近海保税物流中心、营口港保税物流中心等相继投入运营。国际中转配送、出口集拼等业务不断拓展。黑龙江省和吉林省"借港出海"取得突破。

2. 面临的形势

东北地区物流业已经具备了良好的发展基础，但与老工业基地全面振兴的要求相比，仍然存在一定差距，与京津冀、长江三角洲、珠江三角洲地区相比，发展相对滞后。一是总体发展水平偏低，规模化、信息化、社会化程度不高，物流综合运行效率较低，对经济社会发展的支撑作用有待提升。二是发展水平不均衡，中部地区明显高于东、西部地区，南部地区高于北部地区，沿海地区高于沿边地区。三是多数企业仍采用传统生产运营模式，社会物流需求释放不够，制约了物流业的发展。四是在跨区域基础设施建设、大通关服务等方面，地区间统筹合作有待进一步加强。五是在跨境物流方面，需要加强东北亚相关国家间的协调沟通，共同改善通关设施条件，提高物流效率和服务水平。

"十二五"是东北老工业基地全面振兴的关键时期，随着振兴战略的深入实施，东北地区经济规模、综合竞争力将进一步提升，物流需求快速增长，为物流业发展奠定了坚实基础；加快转变发展方式、推进产业结构优化升级将贯穿经济发展全过程和各领域，为物流业发展提供了广阔空间；区域协调互动机制逐步完善，东北地区内部、东北地区与东中西部地区之间合作不断加强，为加快推进区域物流一体化进程创造了有利条件；沿海沿边开放深入推进，为东北地区物流业充分利用两种资源和两个市场、积极参与国际合作带来了难得的机遇。

东北地区发展物流业的重要意义：①发展物流业是促进东北地区产业结构调整、转变发展方式的要求。有利于创新产业运行模式和企业生产组织方式，降低区域经济综合运行成本，提高效率和效益，提升东北地区综合竞争力；有利于促进东北地区产业结构优化升级，提升现代服务业的规模和水平，强化对相关产业发展的支撑作用。②发展物流业也是加快东北地区区域经济一体化发展的要求。东北地区作为比较完整的地域经济综合体，具备一体化发展的地域优势和产业条件，率先实施东北地区物流一体化，将推动相关产业协调发展，促进东北地区经济一体化发展。③发展物流业更是推动东北地区全方位对外开放的要求。东北地区位于东北亚的中心位置，与俄罗斯、朝鲜、蒙古国陆地相连，与日本、韩国隔海相望，是我国面向东北亚开放的桥头堡和重要枢纽。东北地区物流业的快速发展，将促进东北地区对外经济技术合作，全面提升东北地区沿海沿边开放的层次和水平。

（二）指导思想、基本原则和发展目标

1. 指导思想

深入贯彻落实科学发展观，立足东北地区经济结构战略性调整的现实需求，优化物流业发展布局，统筹物流基础设施建设，创新物流服务模式，提高物流科技水平，完善物流业发展的体制机制，扩大物流业对外开放，推进区域物流发展一体化，促进物流业与相关产业协同发展，培育形成现代物流产业体系，为老工业基地全面振兴提供有力保障。

2. 基本原则

（1）市场导向。充分发挥市场配置资源的基础性作用，调动企业的积极性，优化整合现有物流基础设施，科学布局新建设施。

（2）协调发展。协调东北地区各省区、东北地区与国内其他地区、东北地区与东北亚区域的物流业发展，推动其他产业与物流业的联动发展。

（3）创新发展。把创新作为提升东北地区物流业发展水平的有力支撑，创新服务模式，借鉴国内外新理念新经验，积极采用新技术新装备，注重对接国内外技术标准，提高企业物流技术和供应链管理水平。

（4）外向发展。把开放作为增强东北地区物流产业发展活力的重要途径，利用东北地区沿海沿边和处于东北亚中心地带的区位优势，加强对外合作，改善港口、边境口岸和国际通道设施条件，提高通关效率，大力发展国际物流，提高国际化水平。

3. 发展目标

初步建立起布局合理、技术先进、便捷高效的现代物流服务体系，有力支撑东北老工业基地全面振兴。物流社会化、专业化水平显著提高，物流服务能力进一步增强，全社会物流总费用与地区生产总值比率比 2010 年下降 1.5 个百分点，培育形成 30 个以上具有区域辐射能力和规模效益的物流产业园区、若干个大型物流企业集团、一批具有经营特色的中小型物流企业和服务品牌。

（三）发展布局

适应东北地区经济发展要求，根据主导产业布局、货物流向、资源环境、交通设施等条件，构建重要物流节点城市和通道布局。

1. 主要物流通道布局

主要物流通道是东北地区承担物流任务较重、潜在物流量较大的线路，需不断完善公路、铁路、水运等基础设施条件，提高主要物流通道的通行能力和辐射能力。

主要物流通道布局：

（1）提升哈尔滨-长春-沈阳-大连（营口）及沈阳-北京等主轴物流通道的通行能力，进一步拓展主轴通道的辐射范围，增强主轴通道与沿海港口和边境口岸的联系。增加大连港、营口港航线的数量和密度，提升海铁联运能力。加强内陆港体系建设，提升港口对内陆腹地的服务能力。

(2)提升满洲里-哈尔滨-绥芬河、阿尔山-白城-长春-延吉(图们、珲春)横向物流通道的通行能力。建设和完善边境口岸物流基础设施，加强双边合作，提高过货能力和效率。开展"江海联运"、"陆海联运"和"借港出海"，创新发展"中-外-中"内贸货物国际物流运作模式。

(3)畅通东部物流通道(鹤岗-佳木斯-牡丹江-图们-通化-丹东-大连)，提高东部铁路的运能和通达水平，提升东部公路等级，加快东部通道出海口丹东港扩能改造。

(4)加强蒙东地区、蒙古国与辽吉黑三省连通的西部通道规划建设。畅通伊敏-伊尔施-阿尔山-乌兰浩特-白城-通辽-锦州通道，建设锡林浩特-赤峰-绥中通道，规划研究白音华-赤峰-朝阳-锦州及珠恩嘎达布其-巴彦乌拉-新邱(阜新)-锦州通道，提升二连浩特-集宁、齐齐哈尔-白城-通辽-锦州及霍林郭勒-通辽-沈阳-丹东通道的运输能力。

(5)以大连、沈阳、长春、哈尔滨国际机场为依托，大力发展国际航空货运，规划建设空港物流基地和临港产业园区。

2. 物流节点城市布局

依据城市所处的区位、交通条件、产业特点、物流辐射范围及承担的货运量和增长潜力，东北地区物流节点城市分为一级物流节点城市、二级物流节点城市和三级物流节点城市。一级物流节点城市6个，包括全国《物流业调整与振兴规划》确定的全国性物流节点城市沈阳和大连、区域性物流节点城市哈尔滨和长春、具备区域辐射力和服务能力的蒙东地区交通枢纽城市通辽和亿吨港口城市营口;二级物流节点城市是锦州、丹东、鞍山、阜新、吉林、通化、白城、延边、齐齐哈尔、佳木斯、牡丹江、黑河、绥芬河、赤峰、呼伦贝尔、满洲里、二连浩特17个城市。除一级、二级物流节点城市之外的城市为三级物流节点城市。

物流节点城市要加强物流设施建设，合理规划布局物流园区，努力提高城市物流服务水平。一级物流节点城市要根据节点定位和发展方向，切实提高对整个东北地区的辐射带动能力。二级物流节点城市要根据本地的产业特点、设施水平和市场需求，切实增强对周边区域的服务能力。在东北地区逐步形成以一级、二级物流节点城市为引领，其他城市和地区协同发展的格局，促进东北地区物流业协调发展。

专栏1 一级物流节点城市定位及发展方向

大连市

定位:东北亚国际航运中心、东北亚国际物流中心城市。

发展方向:重点发展集装箱和石油化工、矿石、粮食、汽车、钢铁、煤炭等大宗物流，大力发展国际采购、国际配送、国际转口业务，加快航运市场建设，建设东北亚国际航运中心和国际物流中心。

沈阳市

定位:东北地区物流中心城市、东北地区物流信息中心。

发展方向:重点发展装备制造、汽车及零部件、粮食等农产品和日用消费品物流，建设区域性信息中心和物流中心。

长春市

定位：东北地区中部物流中心城市、长吉图物流枢纽城市。

发展方向：重点发展汽车及零部件、医药、粮食、农产品等物流，建设区域性物流中心和对俄日韩国际物流中心。

哈尔滨市

定位：东北地区北部物流中心城市、对俄罗斯国际物流枢纽城市。

发展方向：重点发展粮食与农产品、医药、装备制造业等物流和对俄罗斯国际物流，建设区域性物流中心和对俄罗斯国际物流中心。

通辽市

定位：东北地区西部物流中心城市、蒙东地区物流枢纽城市。

发展方向：重点发展煤炭、木材、粮食等大宗物流，建设区域物流中心。

营口市

定位：沈阳经济区主要出海口城市、东北地区重要的出海口城市。

发展方向：重点发展矿石、煤炭、粮食、石油、化学品等大宗物流，建设港口物流中心。

（四）主要任务

1. 加强物流基础设施建设

结合东北地区综合交通体系建设和东北地区物流业发展的需要，按照生产力布局的要求，整合现有交通运输基础设施资源，优化物流节点设施布局，加快铁路集装箱办理站、铁路大型装车点、公路货运枢纽、港口货运枢纽和城市配送中心建设，促进各种运输方式的无缝衔接，提高基础设施利用率和物流运营水平。加强港口集团、铁路局、边境口岸之间的合作，在东北腹地合理布局建设内陆港。

依托城市的大型产业基地、交通枢纽、港口及商贸中心，统筹规划建设一批布局合理、功能齐全、用地集约、产业集聚的综合物流产业园区。合理确定物流园区的数量、性质、规模和建设内容。要充分发挥综合运输优势，优先整合现有物流基础设施，完善配套设施，防止盲目投资和重复建设。

2. 加快第三方物流发展

大力培育现代物流企业，支持现有运输、仓储、货代、联运、快递等企业开展业务整合和服务创新，加快向现代物流企业转型，推进物流服务专业化，提高第三方物流市场供给能力和服务水平。大力发展多式联运、集装化运输、甩挂运输及重点物资的散装运输，积极发展铁路集装箱运输等高效运输方式，提高运输能力和专业化水平。大力推进物流企业通过参股、控股、兼并、联合、合资、合作等多种形式进行改革重组，培育具有较强竞争力的大型物流企业集团。支持物流企业联合金融、保险、通信等部门，创新服务模式，提供高端增值服务，满足多样化的物流需求。加大招商引资力度，引进国内外大型物流企业。

3. 推进企业内部物流服务社会化

推动物流业与制造业、商贸流通业联动发展。鼓励制造企业加强供应链管理，实施业务流程再造，剥离或外包物流业务，促进企业内部物流社会化。物流企业要积极承担制造企业的原材料采购、生产、销售等环节的物流及增值业务，通过组织实施有效的供应链解决方案实现规模效益。商贸流通企业要积极发展共同配送，释放自身物流需求。

4. 推动重点领域物流业发展

以粮食、煤炭、石油化工、钢铁、汽车、装备制造等东北地区大宗商品和重要产业为服务重点，建立和完善东北地区现代物流服务体系。依据产业布局、货物流向和运输方式，合理布局物流设施，提高专业物流服务水平，加快促进产业物流发展。结合国家绿色农产品生产基地和精品畜牧业基地建设，大力发展农产品冷链物流。适应集装化运输发展需要，积极推广集装箱物流模式，实现多种运输方式的无缝衔接。

专栏 2　重点领域物流业发展

重点领域：粮食物流

发展重点：围绕三江、松嫩、辽河平原和蒙东地区等商品粮基地，构建东北地区主产区连接主销区，集合内外贸、生产加工、采购交易等功能的粮食物流体系。大力推广散粮运输方式，积极推动发展铁海联运，构建以北良港为龙头，锦州港、营口港、大连港、丹东港为支撑的"北粮南运"港口物流体系；结合散粮装卸设施情况及铁路粮食大型装车点建设，建设粮食物流中心，适时开通从东北地区到关内华北、华东、华中地区的散粮铁路运输定点定向班列；开展东北地区半成品粮"入关"集装化运输试点；鼓励大型粮食生产、流通企业与主销区大型粮食物流节点战略合作，提高主销区散粮接卸和仓储能力。发展粮食网上交易，建立全国性的粮食物流信息服务平台。鼓励大型粮食经营和加工企业通过兼并、重组和股份制改造，培育一批跨行业、跨地区，集粮食收购、储存、中转、加工、贸易等业务于一体的粮食物流企业集团。

重点领域：煤炭物流

结合铁路煤炭战略装车点的建设，加强煤炭物流基础设施和通道建设，提升蒙东煤炭物流集散能力，重点建设和畅通赤大白-锦州港、锡赤绥-绥中港、巴新铁路、巴珠铁路及扩能改造通霍线、绥满线等煤炭物流通道。加强营口港、锦州港等港口煤炭物流基础设施建设，大力发展煤炭分销物流。构建服务俄罗斯和蒙古国的煤炭国际物流服务体系。支持煤炭物流企业整合采购、物流、配煤、销售、资金、信息等功能，实施创新和集约的煤炭物流供应链服务。

重点领域：石油化工物流

依托大连、抚顺、锦州、葫芦岛、盘锦、吉林、大庆等石油化工产业基地，建设集信息、交易、存储、运输等功能于一体的危险化学品物流中心；发展专业化的危险品物流服务，加强对危险化学品物流全过程的跟踪、监控、管理。提升完善管道运输。

重点领域：钢铁物流

提升大连港、营口港矿石码头的吞吐能力，新建丹东港矿石码头。建设同江铁路大桥，畅通俄罗斯矿石物流通道。建设以大连港、营口港、丹东港等为主的铁矿石供应物流系统。在大连、沈阳、长春、哈尔滨、鞍山、齐齐哈尔等地建设以加工配送、网上交易、物流金融等增值服务为主要特征的现代钢铁物流中心。

重点领域：汽车物流

依托长春、沈阳、大连、哈尔滨等汽车及零部件生产和商贸流通聚集区，整合汽车及零部件制造业物流资源，规范商品车运输市场，开发标准运输装备，建立以汽车生产基地为核心的汽车物流服务体系。重点培育在全国具备龙头作用的汽车专业物流服务商。

重点领域：装备物流

在沈阳、大连、长春、哈尔滨、齐齐哈尔等地建设装备制造物流中心，鼓励专业物流企业为装备制造产业提供包括采购、生产、销售、备品备件供应等供应链物流服务。

重点领域：冷链物流

围绕区域内主要畜牧、水产、农产品生产基地建设，以中心城市的鲜活农产品批发市场和加工配送基地为中心，应用现代物流技术，建设鲜活农产品冷链物流设施，构建冷链物流服务体系。培育一批在国内具有一定竞争能力的冷链物流企业，促进传统冷藏运输企业向集仓储、运输、加工、配送等功能于一体的冷链物流企业转变。创新农产品采购流通模式，缩短流通环节，提高冷链货物流通效率。

重点领域：集装箱物流

加强港口、边境口岸、内陆港、集装箱中心站等基础设施建设，发展以海铁联运为主的多式联运体系，建立港口、边境口岸与腹地一体化的集装箱物流网络；结合散货集装箱化的趋势，提高箱式货物的装箱率，推广集装箱运输，完善哈大集装箱铁路运输通道。

5. 统筹城乡物流发展

适应电子商务和连锁经营快速发展的要求，加快城市配送业发展，解决城市快递、配送车辆城区通行、停靠和装卸作业等问题，推广共同配送，建立和完善城市物流配送网络，提高城市配送能力、组织化程度和服务水平。在大中城市发展面向企业和消费者的社会化共同配送，加快建设城市物流配送项目和网点设施，扩大企业物流网络覆盖面，率先推进城市物流配送现代化。支持涉农物流发展，提高城市物流服务"三农"的能力和水平，加强城乡物流统筹发展，实现城乡物流一体化。

支持农产品主产区和集散地的批发市场、集贸市场等设施建设，结合"万村千乡"、"放心粮油进农村、进社区"、"新农村现代流通服务网络"和"农产品现代流通综合试点工作"等，发挥供销社、粮食部门和邮政物流农村服务网络优势，整合农村流通资源，建设农村物流服务网络，建立"农超对接"直达配送体系，减少流通环节，降低成本，确保食品安全。积极推进农村消费品和农资连锁超市建设，提高农村物流的专业化、网络化程度。

6. 提高物流信息化水平

整合物流信息资源，推进东北地区物流公共信息服务平台建设。积极探索发展物流公共信息平台的新模式，延伸物流信息服务功能，提高物流信息服务水平。建设重大装备、粮食、冷链等行业物流信息服务平台，为企业提供社会化、专业化的物流信息服务。支持物流企业与商贸、生产企业的信息对接、数据交换，提高物流运作效率，降低物流成本，培育一批具有竞争力的物流信息服务企业。加快东北地区"电子口岸"建设，积极推进大通关信息资源整合，提高物流运作效率。利用东北亚物流信息服务网络，开展国际间的物流信息交换与共享。

7. 促进物流技术和服务创新

支持物流企业加强物流新技术的自主研发，推动物联网等技术在物流领域的应用。积极推广甩挂运输等现代运输组织方式和运输技术，推进高效快捷的综合运输体系建设。加强散粮、汽车、集装箱运输技术的开发研究和大宗成品粮储运及半成品粮流通技术示范。鼓励企业创新服务模式，提供个性化的物流服务，打造服务品牌。利用东北地区装备制造业的优势，加快重型运输车辆、大型吊装设备、搬运设备、仓库自动化设备及冷藏冷冻设备等物流装备的研制，提高物流装备的自主研发和生产能力，建设国家重要的物流技术装备制造产业基地。加强物流标准化体系建设，大力推进标准化托盘、集装单元在物流中的应用，提高物流服务效率。

8. 大力发展国际物流

充分利用东北地区沿海沿边优势和保税物流政策，促进物流业的国际化发展。加强港口基础设施建设，大力发展集装箱海铁联运，提升港口综合服务能力。鼓励沿海港口功能向内陆延伸，推进内陆港建设，扩大港口吸纳腹地货源的能力。加快推进同江铁路大桥、鸭绿江界河公路大桥、黑河大桥等沿边口岸基础设施建设，提升边境口岸通行能力和信息化水平。支持边境口岸发展保税物流，加强与对岸口岸协调合作，促进中外边境口岸功能的协同与能力匹配。依托满洲里、绥芬河、黑河、同江、黑山头、室韦等口岸，发展中俄沿边物流和环日本海物流；依托丹东、珲春、图们等口岸，发展中朝沿边物流；依托阿尔山、珠恩嘎达布其、二连浩特等口岸，发展中蒙沿边物流。支持黑龙江省、吉林省深入开展"借港出海"。

统筹规划、合理布局，积极推进海关特殊监管区域和保税监管场所建设。加强国际集装箱中转站、国际机场等地多式联运物流设施建设，提高国际货物的中转能力。推进内陆港、海铁联运、集装箱班列项目运作，畅通东北地区沿海沿边国际物流通道，加快发展适应国际中转、采购、加工配送、转口贸易业务要求的国际物流。

9. 促进区域物流一体化

加快蒙东地区与东北三省物流通道建设,加强各省区的物流合作,促进东北地区物流一体化发展。加强东北地区与其他地区的物流联系,提升陆路、海路出入关能力,开展渤海跨海通道的规划与建设前期工作。鼓励东北地区物流园区建立战略联盟,实现基础设施、物流信息等资源共享。培育提高物流企业的跨区域服务能力。

10. 积极发展绿色物流

推行绿色运输、绿色仓储、绿色包装和绿色采购,减少物流环节的资源、能源消耗和污染物排放。合理规划布局物流设施和网络,减少无效的物流环节,科学选择物流运输方式,推广共同配送和联合运输等先进运输组织形式,实现节能减排。大力发展基于循环经济的回收物流,积极推动包装物周转使用。建设一批回收物流中心和公共信息平台,促进工业和生活废弃物逆向物流体系建设,提高资源的循环利用率。

(五)保障措施

要围绕规划的目标和任务,健全规划实施机制,强化政策措施支持,保障规划顺利实施。

1. 完善物流业发展协调机制

积极学习借鉴国内外物流业先进的经营管理理念、方法和技术,进一步深化改革,建立完善有利于东北地区物流业加快发展的体制机制。在四省区行政首长协商机制下建立物流业发展协调机制,促进各省区物流规划的衔接,协调跨地区的物流基础设施建设,研究解决东北地区物流业发展的重大问题。各地物流业主管部门要加强与交通运输、产业发展、统计等相关部门的协调,进一步加强指导、加大支持。物流行业协会要充分发挥作用,做好信息统计分析、预测预警发布、协调应对行业发展重大事项等工作。

2. 推动物流资源合作开发利用

充分发挥物流节点城市的辐射带动作用,全面提升港口、边境口岸的服务功能,加强内陆港建设,实现物流业跨地区协同发展。积极发挥保税物流的辐射带动作用,支持在东北地区符合条件的地方设立海关特殊监管区域,支持有条件的地区采取互设"飞地"的办法,加强物流合作。加强与东北亚周边国家的物流合作,完善通关体系,联合开发沿海沿边国际物流资源,建设具有国际竞争力的开放型物流产业基地。支持交通运输、生产制造、商贸流通等物流相关企业合作开发利用物流基础设施。探索建立物流信息共享机制,建设物流公共信息服务平台,实现区域物流信息共享。

3. 构建统一共享的物流市场

打破地方保护、市场分割和行业垄断,取消相互之间歧视性市场准入限制,充分发挥市场配置资源的基础性作用,促进市场充分竞争。围绕功能整合,发展专业化物流服务,逐步形成布局合理、配置高效、功能完善的区域性物流体系,发挥货物集散、配送、流通加工、商品检验、信息服务等综合功能,实现物流配送服务的共享。共同建立区域性物流市场运行的信息网络系统和市场调控应急反应机制,提高对区域内突发事件及市场异常波动的应对处理能力。

4. 认真组织实施规划

有关部门和东北四省区人民政府要协同配合，认真落实《国务院办公厅关于促进物流业健康发展有关政策措施的意见》，共同推进规划实施。四省区人民政府要做好相关规划政策的衔接，形成区域规划建设一盘棋。国家发展与改革委员会要加强指导，帮助协调解决重大问题，确保规划实施效果。

思 考 题

1. 简述区域物流的内涵与特征。
2. 简述区域物流系统的概念及构成。
3. 区域物流系统规划应该遵循哪些原则？
4. 区域物流规划包括哪些内容？
5. 简述区域物流系统规划的步骤与程序。
6. 简述区域物流系统规划常用的几种方法。

第十一章 物流信息系统规划

第一节 物流信息系统概述

一、物流信息简介

现代物流运作的核心是信息技术，通过信息技术将原来供应链中割裂的各个物流环节整合在一起，突出地表现现代物流的整合化特征。现代物流为满足人们对物资流通过程的及时性要求，借助于信息网络技术，最大限度地将原来在实现物资空间转移中所进行的运输、仓储、包装、装卸、加工及配送等多个环节整合在一起，以一个整体面对社会的物流需求。因此，物流企业管理信息化是行业发展的必然趋势。

（一）数据和信息

1. 数据

数据（data）是对客观事物的符号表示，是用于表示客观事物未经加工的原始素材，如图形符号、数字、字母。或者说数据是通过物理观察得来的事实和概念，是关于现实世界中的位置、事件、其他对象或概念的描述。

2. 信息

信息（information）的概念比较广泛，已经在哲学、自然科学、技术科学和社会科学等领域被广泛应用。信息是客观事物属性的反映，是经过加工处理并对人类客观行为产生影响的数据表现形式。信息是现实世界事物的存在方式或运动状态的反映。信息具有可感知、可存储、可加工、可传递和可再生等自然属性，信息也是社会上各行各业不可缺少的、具有社会属性的资源。

3. 数据和信息的关系

数据和信息这两个概念既有联系又有区别。数据是信息的符号表示，或称载体；信息是数据的内涵，是数据的语义解释。数据是信息存在的一种形式，需要通过解释或处理才能成为有用的信息。数据可用不同的形式表示，而信息不会随着数据的形式而发生改变。

（二）物流信息

在现代企业中，信息已经与人、财、物等资源一样，成为企业的第四种资源。

1. 物流信息的定义

物流信息（logistics information）是社会经济活动中反映物流各种活动内容的知识、资料、图像、数据、文件的总称。在物流系统中，物流信息与运输、仓储、配送等环节密切联系，在物流活动中起着神经系统的作用。

2. 物流信息的分类

1）按管理层次分类

根据管理层次的划分，物流信息可以分为战略管理信息、战术管理信息、知识管理信息、操作管理信息。

战略管理信息是企业高层管理决策者制定企业年经营目标、企业战略决策所需要的信息，如企业全年经营业绩综合报表、经营者收入动向和市场动向、国家有关政策法规等。

战术管理信息是部门负责人作出关系局部和中期决策所涉及的信息，如销售计划完成情况、单位产品的制造成本、库存费用、市场商情信息。

知识管理信息是知识管理部门相关人员对企业自己的知识进行收集、分类、存储和查询，并进行知识分析得到的信息，如专家决策知识、物流企业相关业务知识、工人的技术和经验形成的知识信息。

操作管理信息产生于操作管理层，反映和控制企业的日常生产和经营工作，如每天的产品质量指标、用户订货合同、供应厂商原材料信息。这类信息通常具有量大、发生频率高等特点。

2）按信息来源分类

按信息的来源可分为物流系统内部信息和物流系统外部信息两种。

物流系统内部信息是伴随物流活动而发生的信息，包括物料流转信息、物流作业层信息。具体为运输信息、存储信息、物流加工信息、配送信息、定价信息等，以及物流控制层信息和物流管理层信息。

物流系统外部信息在物流活动以外发生，却能够提供给物流活动所需的信息，包括供货人信息、顾客信息、订货合同信息、社会可用运输资源信息、交通和地理信息、市场信息、政策信息及来自企业生产、财务等部门的与物流有关的信息。

二、物流信息系统简介

一个城市或地区物流信息化建设主要包括企业物流信息系统、物流园区（物流中心）信息平台和公共物流信息平台三个层面。

（一）物流信息系统的定义

1. 信息系统

信息系统（information system）是具有数据采集、管理、分析和表达能力的系统，它能够为单一的或有组织的决策过程提供有用的信息。

信息系统是一种由人、计算机（包括网络）和管理规则组成的集成化系统。该系统利用计算机软硬件，手工规程，分析、计划、控制和决策采用的模型、数据库为一个企业或组织的作业、管理和决策提供信息支持。

2. 物流信息系统

1）定义

物流信息系统（logistics information system）包含物流过程各个领域的信息系统，包括运输、仓储、海关、码头和堆场等，是一个由计算机、应用软件及其他高科技的设备通过全球通信网络连接起来的纵横交错的立体动态互动系统。有时物流信息系统也被指代为物流管理信息系统。

2) 物流信息系统的特点

除了具有一般信息系统的特征之外，如整体性、层次性、目的性、环境适应性等，还有一些自身的特征，包括为物流服务、适应性强和易用性强等。

3) 物流信息系统的作用

物流信息系统是以计算机和网络通信设施为基础、以系统思想为主导建立起来的为进行计划、操作和控制而为物流经理提供相关信息及为业务人员提供操作便利的人员、设备和过程相互作用的结构体，是一个以采集、处理和提供物流服务为目标的系统，它贯穿于整个物流过程，把各种物流活动与某个一体化过程连接在一起，实现业务处理、管理控制、决策分析及制定战略计划等功能层次。

（二）物流信息系统分类

1. 企业物流信息系统

企业物流信息系统主要根据物流企业、制造企业、流通企业的内部物流信息一体化、网络化、高效化的需求，构建企业信息系统，提高物流运作效率，并逐步要求在供应链上、下游企业及合作伙伴之间实现信息共享，以实现供应链的协同运作，增强供应链的竞争优势。

制造企业、流通企业的信息系统根据不同的发展阶段，一般有三种形态。

(1) 初级阶段。实现企业核心部门的信息化（如仓储、财务等部门），解决信息处理问题，提高物流运作效率，减少差错，降低成本。

(2) 发展阶段。随着客户对企业柔性和快速反应能力需求的不断提高，企业对内部各系统进行跨职能的整合，以实现内部物流系统的一体化。

(3) 高级阶段。供应链管理是现代物流的发展方向，随着企业客户的全球化及 JIT 等方法的应用，企业需要对内部信息与供应商、客户等外部信息进行整合，利用信息技术实现全球供应链管理。

物流企业通过对内部系统的信息化建设，如优化配载、货物跟踪、车辆调度、路线安排、库存管理等及与被服务企业间的信息共享和交互来提高服务效率、服务质量和服务能力。

2. 物流园区（物流中心）信息平台

物流园区（物流中心）信息平台整合物流园区（物流中心）内各企业的信息资源，为物流园区（物流中心）内企业提供信息共享和增值物流服务，实现物流园区（物流中心）内企业间的信息共享，并促进物流园区（物流中心）内企业的信息化建设。根据不同物流园区（物流中心）的功能特点，信息平台的作用也有所不同，主要表现在以下几个方面。

(1) 促进物流园区（物流中心）内中小企业的物流系统信息化建设。根据物流园区（物流中心）的性质，为物流园区（物流中心）内的中小企业提供物流系统的 ASP（应用服务提供）租赁服务，为中小企业节约信息化方面的投资，加速企业信息化的进程。

(2)信息共享。实现物流信息共享，即在物流园区内的企业之间、物流园区内的企业与物流园区以外的企业之间、物流企业与客户之间实现信息共享；在物流企业内部实行管理，对客户关系、物流中心、配送中心、仓储中心、停车场、网络化运输进行集中管理，全过程优化物流服务，为物流企业和客户提供对物流服务全过程的动态跟踪和查询。

(3)物流园区(物流中心)管理信息化。通过对物流园区(物流中心)进行网络化、信息化的高效管理，提升物流园区(物流中心)的水平，增强物流园区(物流中心)的运营效率和吸引力。

3. 公共物流信息平台

公共物流信息平台是通过对共用数据的采集，为物流企业的信息系统提供基础支撑信息，满足企业信息系统对公用信息的需求，支持企业信息系统各种功能的实现；同时，通过共享信息支撑政府部门对行业管理与市场规范化管理方面系统工作机制的建立。公共信息平台的作用主要包括以下几个方面。

(1)整合物流信息资源。公共物流信息平台最终的作用就是整合各物流信息系统的信息资源，完成各系统之间的数据交换，实现信息共享。物流信息平台可以担负信息系统中公用信息的中转功能，各个承担数据采集的子系统按一定的规则将共用数据发送给信息平台，由信息平台进行规范化处理后加以存储，根据需求规划或各物流信息系统的请求，再规范格式将数据发送出去。例如，安徽芜湖物流信息平台，整合企业、货主、公路、铁路、港口、银行、海关、工商、税务等多个信息系统，通过物流信息平台实现以上各系统之间的信息交换和信息传递，满足不同客户的信息需求，提高物流系统的效率。

(2)整合社会物流资源。通过物流信息平台，可以加强物流企业与上下游企业之间的合作，形成并优化供应链。当合作企业提出物流请求时，物流企业可以通过物流信息平台迅速链接，提供相关物流服务。这有利于提高社会大量闲置物流资源的利用率，起到调整、调配社会物流资源、优化社会供应链的作用，不但会产生很好的经济收益，而且会产生很好的社会效益。例如，上海、深圳、天津的公共物流信息平台都有为车主和货主提供火车配载的功能，这样就有效地利用了空车资源。

(3)推动电子商务的发展。公共物流信息平台的建设，有利于实现电子商务 B2B 或 B2C 系统的对接。任何一种交易都是以物的转移和服务的提供作为最终目的。电子商务作为一种交易模式，当然也不例外。随着电子商务交易系统建设的深入，如何为其配置电子化的物流系统已成为关键问题，而物流信息平台是解决这一问题的较好方案。通过公共物流信息平台的建设，可以为电子商务提供很好的物流服务，从而促进电子商务的发展。一般的公共物流信息平台都提供在线交易功能，这实际上就提供了电子商务的基本功能。

三、物流信息系统的发展趋势

我国物流各个环节如运输、仓储、配送的成本及劳动力和设备的成本都远远低于发达国家，而整个物流过程的综合成本却大大高于发达国家。其主要原因就是物流各环节信息化程度低，信息沟通不畅，造成库存大、运力浪费。记者在调研中了解到，为了降低物流成本，实现"按需生产、零库存、短在途"的目标，我国物流行业已经达成共识，必须大力发展现代物流，充分利用信息技术，让"信息流"主导"物品流"，通过信息化来实现"物流"的准确配置，让物的流动具有最佳的目的性和经济性，将生产地和流通过程中的库存降到最低。可以说，现代物流就是"传统物流＋信息化"，信息化成为现代物流的灵魂和关键。记者在对山东、广东等地物流企业的调研采访中发现，目前，我国物流信息化已步入快速发展期，"一高、一快"态势明显，同时与国际先进水平差距较大，"两低"现象十分突出。专家指出，我国物流信息化今后必须走信息资源共享化、信息网络一体化的发展之路。

（一）物流信息化呈现"一高、一快、两低"态势

物流的核心是"物的流动"，与运输不同，物流不但改变了物的时间状态，也改变了物的空间状态；而运输只是物流的主要功能要素之一，是改变空间状态的主要手段。现代物流就是通过信息化的手段进行运输，实现运输、仓储、配送的高效一体化。其主要目的就是通过快速、准确地传递物流信息，使生产厂商实行准时制生产，物流提供商实行准时制配送，以"信息"降低"物流"，将生产地和流通过程中的库存降到最低，甚至达到"零库存"或"零距离"，由此降低物流费用。我国物流企业的信息化建设起步较晚，目前距离物流信息化的目标还有很大差距，但是追赶的脚步却从未停歇过。进入 21 世纪后，随着我国经济的发展和信息技术的进步，我国物流信息化进入了快速发展期，呈现出"一高、一快、两低"的特点。

（二）信息化意识提高，整体规划能力较低

近年来，我国从政府部门到企业对物流信息化重要性的认识不断提高，物流的灵魂是信息已得到我国工商企业、物流企业的广泛认同，各类企业呈现出开发物流信息平台、应用综合性或专业化物流管理信息系统的态势。2004 年，国家发展与改革委员会、商务部、公安部、铁道部、交通部等九部委联合发布了《关于促进我国现代物流业发展的意见》，将发展物流信息化提到一个新的高度。目前，我国各级政府已经把物流信息化作为一项基础建设纳入发展规划之中，并进一步加大对物流信息化的投资力度。

但是，物流企业信息化整体规划能力较低，对信息化的理解不深。我国在物流信息化长期发展战略上尚未形成体系，标准化工作发展较慢；同时，物流企业对自身的信息化未来发展也缺乏规划，缺乏覆盖整个企业的全面集成的信息系统，目前真正去做信息化整体规划的企业寥寥无几。

（三）建设步伐加快，整体应用水平较低

伴随着我国经济的持续快速发展，我国物流行业呈现出高速增长的势头，而物流信息化的投入力度也相应提高，建设步伐持续加快。相关调查显示，我国大中型企业物流及第三方物流企业信息化意识普遍提高，信息化进程正在加快，大约有 74% 的企业已经建立了信息管理系统，77% 的企业已有自己的网站。同时，记者在调研中了解到，物流企业对现代通信技术的接受程度逐渐提高，开始积极采用 GPS、GIS 等先进技术来提高

企业的运营水平和综合实力。山东省大型物流企业龙口市胜通物流有限公司就通过山东移动提供的"GPS 定位配载"信息化解决方案，解决了由于信息沟通不畅而导致的车辆空驶严重、货物运输安全无保障、车辆资质可靠性差、车辆调度难等突出问题，通过信息化手段最大限度地整合了现有资源，使企业获得良好的经济效益。目前，龙口市胜通物流有限公司已经安装胜通货运信息网和GPS车辆监控软件的配载户达1500多个，每天为用户提供货源和车源信息15000多条，业务范围覆盖山东省10多个地市及东三省部分地区。

尽管我国物流信息化发展较快，但是不得不承认，与国际先进水平相比，整体水平尚处于较低层次，特别是中小物流企业的信息化水平很低。一方面，先进的信息技术应用较少，应用范围有限。调查显示，在国外物流企业得到广泛使用的条码技术、RFID、GPS／GIS 和 EDI 技术在中国物流企业的应用不够理想。同时，立体仓库、条码自动识别系统、自动导向车系统、货物自动跟踪系统等物流自动化设施应用不多。另一方面，信息化对企业运营生产环节的渗入层次较低。记者经过调查发现，在信息化水平较高的大中型物流企业中，其企业网站的功能仍然以企业形象宣传等基础应用为主，作为电子商务平台的比例相对较少，大约占16.67%。同时，已建信息化系统的功能主要集中在仓储管理、财务管理、运输管理和订单管理，而关系到物流企业生存发展的有关客户关系管理的应用所占比例却很小，大约是23.33%。

事实上，目前较低的信息化应用水平已经成为制约我国现代物流发展的重要因素，我国物流业迫切需要提高信息水平，以提升国际竞争力。据了解，一辆丰田轿车的零件有3万个之多，但是丰田汽车公司却是零库存企业，"以信息替代库存"是丰田公司制胜的法宝之一。可见，中国物流业要想提升竞争力，仅依靠提升"运力"是不够的，必须大力应用和发展现代信息技术。

（四）"大物流"急需物流信息化实现"两化"

在经济全球化的大趋势下，随着信息技术的迅速发展和竞争环境的日益严峻，要大幅度降低我国企业的物流成本，增强企业的国际竞争力，就必须以信息技术和信息化管理来带动物流行业的全面发展，构建全社会的"大物流"系统。这就迫切需要物流信息在信息资源上实现共享化，在信息网络上实现一体化。

1. 物流信息资源共享化

以往，物流企业的信息化建设十分看重硬件投入，随着企业发展的需要，信息资源的整合开发日显重要。事实上，开发物流信息资源既是物流信息化的出发点，又是物流信息化的归宿，同时，信息整合也会推动物流行业相关资源和市场的整合。我国著名物流专家陆江曾在接受采访时表示，目前，我国物流企业信息化水平较低，能利用信息技术优化配置资源的企业还不多。特别是公共信息平台的建设滞后，物流信息分散，资源不能有效整合，形成了大大小小的"信息孤岛"。我国要发展现代物流，抓住全球化和信息化带来的发展机遇，必须加强物流信息资源整合，大力推进公共信息平台建设，建立健全电子商务认证体系、网上支付系统和物流配送管理系统，促进信息资源的共享。调研数据显示，在当前物流企业的信息化发展中，对公共信息网络平台的需求比例大约为 56.67%。有关专家建议，物流信息化应纳入国家信息化发展的总体规划，统筹考虑、协调发展，从体制上打破条块分割和地区封锁，从信息资源整合入手，抓好物流资源的整合。

2. 物流信息网络一体化

随着经济全球化及国际贸易的发展，一些国际大型物流企业开始大力拓展国际物流市场。而物流全球化的发展走势，又必然要求跨国公司及时准确地掌握全球的物流动态信息，调动自己在世界各地的物流网点，构筑起全球一体化的物流信息网络，为客户提供更为优质和完善的服务。加入 WTO 以后，我国的物流企业要想适应国际竞争并在竞争中盈利，建立全国性乃至全球性的网络系统同样必不可少。

物流信息系统的建设要立足于物流业务本身，充分分析现实的物流业务需求和未来发展趋势，利用先进技术或实用技术对物流信息系统进行规划、分析、设计、实现、测试、使用与维护，使其成为既能支持生产又能支持管理、决策的有效工具。

(1)物流信息系统建设的主要目标。根据实际需求，遵循"有所为，有所不为"的原则，确定物流信息系统建设的总体目标是利用现代信息技术，实施产业结构调整，实现交通产业、仓储产业等的升级。主要目标是借助于物流信息系统的建立，充分挖掘信息资源，在获取物流信息的基础上，进行信息识别与捕捉、分析与处理，关键是能够理解信息，借助于信息系统进行快速响应，从而实现物流业务目标。

(2)物流信息系统建设的基础保障。引入竞争机制，发挥市场的作用，实现资源的优化配置，提高物流信息系统建设的效率和效益，使其在快速、持续、健康的轨道上不断前进。为此，要努力做好五个保障。

a. 组织保障。政府各级部门应大力加强组织领导，理顺管理体制。要加强各级信息化领导小组的工作力度，充分发挥其统筹规划、科学管理、宏观调控和决策的作用。

b. 政策和法规保障。重要的政策和法规主要由国家信息化领导小组负责协调制定。要通过政策引导和措施保证，创造一个良好的信息资源开发和利用环境，促进社会各部门间信息和资源的共享，使物流信息与资源发挥最大的效益。

c. 资金保障。资金保障是信息化建设与发展的基础。物流信息化建设需要发挥行业和社会各方面的积极性，多层次、多渠道地筹措资金，多方位地加大信息化建设资金的投入力度，缓解信息化建设资金总量不足、供需矛盾突出的问题。

d. 人才保障。人起着基础性作用，要培养既懂物流业务、又懂信息技术的复合型人才。

e. 技术保障。实施物流信息化建设必须加强物流信息化应用技术的研究开发力度。

3. 物流信息系统建设的实施重点

近几年，物流信息化建设应侧重在以下几个方面。

(1)制定和完善信息化规划和实施方案。以建设政务内网、政务外网和相应数据库为龙头，推进公路、水路、铁路交通电子政务的建设。

(2)利用 GIS 等技术，加快物流信息系统和共享信息资源的建设工作。

(3)以管理部门、设计公司为主体，强化物流软件系统的应用工作。

(4)建设智能化的运输系统。

(5)以物流企业为主体，充分应用电子商务的新成果，加快物流系统的建设。

(6)政府部门应加大政策支持力度，通过电子政务建设，为企业提供及时、准确、权威、可靠的政策、法规、经济与技术等信息。

物流企业是信息系统建设的主体。在推进企业信息化的过程中，企业应根据实际情况，坚持"总体规划、阶段实施、不断完善、逐步升级"的原则，研究制定科学有效的企业信息化建设方案。企业应积极运用信息技术，优化生产流程，改造生产工艺，实现生产过程自动化；建立和完善企业因特网（Internet）/内联网（Intranet）系统，实现企业管理网络化。在有条件的企业中开展企业资源计划（ERP）管理。鼓励企业进一步开展电子商务，利用电子商务改变传统的交易方式，并建立与之配套的现代物流系统。当前我国物流业的发展和物流信息化市场正进入一个加速发展的时期。对于国内企业来说，基础信息化建设仍然是当前需求的主要内容。

第二节　物流管理信息系统

一、物流管理信息系统的概念

物流管理信息系统有时也被指代为物流信息系统。由人员、计算机硬件、软件、网络通信设备及其他办公设备组成人机交互系统，其主要功能是进行物流信息的收集、存储、传输、加工整理、维护和输出，为物流管理者及其他组织管理人员提供战略、战术及运作决策的支持，以达到组织的战略竞优，提高物流运作的效率和效益。

二、物流管理信息系统的目标

物流管理信息系统是以计算机和网络通信设施为基础、以系统思想为主导建立起来的，为了进行计划、操作和控制而为物流管理人员提供相关信息及为业务人员提供操作便利的人员、设备和过程相互作用的结构体，是一个以采集、处理和提供物流信息服务为目标的系统，存储、管理、控制物流信息，辅助使用者决策，达到预定目标。信息管理在现代物流管理中具有特别重要的作用，贯穿于整个物流过程，将传统意义上的多式联运逐步发展成为综合物流，即逐步从点到点的服务发展为从流程到流程的服务，既提升企业综合竞争力，又提高企业服务水平。

物流管理信息系统把各种物流活动与某个一体化过程连接在一起，实现业务处理、管理控制、决策分析及制定战略计划，其目标大致包括以下六个方面。

(1)使物流各环节的工作更加协调。

(2)信息共享，提高效率。

(3)信息统一管理，减少冗余，避免信息的不一致。

(4)提供决策支持。

(5)与客户的信息共享、互动。

(6)提高服务质量，改善客户关系。

三、物流管理信息系统的结构

物流管理信息系统的结构是根据物流系统分析的要求和组织的实际情况，对物流信息系统总体结构形式和可利用的资源进行划分和设计。

（一）物流管理信息系统的层次结构

按信息的作用和加工程度不同，物流管理信息系统可分为业务层、控制层和决策层。

（1）业务层主要包括日常经营和管理活动所必需的信息。这些信息一般来自具体的物流业务部门，供基层管理者控制业务进度及调整计划时使用。

（2）控制层主要包括系统内部管理人员进行经营管理控制所需要的信息，其目的是使物流业务符合活动目标要求，并监督部分目标的实现。

（3）决策层属于最高管理层，主要包括制定物流活动的目标、方针、计划所需要的信息。

（二）物流管理信息系统的体系结构

1. 集中式和分布式结构

"集中式处理"和"分布式处理"的概念源于计算机的体系结构，后来被引申到企业计算的基本环境和企业信息系统的体系结构。对于一个较大型的物流企业，可以从以下三个层面来分析"集中式"和"分布式"的含义。

1）从"网络拓扑结构"分析

（1）典型的集中式结构，其特点是各分支节点相连，各分支节点之间没有直接的联系，只能通过中心节点进行联系。

（2）分层的集中式结构（树形）。每一层都有一个中心节点，各分支节点仅与上一层的中心节点相连，同层分支节点之间没有直接的联系。

（3）分布式（网状）结构，任意两个节点之间都可能有直接的连接。

2）从"数据处理分布结构"分析

如果只存在一个数据处理中心，那么就是集中式的结构，如果存在多个数据处理中心，则为分布式结构。对于某一数据处理中心来说，如果所有的应用系统都在一台大型主机系统上运行，则为集中式结构，反之，不同的应用系统在不同的服务器上运行，甚至一个事务的处理也分布在多个服务器上运行，则为分布式结构。

3）从"数据分布结构"分析

典型的分布式数据库数据可以分布在若干不同地域上的数据库中，一个事务处理可能需要向多个不同地域上的数据库进行查询。而典型的集中式数据分布结构只有一个数据中心。

2. 应用系统计算结构——浏览器/服务器（B/S）模式

企业管理软件的体系结构发展经历了三个阶段：文件/服务器（F/S）体系结构；客户机/服务器（C/S）体系结构；浏览器/服务器（B/S）体系结构。

在 F/S 体系结构的应用软件中，网络以文件服务器为核心，数据库和全部应用程序全部存储在文件服务器上，应用程序的执行则都在微机/工作站上进行。但这种体系结构使服务器和网络的负荷较大，当超过某个临界值时，效率会明显下降。

　　C/S 体系结构将一个复杂的网络应用的用户交互界面和业务应用处理与数据库访问及处理相分离，服务器与客户端之间通过消息传递机制进行对话，客户端向服务器发出请求，服务器进行相应处理后传递回客户端。对数据库大量的操作都留给服务器完成，提高了用户交互反应速度，降低了客户端的硬件要求。但 C/S 体系结构的应用软件结构较复杂，限制了对业务处理逻辑变化适应和扩展的能力，且对网络要求较高，当大量用户同时访问时，容易造成网络瓶颈。

　　随着互联网技术的不断发展，基于 Web（HTML，HTTP）的信息发布和检索技术、Java跨网络操作系统计算技术和 CORBA 网络分布式对象技术三者的有机结合导致了整个应用系统的体系结构从 C/S 的主从结构向灵活的多级分布结构演变，即 B/S 体系结构。B/S结构大大简化了客户端，只要有操作系统，能够连上网络并安装浏览器，即可进行相应的操作，服务器承担了大部分的工作，因此降低了客户端维护和更新的成本。目前 B/S体系结构已成为包括物流行业在内的大部分行业管理信息系统采用的一种体系结构。为了便于系统扩充，往往还采用多层服务器结构，并适当采用冗余技术和群集技术，满足高可靠性和安全性的要求。

四、物流管理信息系统的功能

　　物流管理信息系统是由人员、计算机硬件、软件、网络通信设备及其他办公设备组成的人机交互系统，其主要功能是进行物流信息的收集、存储、传输、加工整理、维护和输出，为物流管理者及其他组织管理人员提供战略、战术及运作决策的支持，以达到组织的战略竞优，提高物流运作的效率与效益。

　　从图 11-1 可见，现代物流是一系列繁杂而精密的活动，离不开物流信息系统的支持。物流信息系统能够为物流战略规划提供决策支持，为建立以顾客为中心点的服务战略提供实施依据，同时为物流基础设施建设提供可行性建议，提高物流管理的效率和质量。

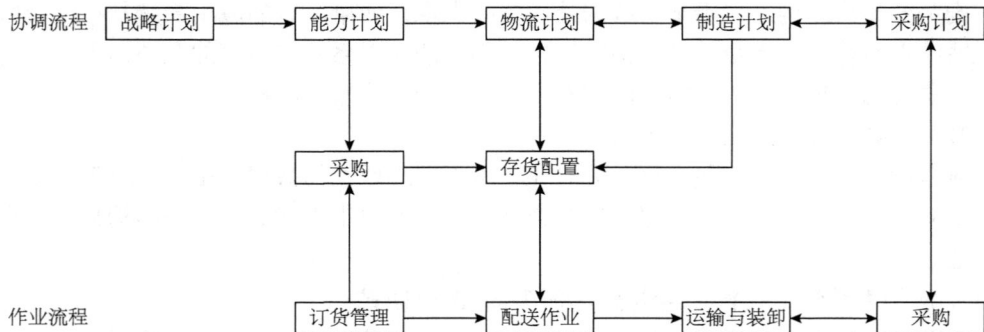

图 11-1　物流信息系统结构

第三节　物流管理信息系统的分析与设计

一、物流信息系统的开发

（一）准备工作

物流信息系统的开发是一个复杂的系统工程。它不仅涉及计算机的开发技术，还涉及系统理论、工程控制、管理功能、组织结构等多方面的问题。

做好系统开发前的准备工作是信息系统开发的前提条件。准备工作一般包括基础准备和人员组织准备两部分，同时应制定系统开发计划。

（二）物流信息系统开发的步骤

1. 系统规划阶段

该阶段的工作任务是根据用户的系统开发请求，初步调查明确问题，然后进行可行性研究。只有可行并满意，才可进入下一工作阶段。

2. 系统分析阶段

该阶段的任务是分析业务流程，分析数据，分析功能与数据之间的关系，最后提出新系统逻辑方案。

3. 系统设计阶段

该阶段的任务是总体结构设计，代码设计，数据库/文件设计，输入/输出设计，模块结构与功能设计。

4. 系统实施阶段

该阶段的任务是同时进行编程、人员培训及数据准备，然后投入试运行。

5. 系统运行阶段

该阶段的任务是同时进行系统的日常运行管理、评价、监理审计三部分工作，然后分析运行结果。

二、物流管理信息系统分析

物流管理信息系统的分析实际上是对系统中的信息流进行分析。

（一）供应链信息流的原始运作模式——直链式信息传递

供应链由供应商、制造商、分销商、零售商和最终用户组成。这种链状物理结构使得信息交换主要发生在相邻的节点上，如图 11-2 所示。

图 11-2　直链式信息传递

这种直链式信息传递模式存在许多缺陷，主要有信息滞后严重，各节点反应不同步，信息传递效率低，出现"牛鞭效应"（bullwhip effect），准确性和协调性差。

（二）供应链信息流的演变模式 I ——直链式跨级信息传递模型

"牛鞭效应"会造成需求信息放大，导致供应链上游的生产商和供应商堆积大量不必要的生产能力与库存。为克服这一缺陷，下游的零售企业将原来不公开的 POS 系统数据提供给厂商和批发商，实现需求信息在供应链上的共享，如图 11-3 所示。

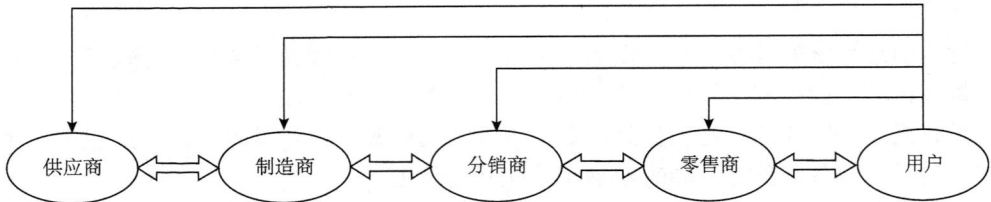

图 11-3　直链式跨级信息传递模型

这种跨越式的信息传递减小了"牛鞭效应"的影响，但它只改善了需求信息的传递，仍无法摆脱直链信息流模式下的主要缺陷。

（三）信息流的演变模式 II ——网状信息传递模式

供应链中的节点不仅希望能够及时了解前后相邻节点的生产情况。通信技术的快速发展，尤其是因特网的普及和基于因特网的电子商务技术的运用，使节点间可以方便地建立起信息通道（图 11-4）。

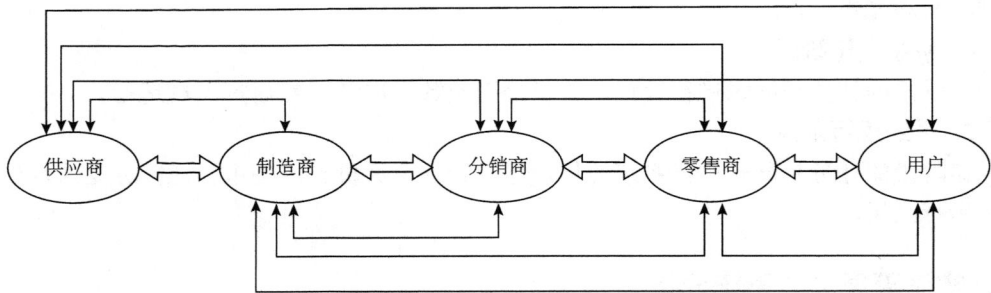

图 11-4　网状信息传递模式

这种网状模式基本上克服了直链式模式的缺点，但也带来了新的问题：每个节点要面对多个信息通道，信息处理的成本将会大增。

（四）供应链物流信息系统中的信息流采用集成式信息流运作模式

集成式信息流运作模式是一种与传统信息流模式完全不同的新模式。在这种模式下，一个独立于供应链之外的新的功能节点被建立，如图 11-5 所示。

这种运作模式能够保证各节点与信息集成中心的信息实时互通，实现所有信息在整个供应链上的实时共享。

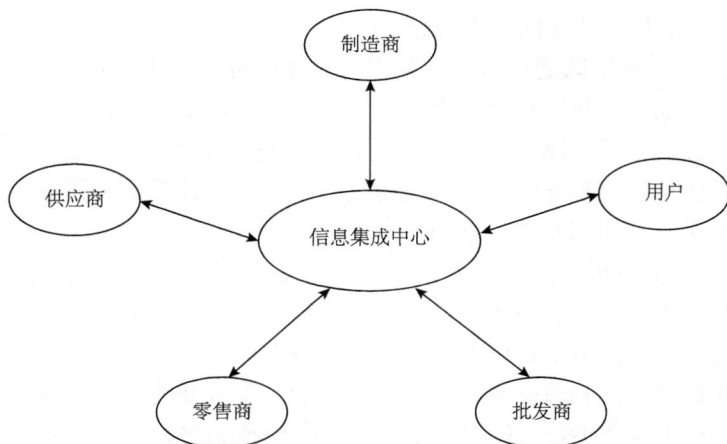

图 11-5 集成式信息流运作模式

三、物流管理信息系统设计

物流信息系统的设计决定了开发出来的信息系统能否满足物流业务的需要，能否适应物流行业的快速发展和业务流程的频繁变化。构建物流信息系统应遵循以下原则。

(1)信息可得性。物流信息系统所存储的信息必须具有容易且持之以恒的可得性。

(2)信息精确性。物流信息系统必须精确地反映企业当前的状况和定期活动，以衡量顾客订货和存货水平。

(3)信息及时性。物流信息必须及时地提供快速的管理反馈，及时性要求一种活动发生时与该活动在信息系统内可见时的耽搁应尽可能小。

(4)处理异常情况的能动性和主动性。物流信息系统必须以处理异常情况为基础，依托系统来突出问题和机会。

(5)信息系统的灵活性。物流信息系统必须具有高度的灵活性，以满足用户和顾客的需求。

(6)系统界面的易操作性。物流信息系统必须是友善和易于操作的，既为了使管理者便于使用操作，也可以提高工作效率。

第四节　物流管理信息系统规划案例

近铁运通(KWE)是全球物流企业的 20 强，在全球 50 个国家共 120 个城市设有 176 家办事机构。1996 年 KWE 进入中国，在全国设立 40 多个分公司，主要为爱普生(Epson)、东芝(Toshiba)、佳能(Canon)、夏普(SHARP)和五十铃(ISUZU)等日系客户及英特尔(Intel)、惠普(HP)等高科技企业提供全国范围的仓储和运输配送服务。为了加速国内物流的发展，为客户提供更好的服务，KWE 从 2004 年启动了其全国各物流中心的 WMS/TMS 系统推广计划，并在企业总部建立了集成的物流管理平台、信息门户和 EDI 中心。FLUX 作为供应商全面负责建设和管理工作。

　　FLUX 在实施过程中解决的关键问题如下。

　　(1)流程重组：实施团队通过对仓库各类产品作业特点的认真分析，结合系统指定统一的操作流程，并通过管理人员强有力的推进使流程得以贯彻实施。

　　(2)队伍建设：系统不但要成功上线，更重要的是要保证长久稳定的运行，为此需要一个拥有专业技能的实施和支持团队。实施过程中还需要针对系统管理员、系统操作员和现场操作人员进行严格和持续的培训。

　　(3)人员效率：实施系统的一个重要价值在于人员效率的提升。通过流程优化、数据自动处理、单据合理化设计、系统人性化设计等措施使管理人员从简单重复的劳动中解放出来，可以将更多精力放在加强管理和提升服务上。

　　通过成功实施完整的物流信息系统为 KWE 创造了可观的价值，各方面的投诉率大大降低，库存准确率达到 99.5%以上，空间利用率提高 20%，改善了企业形象和客户满意度，提高了客户的忠诚度。

思　考　题

　　1. 简述物流信息系统的含义。

　　2. 简述物流信息系统的分类。

　　3. 简述物流信息系统的发展趋势。

　　4. 简述物流信息管理系统的含义。

　　5. 简述物流信息管理系统的结构。

　　6. 简述物流信息系统开发的步骤。

主要参考文献

埃德加·M. 胡佛. 1990. 区域经济学导论. 张翼龙译. 北京: 商务印书馆.

程国全, 王转, 鲍新中. 2004. 现代物流网络与设施. 北京: 首都经济贸易大学出版社.

程晓玲. 2008. 城市物流节点选址方法研究. 西安: 长安大学博士学位论文.

戴恩勇, 江泽智, 阳晓湖. 2014. 物流战略与规划. 北京: 清华大学出版社.

董千里, 阎敏, 董明. 1998. 关于区域物流理论在我国应用的研究. 重庆交通学院学报, 17(2): 74-80.

方仲民. 2003. 物流系统规划与设计. 北京: 机械工业出版社.

冯浩. 2002. 物流规划的有关问题探讨. 综合运输, (7): 30-32.

冯亦项. 2008. 物流园区选址综合评价方法及相关研究. 长沙: 中南大学博士学位论文.

傅志妍. 2009. 区域防灾物流通道系统规划研究. 成都: 西南交通大学博士学位论文.

葛承群, 韩刚, 沈兴龙. 2006. 物流运作典型案例诊断. 北京: 中国农业出版社.

哈肯 H. 1989. 高等协同学. 郭治安译. 北京: 科学出版社.

海峰. 2006. 区域物流论——理论、实证与案例. 北京: 经济管理出版社.

海峰, 胡娟. 2007. 物流管理学. 武汉: 武汉大学出版社.

海峰, 张丽立, 安进. 2003. 怎样认识区域物流. 中国物流与采购, (10): 23-26.

郝寿义, 安森虎. 1999. 区域经济学. 北京: 经济科学出版社.

郝勇, 张丽, 黄建伟. 2008. 物流系统规划与设计. 北京: 清华大学出版社.

何方珍. 2005. 物流园区选址决策研究及应用. 重庆: 重庆大学博士学位论文.

何愈. 2005. 国外城市物流规划方法与实践. 城市问题, (5): 88-91.

江舟. 2012. 城市物流节点战略布局研究. 武汉: 武汉理工大学博士学位论文.

姜华. 2006. 区域物流系统的特征及其与区域经济的关系. 中国青年政治学院学报, (3): 2-6.

靳伟. 2004. 最新物流讲座. 北京: 中国物资出版社.

鞠颂东. 2008. 物流网络: 物流资源的整合与共享. 北京: 社会科学文献出版社.

鞠颂东, 徐杰. 2007. 物流网络理论及其研究意义和方法. 中国流通经济, (8): 10-13.

孔月红, 章良. 2011. 对物流通道内涵的再认识. 中国市场, (49): 40-41.

李安华. 2006. 物流系统规划与设计. 成都: 四川大学出版社.

李春海, 缪立新. 2004. 区域物流系统及物流园区规划方法体系. 清华大学学报(自然科学版), 44(3): 398-401.

李刚. 2004. 论区域物流规划的原则、内容及程序. 东北财经大学学报, (2): 55-58.

李琪. 2014. 区域物流规划的理论基础与评价体系研究. 物流技术, 33(2): 192-194.

李彤. 2008. 对现代城市物流规划的几点思考——以银川为例. 宁夏大学学报(人文社会科学), 30(2): 149-153.

李万青. 2010. 面向中国-东盟自由贸易区的西南物流通道问题与物流节点建设探讨. 特区经济, (6): 183-185.

李卫红, 任平国. 2012. 物流系统规划与设计. 西安: 西北工业大学出版社.

李雪. 2013. 东北特钢物流发展战略规划研究. 秦皇岛: 燕山大学硕士学位论文.

李毅学. 2010. 物流规划理论与案例分析. 北京: 中国物资出版社.

李振. 2008. 物流系统规划与设计. 武汉: 武汉理工大学出版社.

龙江, 朱海燕. 2004. 城市物流系统规划与建设. 北京: 中国物资出版社.

吕楠. 2006. 快速物流通道布局研究. 长沙: 长沙理工大学硕士学位论文.

马立宏, 张文杰. 2002. 区域物流发展现状及对策研究. 中国流通经济, (4): 14-16.

彭东华, 徐红竹. 2010. 物流管理基础. 北京: 科学出版社.

商霖. 2013. 物流通道概念的动态研究. 物流工程与管理, (6): 11-13.

施国洪. 2009. 物流系统规划与设计. 重庆: 重庆大学出版社.

宋建阳, 张良卫. 2006. 物流战略与规划. 广州: 华南理工大学出版社.

宋李敏. 2008. 物流节点规模及选址研究. 太原: 山西大学硕士学位论文.

苏小军. 2004. 西部区域物流系统规划的若干问题研究. 成都: 西南交通大学博士学位论文.

孙单智. 2006. 城市物流节点的规模与分布问题研究. 成都: 西南交通大学博士学位论文.

唐秀丽. 2011. 城市物流. 北京: 中国物资出版社.

汪应洛. 2003. 系统工程. 北京: 机械工业出版社.

王春芝. 2004. 国际物流通道优选理论方法与实证研究. 长春: 吉林大学博士学位论文.

王健. 2005. 现代物流网络系统的构建. 北京: 科学出版社.

王利, 韩增林, 李亚军. 2003. 现代区域物流规划的理论框架研究. 经济地理, 23(5): 602-605.

王彦庆, 刘洁. 2006. 铁路运输企业物流系统发展战略研究. 物流技术, (7): 46-49.

王智利. 2007. 物流经济地理. 北京: 电子工业出版社.

沃尔特·艾萨德. 1991. 区域科学导论. 陈宗兴, 尹怀庭, 陈为民译. 北京: 高等教育出版社.

吴承建. 2011. 物流系统规划与设计. 北京: 中国物资出版社.

吴晔. 2009. 珠三角区域物流业的发展现状、问题及对策研究. 广州: 暨南大学博士学位论文.

谢如鹤, 罗荣武, 张得志. 2004. 物流系统规划原理与方法. 北京: 中国物资出版社.

徐杰, 鞠颂东. 2005. 物流网络的内涵分析. 北京交通大学学报(社会科学版), (2): 22-26.

徐青青, 缪立新. 2006. 区域物流发展及研究综述. 物流技术, (4): 14-21.

杨光华. 2010. 区域物流网络结构的演化机理与优化研究. 长沙: 中南大学博士学位论文.

杨雪英. 2010. 德国物流规划的新理念. 港口经济, (1): 8.

杨扬, 王孝坤. 2013. 物流系统规划与设计. 北京: 电子工业出版社.

张锦. 2009. 物流规划原理与方法. 成都: 西南交通大学出版社.

张磊, 吴忠. 2009. 物流信息技术. 北京: 清华大学出版社.

张圣忠. 2006. 物流产业组织理论研究. 西安: 长安大学博士学位论文.

张文杰. 2002. 区域经济发展与物流. 物流技术, (3): 10-20.

钟前朗, 黄辉, 王寅. 2013. 珠三角地区轴-幅式物流网络的构建. 物流科技, (5): 98-107.

周凌云, 赵钢. 2010. 物流中心规划与设计. 北京: 清华大学出版社.

Ahmadizar F, Zeynivand M. 2014. Bi-objective supply chain planning in a fuzzy environment. Journal of Intelligent & Fuzzy Systems, 26: 153-164.

Bhattacharya A, Kumar S A, Tiwari M K, et al. 2014. An intermodal freight transport system for optimal supply chain Logistics. Transportation Research Part C, 38: 73-84.

Kevin T, Stefan V, Robert S. 2014. A mathematical model of inter-terminal transportation. European Journal of Operational Research, 235: 448-460.

Kitamura T, Okamoto K. 2012. Automated route planning for milk-run transport logistics using model checking. Third International Conference on Networking and Computing, E96D(12): 2555-2564.